「影響言語」で人を動かす

［増補改訂版］

WORDS THAT CHANGE MINDS

The 14 Patterns for Mastering the Language of Influence

［THIRD EDITION］

シェリー・ローズ・シャーベイ

Shelle Rose Charvet

本山晶子訳

実務教育出版

「影響言語」で人を動かす［増補改訂版］

WORDS THAT CHANGE MINDS
The 14 Patterns for Mastering the Language of Influence
(Third Edition)
by
Shelle Rose Charvet

いつも変わらぬ多くの喜びと教えを与えてくれる私の息子たち、ジェイソンとサムへ
愛する母と父、ベティ・ローズとフランク・ローズへ
そして、いつも私を励まし、愛と支援を与えてくれる最愛のミーシャへ

はじめに

大口の新規顧客を獲得しようと投資のアドバイスをするテレビ番組を放映していたある投資信託会社は、その効果に不満をつのらせていました。彼らにとって理想的な顧客（一億ドル以上の投資資産を持っている人）が、テレビ放映から数カ月経ってやっと会社に相談の電話をかけてくるという具合だったのです。当時、その会社は営業の流れも決まっていなかったため、顧客が途中で行き詰まって契約成立に至らず、営業機会が失われていました。

私がその会社と関わるようになったのは、ちょうどその頃です。まずLAB（ラブ）プロファイルを使って市場リサーチを行い、会社に電話をして投資をすることを決めた見込み客と、同じように電話をかけてきたにもかかわらず結局投資をしなかった客それぞれにインタビューをさせてもらいました。インタビューを通して判明した双方のLABプロファイルのパターンの情報をもとに営業の流れを構築し、ウェブサイトとテレビ番組で使うべき文言を提案しました。当時提案した文言は一五年たった今でも使われています。

その後どうなったと思いますか？　なんと、成約率が五〇％も上昇したのです。成果を目の当たりにしたCEOは、何が違いを生み出したのかを見極めようと私のLABプロファイルコンサルタント／トレーナー認定コースセミナーに申し込みました。当初、一〇日間のセミナーに最後まで出席してくれるかどうか定かではなく、私とスタッフは毎日彼が次の日も来てくれるのかどうか気が気ではありませんでした。結局、彼は一〇日間すべての日程に一度も休むことなく参加してくれました。それほどまでに魅力を感じてくれていたということでしょう。

混迷の時代のコミュニケーションツール

本書の初版が出版されて以来、人々がどのように考え、やる気を出し、決断をするのかについて、多くのことが明らかになってきました。数多くの研究でも人の行動にはLABプロファイルのパターンが反映されていることが立証されています。神経科学の分野では、人のモチベーションと職場でのパターンがその人の考え方によってどのように変化するのか、さまざまな発見がなされています。私と教え子たちが三〇カ国以上で実施してきたコンサルティングと問題解決の取り組みでも、ＬＡＢプロファイルのパターンの組み合わせとその配列で人のやる気を効果的に読み解くことができることが証明されています。

ＬＡＢプロファイルのパターンが異なる場面でどのように表れるかをさらに研究するため、私は二冊目の本を出版し、女性のリーダーや管理職の人々のためのオンライントレーニングを実施する会社を設立し、営業職向けのトレーニング用に、セールス・トレーナー・プラットフォームを立ち上げました。

人間の考え方、性質、行動の構成要素を理解し、影響を与える方法を解明することができるというのは、恐ろしいことでもあります。前回の出版以来、人のネット上での言動や、現実社会での実際の行動について、多くのことが明らかになってきました。残念ながら、この情報は多くの対立を生み出し、人を巧みに操ることにも利用されています。選挙では組織ぐるみで投票者の信念や心の奥底にある恐怖をうまく利用して脅迫にも近いやり方で影響力を発揮し、投票結果を左右しています。当然の結果として、人は組織やジャーナリスト、国家首脳や他人に対してより不信感を抱くようになります。

しかし、影響を与える方法はこれだけではありません。本当にほかの人を理解できるのであれば、彼らのバスストップ――彼らの心理的な、動機づけのバスストップ――に行って、彼らにバスに乗るよう促してください。そうすれば、相手にとっても自分にとっても良い影響を与えることができるはずです。

この本の目的は、他人をどうやってやる気にさせるか、ほかの人が何を考え、どうやって決断しているのかを理解することによって、ご自身の世界においてプラスの影響を与えられる方法をお伝えすることです。みなさんが本書で得た学びを、より良い、誠実なコミュニケーションのために活用してくださることを願っています。

シェリー・ローズ・シャーベイ

第3部 内的処理の特徴

第4部 LABプロファイルを応用する

装幀　重原隆
本文・図版デザイン　吉村朋子
DTP　株式会社キャップス

序章

　約束の時間になると、シェリルはいらだった様子で私のオフィスにやって来ました。抜群のセンスでスーツを着こなして颯爽と入ってくると、挨拶もそこそこに本題を切り出しました。

「すぐに新しい仕事を見つけたいんです。今の上司にはもう我慢の限界で……。キャリア・プロファイリングをなさっていると伺って、こちらへ参りました」

　彼女が求めているもの、そして大切だと思っているものについて少し話をしてから、私たちはキャリア・プロファイリングに取り掛かりました。すると、プロファイルのフィードバックを少し進めたところで、彼女は話を遮ってきました。

「驚きました。上司が頑固なんだとばかり思ってきたけれど、私も同じように頑固だったんですね。いつも言い争ってばかりで、お互いに決して自分の主張を曲げようとはしないんですもの。うまくいくわけがないですよね。どうすればじょうずに話をしていくことができるのか、教えていただけますか？」

そこで私は時間を少し割いて、どのような言葉を使えばよいのか、また、避ければよいのかを、一言一句丁寧に教えました。

それから二カ月もたたないある日のことです。彼女から電話があって、急に昇進したことを報告してくれました。彼女は今やカナダでも、その分野では最高の地位で活躍しています。

コミュニケーション不足は、今日職場でも家庭でも、そして世界的に見ても大きな問題です。人間同士の奏でる不協和音は、長い留守番電話メッセージへのいらだちにはじまり、生涯にわたる親子の不和、国家間の終わりのない紛争にまで至ります。そのため、コミュニケーション上の問題を解決するために、多くの研究がなされ多くのモデルが開発されてきました。

人と人とのあいだにコミュニケーションの問題を引き起こす〝違い〟を説明するために、多くの心理学的評価法が考案されてきましたが、その多くは、人にレッテルを貼って、的外れな分類をしてしまうおそれがあります。人は生まれたときから、状況の変化に応じて考え方や行動パターンを変化させる柔軟性を持ち合わせていますが、こうした評価法の多くでは人間が持つこのような柔軟性が考慮されていません。多くの人が、これらの評価法の質問内容やプロファイリング技法には感心しつつも、大雑把で一般的な評価結果には聞く耳を持たなくなってしまうのも無理のない話です。また、人を雇ったり、自分の配偶者を決めたりするような非常に大切な局面において、第一印象や直感を頼りにする人もいます。かつて、ある会社のCEOに、「取締役副社長を選ぶときに、人の好き嫌いで選んだりしたら大変なことになりますよ」と言ったことがあります。自分と同じような考え方をする人を採用するのは、最も避けるべきことなのです。人間は、その人の経歴、アイデンティティ、信念、価値観、身の回りで起きていることについての考え方や解釈の仕方などを通じて一連のフィルターを形成し、そのフィルターを使って話をします。他人に話しかけられると、私たちは自分の内側にあるフィルターシステムを使ってそのメッセージのエッセンスを凝縮して理解します。民族、文化、性別、国家、地理的状況が同じ人々は、特定の歴史や信仰を共有することで、異なる背景を持つ人々と話をするよりもコミュニケーションが容易に取れます。

こうした違いもさることながら、思考や情報処理の方法も個々人で異なることが最近になってわかってきました。脳の使い方によって、映る現実は人それぞれで異なってきます。細かく順を追って現実を把握する人もいれば、全体をおおまかに把握しようとする人もいます。今までとは違う目新しいものに心惹かれる人もいれば、自分たちがすでに知っているものや似通ったものに安心を覚える人もいます。

そうした中、話を聞くことで相手の真意を理解できるとしたらどうでしょう。そして、ただ聞いた内容だけで相手の行動が予想できるようになったとしたらどうでしょう。さらに、自分の反応の仕方で相手の行動に影響を与えることができるとしたらどうでしょう。

他人を理解し、話し合いをスムーズに進め、そして相手に影響を与えるというこの難題への答えを見つけようと私は研究を行いました。安直な解決法は避けようと思いました。正当な理論には十分な根拠が必要で、体験を通じて実証されなければなりません。また、人間の多様な活動にも応用できなければなりませんし、それぞれの人間の違いを尊重し、博士号や工学系の学位などを持たなくても十分に理解して使えるものでなければなりません。とりわけ大切なのは、人と人とのあいだのコミュニケーションを改善するのに役立たなければならない、ということです。

一九八三年、ヨーロッパでコミュニケーション・セミナーを開催していたとき、私はカリフォルニアで誕生したある興味深い研究の存在を知りました。そして、神経言語プログラミング（ＮＬＰ）と呼ばれるそのアプローチを学び始めたのです。とっつきにくい名前とは裏腹に、人の考えていることを理解し、その独自性を詳しく理解するために考案されたもののようで、同時代に生きるコミュニケーションの達人や優秀なセラピストたちを研究するものでした。なぜクライアントは問題を抱えるようになったのか、という原因を探ることに終始していた従来型の研究とは違って、優秀なセラピストたちはどのようにして好結果を出しているのかを研究するもので、問題を掘り下げるよりも、効果のある方法を学ぶことに焦点をあてるものでした。

ＮＬＰに興味を持った私は上級者コースにも参加し、学んだスキルを仕事にも活用し始めました。結果には目を見張るものがありました。どんな人とでも信頼関係（ラポール）を築くことができるようになり、自分の可能性を狭めていた否定的な思い込みを変えることや、ほかの人が自分の殻を打ち破るための援助もできるようになりました。何事も疑ってかかる性分なので、ワークが悪い結果をもたらさないように、人に試す前にしっかりとした検証プロセスがあるところも気に入りました。たとえば、雨の日になると具合が悪くなると思い込んでいる人が、ある日ふと、その思い込みをきれいさっぱり捨て去ろうと頑張り始めます。このような場合、その人が思い込みから解放されるようにサポートする前に、雨の日に具合が悪くなることには、何かしらその人のためになるプラスの側面がないのかどうかを確認することが条件となっていたのです。

そして一九八五年、私はＮＬＰから生まれたある素晴らしいツールに出会い、人とのコミュニケーションのとり方が一八〇度変わりました。精密かつ柔軟で、自然に会話へ織り込むことができるものでした。それ以来、どのような場面でそのツールを生かすことができるか考えてきたわけですが、その用途は多岐にわたります。

一　大勢の人の前で、インパクトのあるプレゼンテーションを行う
二　マーケティングやセールスのプロセスを再構築して、顧客とスムーズに関われるようにする
三　企業の重要ポストを求人するとき、ふさわしい人材だけを惹きつけ、採用できるようにする
四　コーチングやカウンセリングのクライアントを援助する
五　一〇代の子供たちに効果的に働きかける
六　組織改革が必要なとき、関係者間のコミュニケーションを円滑にする

このツールは、従来もさまざまなところで教えられてはきましたが、あくまでも人と人との違いに関する抽象的な理論と見なされていました。しかし、私はこのツールの新しい使い方を発見して以来、驚くほどの成果を目の当（ま）たりにしてきました。このスキルを身につけた人たちが、ツールを使ってどれほど多くのことができるのか……。どうして誰も本にしなかったのでしょうか？　本書には、私とクライアントが経験した多くの事例が収められています。

一九九五年と九六年に、私は教育学を専攻する大学院生の修士論文指導をお手伝いする機会がありました。一人目の論文では、本書で紹介するツールの信頼性を裏付けることに成功しています。二人目の論文は、自分のキャリアがなかなか決められない人と比べて、決められる人には一定のパターンがあるかどうかについての調査を行っています。巻末には、これらの研究の要旨を掲載しています。

言葉と行動のプロファイリング

新しい使い方を取り入れたそのツールは、「ＬＡＢ（ラブ）プロファイル」（The Language and Behaviour Profile〈言葉と行動のプロファイリング〉）といいます。ＬＡＢプロファイルを使うと、人がどのようにしてモチベーションを高め、情報を処理し、決断を下すのかがわかるため、円滑なコミュニケーションを行うことが可能になります。

ＬＡＢプロファイルでは一二個の質問を使いますが、それらは日常の会話の中に織り込むこともできますし、大勢を対象とした調査に使うこともできます。相手の話している内容よりも、むしろ答えるときの話し方に注目し、相手が質問に直接答えてくれなくても、答え方を見れば相手のパターンは明らかになります。

そして、何度も繰り返し質問をして返ってくる答えを聞いているうちに、実際に質問をしなくてもその人が使う一定のパターンを聞き分けて識別できるようになり、やがて状況に応じて適切な「影響言語（相手の心を動かす言葉。Influencing Language）」を即座に使用できるようになります。人は話をするとき、無意識にその人特有のパターンの言葉や身振り・手振りを使いますから、相手のパターンに合わせて話せると、コミュニケーションがとてもスムーズにとれるようになります。ＬＡＢプロファイルは、自然に会話の中へ織り込むことができるので、本書では多くの会話例を紹介しています。

本書を読みながら、自分の経験と照らし合わせたり身近な人にあてはめたりして、自分自身と身近な人を意識的に観察してみてください。毎日人と関わる中で直面する、さまざまな問題の解決への糸口が見いだせることでしょう。また、コミュニケーションに苦手意識のない人でも、本書を読めば、今まで無意識のうちに発していた言葉を、その効果を意識しながら使えるようになるでしょう。

私自身、ＬＡＢプロファイルを使うことで、仕事でも私生活でも日々新たな発見があります。さあ、あなたもご一緒に。ＬＡＢプロファイルの新たな可能性を探る旅に出かけましょう。

シェリー・ローズ・シャーベイ

第1部

LABプロファイルとは何か

第1章

LABプロファイルの歴史

本書は、ロジャー・ベイリーによって開発された「LAB（ラブ）プロファイル（言葉と行動のプロファイル）」に基づいています。LABプロファイルは、七〇年代中ごろにリチャード・バンドラーとジョン・グリンダーらによってアメリカで開発されたNLP（神経言語プログラミング）の進化形にあたります。彼らは、その道の達人と呼ばれた人たちが行っていたコミュニケーションのプロセスを観察し、それを解き明かすことによって、NLPの初期モデルをつくり上げました。

NLPはそれ以降急速に発展し、多くの研究の対象になり、現在では数百点にも及ぶ書籍が出版され、さまざまな国で教えられています。NLPになじみが薄い方々のために、

「NLPとはどんなものか?」ということを簡単にご説明しましょう。

まずは、プログラミングからです。人間はそれぞれ遺伝的な性質、環境的な要因、固有の生命化学反応によって、異なったプログラミングがされており、その設定によって得意なもの、人並みなもの、不得意なものが決定されます。

また、人が言葉をどのように使ってコミュニケーションをとるのかを、よく観察し耳を傾けると、じょうずにできる人、まあまあの人、そうではない人とでは、「言語」と「神経回路」のセットの仕方が異なっていることに気づきます。こうして、「神経言語プログラミング」と呼ばれるようになったわけです。

NLPの活用範囲は多岐にわたります。あることについて卓越したスキルの持ち主がいるとき、NLPの技法を身につけた人であれば、その人の技をモデリング(模倣)することができます。モデリングとは、ある人にとって、どのようにすれば特定の物事ができるようになるのかを見つけ出すことです。モデリングをする人は、「絶対に必要なエッセンスは何か?」「その人が、それを可能にするために何に(ときには同時に複数のことに)注意を払って(何を無視して)いるのか?」といった疑問点への答えを探します。そして、その答えが見つかると、今度はそのスキルを人に教えたり自分で習得したりすることができるようになるわけです。

ＬＡＢプロファイルは、ＮＬＰの分野での業績が知られるロジャー・ベイリーによって開発されたコミュニケーション・モデルです。彼は一九八〇年代の初めにＬＡＢプロファイルを開発しました。これはその当時開発された「メタプログラム」と呼ばれる一連のＮＬＰのパターンに基づいたものです。メタプログラムとは、私たちが主観的世界像をつくり上げるために使っているフィルター（心の窓）です。

自分で自分の世界をつくり上げている

人は現実世界を見るとき、さまざまなフィルターを通して物事を理解しています。ノーム・チョムスキーは一九五七年の変形文法に関する著書の中で、人が世界を見るときに使っているフィルターは、次の三つのプロセスを経て作られると述べています。

削除

一つ目のプロセスは、「削除」と呼ばれています。私たちは、外部環境からの情報と脳内の情報の大部分を削除します。アメリカの心理学者であるジョージ・ミラーは、一九五六年の論文「The Magical Number Seven, Plus or Minus Two」で、「私たちの意識は一度に七プラスマイナス二の情報しか扱うことができない。そして、残りの情報は削除してしまう」と述べています。調子の良いときには九個の情報を扱えても、調子の悪いときには五個の情報しか扱えないというわけです。

これで、電話番号の多くがどうして最大七桁になっているのかが納得できますね。ところが、八〇年代に私がパリに住んでいたとき、電話番号が八桁になったのです。その結果、電話番号を二つか四つのグループに分けて覚えるか、変更前の電話番号の頭に新しいパリのコードである四を加えるか、どちらかにしないとなりませんでした。一度に八桁の数字を頭に入れることは誰にとっても容易ではなかったので、どこか区切るところを探さなくてはならなかったのです。しまいには、電話番号の区切り方が人によって違うため、大変な混乱が起こりました。

このように「七プラスマイナス二という情報の単位」は、人が最も自然に認識できる情報量なのです。私たちは削除のプロセスを使って、意識的にも無意識的にも多くの情報を取捨選択しているのです。

歪曲

二つ目のプロセスは、「歪曲(わいきょく)」と呼ばれています。私たちは物事をゆがめて捉えます。

新居へ引っ越しをするとき、まず、何も置いていないリビングへ行って、家具を入れるとどうなるかを想像したことはありますか？　そうです。幻想するわけです。あなたの家具は実際にはありませんでしたよね？　ですから、あなたは現実を歪曲していたということになります。

歪曲には、幻想と創造があります。共通点は、外部の情報がほかのものに変化したというところでしょう。

一般化

三つ目のプロセスは、「一般化」と呼ばれています。これはデカルトの演繹(えんえき)法とは対照的なものです（デカルトの理論では、一般論から具体例は導けるが、具体例から一般論は導くことができないとしています）。一般化とは数個の事例を集め、一般的な原則を作ることです。学習も同じプロセスを経ます。子供が一つか二つ、もしくは三つのドアの開け方を学ぶと、その子はあらゆるドアの開け方を知ったことになるでしょう。その子供の中で、ドアの開け方について一般化が出来上がったのです。やがて成長して、時代の先端をいく会社へ入り、磁気カードをスライドさせてドアを開ける方法を知る機会があったとします。そのとき、例外に対処するためにドアの開け方を再学習するのです。

一般化とは、「何が正しくて、何が間違っているか」「何が可能で、何が不可能か」ということについて、私たちが無意識につくり上げている、ルール、信念、原則のようなものです。たとえば、過去に何度か男性関係で苦い経験をしてきた女性は、男なんて信用ならないものだ、と思っているかもしれません。「男は信用するな」というルールを彼女はつくり上げているのです。人は何回か同じような経験をすると、それを一般化して、そのように思い込むようになります。

以上のように、私たちは「削除」「歪曲」「一般化」という三つのフィルターを通して、自分の世界をつくり上げているのです。

第2章

メタプログラムとLABプロファイル

「NLP」「メタプログラム」「LABプロファイル」は、どのような関係にあるのでしょうか。NLPの共同開発者たちは、チョムスキーの「削除」「歪曲（わいきょく）」「一般化」といった概念を使って、人がどのように外界の情報を知覚・解釈しながら心の地図を作っているのかを明らかにし、その地図を自分の意志で操作する方法をつくり上げました。

レスリー・キャメロン・バンドラー（現レスリー・ルボー）は、チョムスキーの業績を応用しました。彼女は、人はそれぞれ独自の方法で削除、歪曲、一般化を行っていて、その結果がその人の行動パターンの違いとして表れると仮定しました。セラピストとしての経験を通じて、彼女は約六〇種類ものパターンを割り出して、それを「メタプログラム」と名づけました。

メタプログラムは、私たちが外の世界と関わる際に使うフィルターです。このフィルターによって、外の世界から入ってくるものは制限され、そのフィルターの形態に合うように調整されて、形が整えられます。また、私たちが行動する際に、私たちから発信されるメッセージもフィルターの形に合うように調整されて送り出されます。

メタプログラムとは、心の窓のようなものであり、伝達される情報はその窓を通してやりとりされるのです。この心の窓は独特な形をしているために、その形に合ったものだけが出入りすることができます。心の窓は、私たちの個性の一部のようでもあり、それゆえ一生変わらないもののように思われがちですが、実は、私たちが変化し、私たちを取り巻く環境が変化するにつれて、その形も変わっていくのです。

レスリーの教え子であったロジャー・ベイリーは、レスリーがつくり上げたメタプログラムを仕事の場面でも試してみました。その後、彼は「ＬＡＢプロファイル」という実用的で使いやすい技法を編み出しました。人と話をしながら、その人のやる気を引き出す要素が理解できるようになったのです。ベイリーは、「メタプログラムとは、人が置かれた境遇でどのように反応するのかについての状況報告のようなものである」と述べています。

たとえば、職場にいるときと家で過ごしているときとでは、一緒にいる人によって振る舞い方がかなり異なることは、ほとんどの人に同意していただけるでしょう。それゆえ、メタプログラムによって明らかになることは、私たちが永続的に持っている個性ではなく、私たちがさまざまな環境や状況でどのように反応しているのかということなのです。

ＬＡＢプロファイルとは、私たちの心の窓の形、つまりある状況下において具体的に何を伝え、どんな情報を取り入れているかを表すものです。従来の心理学的プロファイリングでは私たちのパーソナリティーについて押しなべて一般化しがちですが、ＬＡＢプロファイルが従来のプロファイルと大きく異なる点は、人間が状況に応じて、モチベーションや行動を変える能力を持っているということを重視しているところです。

言葉と行動のパターンには関係性がある

私が初めてメタプログラムを知ったときには約六〇種類ものカテゴリーがありました。自分たちが分析しようとしている相手と話をしながら、相手のパターンが何であるかを推測しなければならなかったのです。それから一年半、さまざまな人のメタプログラムを突き止めようと頑張ってみましたが、当然のことながら結果は芳しくありませんでした。

メタプログラムのパターンをより理解しやすく使いやすいものにするために、ロジャー・ベイリーはカテゴリーの数を六〇から一四にまで減らすことに成功しました（実際、自分や自分以外の人について理解するのに、六〇項目もチェックする必要はありませんよね）。彼はまた一連の質問を考案し、それを使えば相手の答えの内容がどうであれ、人が無意識に使っている心の窓のパターンを言葉から読み取れるようにしました。「答えの内容」ではなく「答え方」に注意を払えば、ほんの二つか三つ質問をするだけで、その人が、何をきっかけにやる気になり、やる気を維持できるかなど、どのように情報を処理しているかがはっきりと見極められるようになったのです。

ベイリーは、ＬＡＢプロファイルを考案する過程で、メタプログラムを二種類のカテゴリーに大別しました。一つ目のカテゴリーは、「動機づけの特徴」、またはモチベーションのパターンやトリガー（引き金）と呼ばれるもので、人がある状況下で、何によってモチベーションが高まり、維持することができるのか、また、その反対に何によってモチベーションが下がってしまうのかを表します。このカテゴリーは、ときに「やる気の引き金（モチベーション・トリガー）」と呼ばれることもありますが、それは、行動するきっかけを与えるものと、行動する気を奪うものを明らかにするからです。

二つ目のカテゴリーは「内的処理の特徴」、または生産性のパターンと呼ばれるもので、人が情報をどのようにプロセスするかを表しています。たとえば、ある人がある状況にお

メタプログラムとLABプロファイルの違い

メタプログラム	開発経緯	LAB プロファイル	LAB プロファイルの利点
60パターン	要約する 要点に的を絞っている	実用的な14カテゴリー	学びやすく覚えやすい
方法論なし	構造的アプローチで発見して活用する	明解な指針を備えたパターンを引き出すための質問形式	集団に対する研究や会話での影響力を発揮する際に利用しやすい
各メタプログラムを表す特徴的な言葉がない	各パターンを特徴づける言語構造や行動特性を特定する	各パターンに影響言語がある	内面の精神的な構造に影響する言葉に適しているため、説得力が劇的に増す
当時、特定の実用的な活用方法がなかった	研究・開発が進行中	集団的・対人的コミュニケーション、自己理解、心理評価に使用	新しい活用法を開発できる可能性を非常に有している

いて、全体像が与えられると生産性が高まるのか、それとも詳しい手順が与えられたほうがいいのか、仕事のあいだ、人に関心を向けているのか、物事に関心を向けているのか、また、ストレスにはどのように反応するのか、何かに納得するにはどのようなことが必要なのか、などがわかるようになるのです。

そして、その答えはすべて、その人が使う言葉に表れているのです。

影響言語

ベイリーはまた、「影響言語（Influencing Language）」というものを考え出しました。ひとたび相手の心の窓のパターンがわかると、相手の心に最も響くように、言葉を工夫して使うことができるようになるのです。

少し考えてみてください。たとえば、日本語をうまく話せない人が、あなたにあることを伝えようとしています。おそらくあなたは、自分にとって意味のある言葉に置き換えようと莫大なエネルギーを費やすことでしょう。でも、自分がその場で理解できる言葉が使われていれば、無駄なエネルギーを使うこともなく、相手の言っていることをすぐに理解できるでしょう。

これと同じように、相手の心にピッタリ合った影響言語を使うことができれば、あなたの言葉は相手の心の窓へと自然に入っていきますから、その一言一言が相手の心に響くのです。〝人の心を変える言葉〟をうまく使いこなせるようになるわけです。

現実世界

さて、先に進む前にここで一点、混乱を避けるために明らかにしておかなければなりません。ノーム・チョムスキーらの研究により、私たちは、人間が実際には物理的な現実世界に住んでいるのではないことを知っています。外界からの情報を削除し、歪曲し、一般化した世界を、〝現実世界〟として感じ取り、解釈しながら暮らしているのです。LABプロファイルのパターンには、人間がどのように世界を認識しているのかが表れます。そのため、本書で扱う世界は「物理的な現実世界」ではなく、私たちが知覚・解釈している〝現実世界〟ということになります。

人の行動を理解し、予想し、影響を与える

人が自分の経験について話をするとき、その人は実際の出来事のほんの一部しか伝えることができません。自分に起こった出来事の大部分は編集し、与えられた時間で語れる範囲の経験を語ることになるのです。たとえば、あなたがこの本を読んだことを誰かに伝えようとすると、経験したことのほとんどの部分を削除する必要があるのです。うなずきながら「良い本だったよ」と言いますが、この本を読んで考えさせられたことはすべて言わずに終わることになるでしょうし、ましてや、この本を読んでいるときに気分が良かったかどうかといったことに触れることもないでしょう。人と話をしているとき、相手が大切な要素を省略して語ったがために、その人の話す内容を理解できなかった経験がみなさんにもきっとあるはずです。

人間は、自分が実際に経験したことや考えたことを、削除・歪曲・一般化を通して、変換してしまうのです。

レスリー・キャメロン・バンドラーとロジャー・ベイリーは同じ言語パターンを使って話をする人たちは、その行動パターンも同じであることに気づきました。「言葉と行動のプロファイル」という名前は、人が話す言葉と行動のパターンには一定の関係性があるという考えから生まれました。

この本で紹介されている技法を使えば、みなさんは人の行動を理解し、予想し、影響を与えることができるようになります。LABプロファイルは、スキルとして修得することができるツールです。今までは気にも留めていなかったちょっとしたことに気づくよう、自分の目や耳を鍛える機会を与えられ、今まで気がついていた行動パターンを把握し、そのパターンを意識的に使う方法を身につけることができるのです。実際、スキルとしてLABプロファイルを使う場合、相手が状況に応じて起こす変化に細心の注意を払うなど、正確さが重要になってきます。ここで大切になってくるのが、「コンテクスト」という概念です。

コンテクスト（状況・場面・文脈）

コンテクストというのは、人が自分を取り巻く状況を見る枠組みのことです。人間には生来柔軟性があるので、状況や場面に応じて行動の仕方を変えることができます。仕事場でのあなたのことを語っているのか、恋人と一緒の場合のあなたなのか、はたまた子供、あるいは同僚と一緒にいるときのあなたなのか、休暇中、あるいは家を購入しようとしている場合のあなたなのか。ある時ある場面でたまたまその人があるパターン（あるいは癖）を持っていたからといって、その人が別のコンテクストにおいても同じように行動するとは限りません。

このテーマでセミナーをすると必ず「私はいつもそういうパターンで行動しているのでしょうか？」と訊かれますが、答えは「いいえ」です。私たちはたえず行動し成長するので、人生において大切な出来事への対処の仕方は、場面に応じて変化するのです。場面の変化は、会話の中でＬＡＢプロファイルのパターンとして表れます。私たちの行動は状況や場面によって左右されるので、ＬＡＢプロファイルの質問をする場合には、明確かつ正確にコンテクストを見極める必要があるのです。では、あなたが話をしている相手が置かれているコンテクストはどんなものなのでしょうか。第二部で、いろいろなパターンを検証しながら、どのくらい緻密にコンテクストを見極める必要があるのかを説明していきましょう。

しっかりした信念と思いやりの気持ちをもってＬＡＢプロファイルを使えば、さまざまなコンテクストで、みなさんのコミュニケーション能力は飛躍的に向上しますし、自分の行動を状況に合うように調整することもできるようになります。

相手がコンテクストについて話していたり、コンテクストを変えたりしたことに気づくためには、次のポイントに耳を傾けてください。

・いつ？
・どこで？
・誰と？
・会話の中で使われている動詞

これらのポイントが相手の話の中に出てきたとき、それらを手掛かりとして話し手のコンテクストが何なのか伝わってくるはずです。

「リビングルームで子供と座っていて、寝る時間について揉めているとき」
「クライアントとの打ち合わせで、ニーズ分析をしているとき」

話し手がコンテクストを変えたときにそれを察知できるよう訓練しておくと、コンテクストについてより深く理解することができ、コミュニケーションにおけるあなたの影響力が増し、人間関係を脅かすようなうっかりミスを避けることができるようになります。

ＬＡＢプロファイルの活用方法

ＬＡＢプロファイルの実践的な活用方法をいくつか挙げておきます。

市場調査

パターンがコンテクストによって変わるため、競合製品やサービスに対して顧客が感じるさまざまな意識下のモチベーションを特定するために、いくつかの方法論が開発されました。多角的なコミュニケーション戦略を生み出すことに活用されます。

営業とマーケティング

顧客の無意識の「動機づけの特徴」を理解して、それに向かって語りかけます。

コーチング

カンバセーショナル・コーチング法では、コーチがクライアントの現状とこれから望む状態に関係するＬＡＢプロファイルのパターンを会話によって導き出します。このプロセスを通して、クライアントはみずからの望む状態を体験し、自分自身で解決策を作り上げることができます。

行動変容トレーニング

ＬＡＢプロファイルを活用することで、ターゲットとしている集団の望ましい行動変容を促すためにどのような取り組みをすればよいかがわかります。まず、そのターゲット集団のモチベーションパターンを分析し、取り組みを通してどのＬＡＢプロファイルのパターンを変えるのかを把握します。

人材マネジメント

まず、管理職の人々がＬＡＢプロファイルのパターンを特定できるよう、トレーニングを実施します。その後、自身のチームメンバーの強みを特定してもらいます。そうすることで、管理職の人々が自身のチームメンバーが自然と最大限の力を発揮して働けるように仕事内容を調整できるようになります。

採用

募集職種に適任な人だけが惹きつけられ、そうでない人は興味を持たないような採用広告を作るために、まず、募集する職種に必要なＬＡＢプロファイルのパターンと企業風土を特定します。その後、絞り込まれた最終面接者の中からベストな人材を選ぶことが可能です（注：ＬＡＢプロファイルではスキルや知識、態度を測るのではなく、ある人物が特定の職種や環境に対して望ましいモチベーションや生産性を上げるパターンを有しているか、つまり〝適任か〟を測定します）。

技術トレーニング

ＬＡＢプロファイルを学ぶと、次に挙げる分野で現場に最適な才能を開発することができます。

影響力、説得力、交渉力、リーダーシップ、紛争解決、営業、カスタマーサービス

コンサルティングと問題解決

ＬＡＢプロファイルによって、あらゆるコミュニケーション上の問題を特定して解決することができます。ビジネスリーダーやコンサルタントに好まれています。

組織改革

ＬＡＢプロファイルによって、現在の企業風土を診断したり、理想の企業風土を特定したりすることができます。それによって、最大限の持続可能な結果を得るべく、適切な組織の改革方法を決定することが可能です。

チーム構築

チーム単位でＬＡＢプロファイルを行う場合、そのチームの職責に関する強みと弱みを診断できます。また、チームメンバー同士や外部の人とのコミュニケーションパターンを特定することも可能です。ほかにも、チームに新たに加わる候補者のＬＡＢプロファイルを特定することでメンバーの選考にも活用できます。

指導・学習

教師と生徒のＬＡＢプロファイルを特定し、個別指導やグループ指導において学習効果を最大限に引き出すための相性を診断できます。以前、私はカナダで先住インディアン保留地の教師に向けて行われた国立インディアン教育会議で、この方法論を用いて退学者を防ぐためのワークショップを行いました。

モデリング

ＬＡＢプロファイルは、行動を分析し、それらを細かくＬＡＢプロファイルパターンの組み合わせに分類することによって、あらゆる戦略やスキルを読み解くのに活用できます。

第2部

動機づけの特徴

第2部では、モチベーションの高まる要因が人それぞれで異なり、人の関心を惹きつけるにはどのような影響言語を使えばよいのかということを解説します。各章、一つのカテゴリーを取り上げていきます。

各カテゴリーには相手のパターンを特定するための質問が掲載されており、日常会話の中で相手のパターンを見抜く方法を学んでいきます。人が興味をそそられて気分を高揚させるには何が必要で、逆にどんなことでやる気が削がれてしまうのかについてもわかりやすく解説します。

パターン自体に良し悪しがあるわけではありません。コンテクストに応じて、ふさわしいパターンを見極めればよいのです。パターン固有の特徴や強み、またその活用方法についても説明していきます。

あるパターンとその反対のパターンとのあいだに明確な線引きがあるわけではありませんが、対(つい)として理解しやすいように、パターンごとの特性を紹介していきます。行動を予測する際にプロファイリングが有効なのは、被験者がプロファイリングされたコンテクストと同じコンテクストにいる場合に限られます。

パターンごとに行動上の特徴を詳しく解説したあとには、「影響言語」のセクションを設け、それぞれのパターンを持つ人の心を動かす言葉をリストアップしました。また、カテゴリーごとのパターン分布も掲載しました。数値はロジャー・ベイリーの研究に基づくもので、「仕事」というコンテクストに限定されたものです。これを見れば、それぞれのパターンを持つ人がどのくらいいるのか、見当をつけることができるでしょう。本書の魅力を十分理解して活用していただけるよう、異なるコンテクストで登場するパターンについても例をあげて解説していきます。

なお、第2部と第3部の終わりにはワークシートがあり、プロファイリングに活用できるようになっています。巻末には全カテゴリーのプロファイリング用ワークシートを掲載しました。

第3章

主体性——主体・行動型／反映・分析型

率先して物事を始めますか？
それとも、ほかの人が行動を起こすのを待ちますか？

人に行動を起こさせるもの、立ち止まって考えさせるものは何でしょうか？ 主体性は、どのようにして働くのでしょうか？ このカテゴリーでは、次の二つのパターンについて考えていきます。

主体・行動型

主体・行動型の状態に入っているとき、人は率先して行動を起こします。ほとんど、あるいはまったく躊躇(ちゅうちょ)なく行動を起こし、状況を分析したり考えたりすることなく、まっし

パターン別分布（コンテクストは仕事）

主に 主体・行動型	主体・行動型と 反映・分析型が半々	主に 反映・分析型
15〜20%	60〜65%	15〜20%

（ロジャー・ベイリーの資料による）

ぐらに突き進んでいきます。自分がやりたいことを強引に推し進めるため、周囲の反感を買うこともあります。飛び出していって、仕事を片づけることには長けていますが、人が行動を起こすのを気長に待つことができません。

反映・分析型

反映・分析型の状態に入っているとき、人は他人が率先して行動を起こすのを待ち、機が熟してから行動を起こす傾向があります。行動せずに熟慮し、分析します。行動を起こす前に十分に状況を把握して見極めたいと思うのです。いつかチャンス・幸運が訪れると信じ、辛抱強く待ち続けます。なかなか行動に移らないため、周囲の人がいらつくこともあります。他人が率先して事を始めるのを待ってから、対応します。極端な反映・分析型になると、極度に用心深く、際限なく状況を分析します。アナリストにうってつけでしょう。

仕事の場面では、主体・行動型と反映・分析型が半々という人の割合が、約六〇~六五パーセントに上っています。したがって、明らかにどちらかの傾向が強いことがわかる場合は別として、通常、プロファイリングする相手は中間に位置していると仮定して差し支えないでしょう。

パターンを見分けるには

このカテゴリーには、特定の質問の仕方があるわけではありません。文の構造や行動に注目することで見極めることができます。会話を通じて多くのヒントが読み取れるからです。

主体・行動型の言葉の特徴

- 短い文章。名詞、能動態の動詞、明確な目的語
- 世界が自分の思いどおりになるように話す

・明快ではっきりとした文
・直接的
・極端な場合には「猪突猛進」

主体・行動型の行動の特徴
・せっかち
・早口でしゃべる
・ペンでコツコツ音を立てる
・活動的でじっと座っているのは苦手

反映・分析型の言葉の特徴
・不完全な文、主語または動詞がない
・受動態、名詞化した動詞
・(英語の場合)不定詞が多く使われる
・世界の支配下に置かれているように話す。さまざまな出来事がわが身に降りかかる。チャンスや幸運が巡ってくると信じている

・長く複雑な文
・「〜について考えている」「分析している」「理解している」「〜を待っている」
・物事の理（ことわり）について話す
・条件的な言い方、「〜したら〜だろう」「〜できるだろう」「〜もありうる」「（ひょっとしたら）〜かもしれない」などという話し方
・非常に慎重、理解して分析する必要がある

反映・分析型の行動の特徴

・長時間座っていることをいとわない

発言例

■**主体・行動型**

「毎週会議をします」

■**主に主体・行動型**

「必要なようであれば、会議をします」

■**主体・行動型と反映・分析型が半々**

「現状を把握するために会議をします。みんなが現状を理解していることは大切ですから」

■主に反映・分析型

「毎週会議をする必要があるのか疑問に思うかもしれませんが、みんなが自分の意見に耳を傾けてもらっていると感じることが大切なので、会議をします」

■反映・分析型

「みなさんは、毎週会議をする必要があるのか疑問に思うかもしれませんが、自分の意見に耳を傾けてもらっていることを感じる必要性があることを考慮に入れることが大切なのです」

影響言語

コミュニケーションをスムーズに進めるためには、相手のパターンに合わせることも大切かもしれません。次の言葉を使って、すぐに動いてもらいましょう。

主体・行動型

頑張る　とにかくやってみる　飛び込む　なぜ待つんだ　今だ　すぐに　片付けてしまおう　君ならできる　主体的に動いてごらん　リーダーシップを発揮しろ　できることをしてしまおう　今すぐ　何を待っているんだ　急ごう

反映・分析型

それについて考えてみよう　もう分析したんだから　よく理解できるようになるだろう　これで理由がわかるだろう　検討してみてください　これであなたには、はっきりするだろう　対応について考えてみてごらん　考慮してもいいかもしれない　～できるだろう　機は熟した　ツキがやってくるよ

多くの人は、主体・行動型と反映・分析型の両方を備えているので、両方の影響言語を使ってみましょう。よく考えて、実践してみてください。

人員バランスを見極める

主体・行動型が強い人には、主体性を持って行動し、外で仕事をやり遂げることが求め

られるような職種が適しています。外商や個人事業、あるいは図太さがプラスに働くような仕事は適職でしょう。主体・行動型を募集するのであれば、履歴書を送ってもらうのではなく、電話をかけてもらうようにするとよいでしょう（反映・分析型は電話をかけてきませんから）。

反映・分析型が強い人は、周りの人の要求に応えるような仕事に向いています。カスタマーサービスデスクの従業員は、主体・行動型よりも、反映・分析型傾向を強く持っています。リサーチや分析業務では、多くの場合、長い時間をかけてデータを分析できる人材が必要とされます。

仕事では、ほとんどの場合、両方のパターンが必要です。雇用にあたっては、仕事の性質上必要になる反映・分析型と主体・行動型のバランスを見極める必要があります。チームのバランスを確認するために、チームのほかのメンバーをプロファイリングすることも大切です。

プロファイリングするときには、どの程度主体性を持って行動する必要がある仕事なのか、また、どの程度周りの人の要求に対応したり、分析したり、周りの人と歩調を合わせてする必要がある仕事なのかを確認してください。業務内容を俯瞰したうえで、主体・行動型の行動、反映・分析型の行動、それぞれが占める割合を概算してみるのもよいかもしれません。

感情を害さない人材管理

主体・行動型が強い場合、お役所的な緩慢さや社内の政治的かけひきには我慢ができません。職域におかまいなく突き進み、ほかの人の感情を害してしまうことがあるかもしれません。猪突猛進で突っ走るため、進むべきベクトルが間違っていても、気がついたときには遥か彼方にまで行ってしまっていることでしょう。主体・行動型の従業員を管理するには、彼らが持つエネルギーを正しい方向へと導くことが肝要です。適切な機会が与えられなければエネルギーをもてあまし、あらぬ方向で主体的な行動を取る可能性があります。やるべき仕事を与えて「頑張れ」と言ってあげることで、彼らはやる気になってくれます。逆に、居心地は最悪なのに、みずから何も手を出せない状況に置かれると、主体・行動型の従業員は苛立ちを抑えられません。

一方、反映・分析型が強い人の場合は、通常、みずから行動を起こすことがありません。主導権をとって行動することを求められると、ストレスや不安を感じます。極端な場合には、考えたり、分析したり、状況が理解できるように説明されることは望みますが、決定を下したり、行動に移すことはありません。チームで動く場合、反映・分析型は、提案された解決策を分析して問題点や代替案を考えられる時間的余裕を確保しようとすることで、そのプロセスに貢献します。彼らのパターンに合わせてモチベーションを高めるには、次のような言葉がけがよいでしょう。

「この件については、もう十分考えて検討してくれたから、月曜の一二時までに私の机の上に提出しておいてほしい」

反映・分析型の状態に入っているとき、人は自分の世界を自分でコントロールしているとは考えていません。誰かほかの人が問題を解決してくれたり、改善してくれたりするのを待っているのです。サミュエル・ベケットの戯曲、『ゴドーを待ちながら』のウラディミールとエストラゴンを覚えていますか？　彼らはずっと架空のゴドーが現れて自分たちのすべての問題を解決してくれるのを待っていました。

仕事の場面では主体・行動型と反映・分析型の両方の要素を備えている人が多いわけで、彼らは考えてから行動することと、周りに対応しながらも主体的に行動することを望みます。彼らに最適な仕事とは、主体性と反映・分析力の両方を十分に発揮できるような職責です。この人たちをやる気にさせるには両方の影響言語を使ってみてください。たとえばこうです。

「何をする必要があるのかをじっくり考えたうえで、行動に移してほしい」

私の友人に、いつもギリギリになって週末の旅行を計画する女性がいます。こういった人はどちらのパターンを強く持っているでしょう？　彼女はよく木曜日の夜に弟に電話をかけてこう言っていました。「あのね、今週末マヨルカ島へ行く安いツアーを見つけたの。ねぇ、行かない？　行かない？」。誘われた弟はいつも迷惑そうに断っていました。弟が反映・分析型が強いことを認識した彼女は、違う方法で誘ってみました。「今週末にマヨルカ島へ安く行ける情報を見つけたの。一緒に行けたらいいなぁと思っているんだけど。詳しい情報を送るから、じっくり考えてどうするか教えてくれる？」。弟は一時間後に電話をかけてきて、「一緒に行くよ」と言ってくれたそうです。

セールスとマーケティング

主体・行動型の状態に入っている人は、その場で何かに取りかかることができると購買意欲が高まります。

ある日コーヒーを飲んでいたときのことです。転職を迷っているクライアントにＬＡＢプロファイルを勧めました。プロファイリングをすると、どんなことでモチベーションが高まり、それを維持させることができるのかがすぐにわかることを伝えると、クライアントは大変乗り気になって、すぐにプロファイリングをすることになりました。オフィスまで歩いて戻る途中、「走りましょうか？」と言いだすほどでした。そのコンテクストでは、並外れた主体・行動型のパターンを示したわけです。

一方、反映・分析型は、製品やサービスに納得して初めて購入を決定します。自分が決断を下す前に、何かが起こるのを待っていることも多々あります。私が投資信託販売会社のＣＥＯに会いに出かけたときのことです。営業担当者のためのセールストレーニングについて話すためでした。三回目のミーティングのとき、現在会社では経営統合が完了しつつあって、「状況が明らかになるのを待っているところだ」と話してくれました。主体・行動型の状態になっていた私は、頭の中で叫んでいました。

「一体何が必要だというの？　天の声？　誰が状況を明らかにしてくれるというの？」

そして、かろうじて理性を保ちながら、こう尋ねました。

「そうですか。それはいつ頃になりそうですか？」

自分に何かが起こると信じている相手のパターンに合わせてこのフレーズを使ったのです。

反映・分析型の場合、これがあなたの待ち望んでいたものだと提案したり、「お望みのものを手に入れるために、もう十分待たれたのではないでしょうか？」「一度これを手にされたら、あなたには理由がおわかりいただけると思います」といった提案をしたりすると、心が動きやすくなるでしょう。

マーケティング・キャンペーンが、主体・行動型または反映・分析型向けに行われていることに気づくことがあるかもしれません。また、企業の社風が図らずも広告に反映されていることもあるでしょう。一九九三年、カナダのある大手銀行は「お客様のお役に立てる企業でありたい」というスローガンを掲げました。私はこれを見て、「彼らを叩き起こして、何かやってもらわなくっちゃ」と考えました。この解釈には恐らく、主体・行動型の私のパターンが大いに関係しているのでしょう。

〝Just do it.（とにかく、やってみろ）〟というナイキのスローガンを覚えていますか？　主体・行動型に大いにアピールするキャッチコピーです。

自社商品を最大限に活用してくれそうな理想的な見込み客とは、いったいどのような人でしょう？　すぐに飛びついて決断の早い人でしょうか？　それとも、じっくりと吟味する人でしょうか？　私が上級ビジネス影響力講座（The Advanced Business Influence Program）を立ち上げたとき、理想的な顧客は、情報を得てすぐにそれを活用し、すばやく決断する人でした。じっくりと時間をかけて考える必要がある人ほど、プログラムで紹介しているコミュニケーションと影響力に関する戦略をなかなか試してみようとはせず、結果、それほど大きな利益を得られなかったからです。

しかし、商品やサービスが投資に関するものであれば、理想的な顧客は、商品に投資すべきかどうか購入前にすべてをくまなく理解する必要がある人かもしれません。なぜなら、反映・分析型の状態にある顧客は投資アドバイザーに主導権を譲ることで、買った後で後悔したり、不満を抱えた顧客にならずにすむからです。この場合、主体・行動型の状態が強い傾向にある顧客は、理想的な顧客とはいえないかもしれません。いったん興味のあるものや問題点について読んだり、見たり、聞いたりした途端、彼らは真っ先にそれに飛びつき、これが長い目で見ればあまりよくない結果を生むからです。

折り合いをつける

主体・行動型と反映・分析型のコミュニケーションは時に厄介な状況に陥ることがあります。一方は今すぐ行動したいと思っているのに、他方はまだ準備ができていないことがあります。一方がよく吟味して細かい内容を一つ一つチェックしたいと思っても、他方は冒頭の規約同意書を読むことさえもどかしく思ってしまうことがあるのです。規約同意書をすみずみまで読みたいと思う人がどれだけいるかはわかりませんが、実際に行動したり決断を下す前に細かい内容までじっくりと理解したいと思う人もいるということは心にとめておきましょう。

昔、キッチンをリフォームした際、夫と次男は戸棚の中のものを段ボールに詰めてガレージに運ぶことになっていました。作業が始まってすぐ、夫は次男を見ながら私にこう言いました。「やってられないよ！　段ボールにポンポン物を詰め込んで、さっさと運んで、ガレージに積んでいくんだもの。俺はまず計画を立てて、どの段ボールに何を入れるかを決め、どこに何を置いたか、後で開けるときにもわかりやすいようにしたいのに」。これは、主体・行動型と反映・分析型、すぐやりたい派とじっくり考えたい派の対立を表す典型例でしょう。

　もう一つ、夫と私の違いもわかりやすい例かもしれません。私は物事をさっさと終わらせて、すぐに出かけたいと思うのですが、夫には時間が必要です。そこで解決法として、二人で出かける時刻を決めることにしました。それまでにいろいろなことを片づけることができることで、ただ夫のことを待っているだけだと思わなくてすむように工夫しているのです。

POINT

主体性

■**主体・行動型**

あまり考えずに行動する。あるいは、まったく考えずに行動する。行動することでモチベーションが上がる。

■**反映・分析型**

待つこと、分析すること、検討すること、周りに反応することで動機づけられる。

パターン別分布（コンテクストは仕事）

主に主体・行動型　一五〜二〇パーセント
主体・行動型と反映・分析型が半々　六〇〜六五パーセント
主に反映・分析型　一五〜二〇パーセント

（ロジャー・ベイリーの資料による）

質問

（特になし）

影響言語

■主体・行動型

やる　飛び込む　やり遂げる　待たない　行動あるのみ　今すぐ

■反映・分析型

理解する　検討する　待つ　分析する　考慮する　～なら　～かもしれない

～もありうる　～だろう

第4章

価値基準

人の感覚や感情を刺激するのは、どのような言葉でしょうか？

シモーヌに「仕事で大切なことって何？」と尋ねたときのことです。彼女はこう答えました。

「挑戦すること、今持っているスキルを使えてさらに新しいスキルを身につけられること、給料が良いこと、そして、人と関わる仕事であること」

これは、仕事をするときにシモーヌが大切だと思っていることですが、どのような意味があるのでしょうか。シモーヌが答えてくれているのは、仕事に対する彼女の価値基準（クライテリア）なのです。

価値基準は心のスイッチ

価値基準は、人がどのように物事の「良い」「悪い」「最悪」「正しい」「間違っている」などを判断しているのかを表します。言ってみれば、自分の価値観につけるラベルのようなものです。

価値基準は、感覚や感情に刺激を与えるスイッチとして働きます。これまでの人生で経験したことと結びついて記憶されています。それゆえ、人が自分の価値基準と関係する言葉を聞くと、その言葉に結びついた感情がよみがえってくるのです。

価値基準は、意識と無意識の要素から構成されていますから、その定義の仕方は人それぞれで異なります。とはいえ、ある人がある状況において心動かされることをどのように描写するかを知りたいだけなら、その人の価値基準の定義についてまで知る必要はありません。

どこの家庭にも、これを言ってはいけないという言葉があります。あなたの家族は、ある決まり文句を使うとあなたがいつも同じ反応をすることを知っているはずです。

相手の言葉を言い換えない

七〇年代から八〇年代にかけて、また場合によっては現在でも、多くの人が対人コミュニケーションのセミナーを受講し、カール・ロジャース流の傾聴スキルを学んでいます。傾聴では、相手の言っていることをあなたが理解していることを伝えるために、相手の話したことをあなた自身の言葉で言い換えることがあります。つまり、先ほどの質問の場面でシモーヌが「挑戦すること」と言ったとき、私が「ということは、あなたは自分の能力を試せるものが欲しいのね」と言ってしまうようなケースです。しかし、これでは感覚を共有できません。相手の言ったことを聞き手自身の言葉で言い換えてしまうと、相手の現実よりも聞き手の現実に即したものになってしまいます（ここでは、「本当の現実とは何か」ということについては触れません）。そうならないように、そして相手の言ったことをあなたが理解していることを伝えるために、私のコミュニケーション・セミナーの受講生には、「相手の使うキーワード、つまり価値基準を相手にそのまま返すことが大切です」とお伝えしています。

質問例

▽「〇〇（仕事・家族・配偶者など）で大切なことって何ですか？」
▽「〇〇に何を求めますか？」
▽「あなたにとって〇〇で大切なことは何ですか？」
▽「何に重きを置きますか？」
▽「そこにないといけないものは何ですか？」
▽「手に入れたいものとか、なりたいものとか、したいことは何ですか？」
▽「このプロジェクトにおいて、あなたの要求をすべて叶えるには、どのようなことが起こる必要があるでしょうか」

価値基準の順序づけ

価値基準の見つけ方や使い方がわかると、ある状況下で、何がより重要で、何があまり重要でないのかをしっかりと決めることができるようになります。これは自分自身に対しても、他人に対しても活用できます。シモーヌとの会話を通して、価値基準の順序づけと呼ばれるスキルを見ていきましょう。

シェリー　「シモーヌ、あなたには仕事で大切だと思っていることがいくつかあったわよね。あげてみて」

シモーヌ　「挑戦すること、今持っているスキルを使えてさらに新しいスキルを身につけられること、給料が良いこと、そして、人と関わること」

ここには、四つの価値基準があがっていますが、シモーヌにとってどれが必須で、どれがそのときたまたま出てきた言葉で、どれが最も大切なのかが、まだわかりません。聞き手である私が、彼女にとってある価値基準がほかの価値基準より重要だと考えるかもしれませんが、それは単なる想像の域を超えません。

シェリー　「シモーヌ、少し想像してみて。あなたの欲求に合った仕事がいくつかあるの。（左手を手のひらを上にして差し出しながら）こちらの手には、挑戦を必要とする仕事があって、（右手を手のひらを上にして差し出しながら）こちらの手には、今持っているスキルを使えて、さらに新しいスキルを身につけられるような仕事があるとしたら、どちらが魅力的？」

シモーヌ　「『挑戦』のほうです」

でも、注意深く観察していると、相手が結果について何かを言う前に、すでに選択がなされることがわかるでしょう。ここでは両手の間隔を大きくあけて、それぞれ独立した選択肢であることを認識できるようにすることが大切です。シモーヌがどのようにしてこの選択へ至ったのかは、はっきりとはわかりませんが、それぞれの選択肢を右手と左手に置くことで、よりリアルで理解しやすい雰囲気を醸し出すことができます。

私がこれをメモに取るとするなら、どのように書き留めたらよいでしょうか。簡単で素早い方法は、「挑戦すること」から「今持っているスキル……」へ向かって矢印を描くことです。これで、「今持っているスキル……」よりも「挑戦すること」のほうが大切だとわかります。

シェリー　「私の右手には挑戦を必要とする仕事、左手には給料の良い仕事があります。もしどちらか一方を選ばなければならないとしたら、どちらがいい？」
シモーヌ　「そうですねぇ、『挑戦』のほうです」
シェリー　「ということは、今のところ、挑戦することが一番大切ということね。それでは、私の左手には挑戦を必要とする仕事、右手には人と関わる仕事があります。どちらがいい？」（「挑戦」を置く手を変え続けて、片方の手との結びつきができないようにします）

シモーヌ　「それでも、『挑戦』です」

これで、仕事という状況における価値基準の中で、シモーヌにとって一番大切なのは挑戦することであることがわかりました。価値基準の順序づけをすべて完成させるには、同様にして、ほかの選択肢もそれぞれ比較し合う必要があります。

シェリー　「シモーヌ、私の左手には、今持っているスキルを使えて、さらに新しいスキルを身につけられるような仕事、右手には、給料が良い仕事があります。どちらを取りたい？」

シモーヌ　「給料が良い仕事です」

シェリー　「左手には給料が良い仕事、右手には人と関わることができる仕事では？」

シモーヌ　「給料が良い仕事です」

シェリー　「最後に、左手に人と関わることができる仕事、右手に、今持っているスキルを使えて、さらに新しいスキルを見につけられるような仕事」

シモーヌ　「人と関わることです」

このようにして、シモーヌの場合、価値基準の重要度は高い順に次のようになりました。

一　挑戦すること
二　給料が良いこと
三　人と関わること
四　今持っているスキルを使えて、さらに新しいスキルを身につけられること

セールスなど、人の意思決定に関与する職業では、このプロセスは顧客と話をするときにとても役立ちます。また、部下にコーチングをする場面やクライアントにカウンセリングをする場面でも使うことができます。私はキャリア・カウンセリングにも使っていますが、その場合、それぞれの価値基準が意味する内容を、クライアントからしっかりと説明してもらう必要があります。

価値基準について説明してもらうとき、最も簡単な方法は、「これこそまさに『挑戦』

だったなって言える例をあげてもらえませんか」と質問することです。一連の記憶や感情に直接結びついた事柄を一言で言い表すのは簡単なことではありませんから、こうした質問は非常に効果的です。

価値基準の順序づけは、意思決定のプロセスを短縮するのに使うこともできます。相手の心、魂、身体、すべてを使って決断を促すのです。具体的に何かを選択しなければならない状況では、人はどちらかの選択肢に惹きつけられるように感じるものです。

順序づけが難しいとき

中には、左右の手にある選択肢から一方を選ぶことができない人もいるでしょう。ためらっている様子は体の動きを観察していればわかりますが、このためらいは何を意味していて、どのように対処すればよいのでしょうか。私の経験上、考えられる状況は次の五つです。

一　二つの中から、どちらか一方を選択しなければならないという考えを受け入れられない。

二　一方の価値基準が他方の価値基準に含まれる。
三　同じ体験に二つのラベルをつけている。
四　一方の価値基準が、もう一方の価値基準を引き出す要因となっている（因果関係）。
五　価値観や価値基準のあいだに葛藤を覚えている。

一番目のケースでは、クライアントは二つの中から一つの価値観を選ぶことができなかったり、選ぼうとしなかったりします。その場合には、次のように問いかけてください。「もちろん両方とも手に入れることは可能です。でも、あえてどちらかを選ばなければならないとしたら、どちらに惹かれますか」

これまで、さまざまな国々や文化圏でＬＡＢプロファイルを教えたり実践したりしてきた中で、価値基準を選びとることが難しい文化があることに気づきました。アメリカなどの、本当に望むものは何でも手に入れることができるという信念を持つ文化では、選択するということに何ら問題はありません。

ところが、多くの文化圏ではこうした信念が一般的ではありません。実際、人生は自分が望むものを得るためにあると信じている人はそう多くはないのです。彼らにとっての人生とは、自分がするべきことをするためのものなのです。二つの価値基準から一方を選択できないのは、望んでいることと自分がするべきこととのあいだには何の関係もない、と信じているからなのです。個人の欲求よりも外部の意見に重きが置かれているのです。このような場合には、どうすれば良い決断ができるのかということについて話し合います。そうすることで周りへの配慮や義務感から解放され、つかの間でも自分が心惹かれるものについて考えることができたなら、何が自分にとって重要なのかを整理する絶好の機会となるでしょう。そこから、自分の対外的責任について考え、折り合いをつけられようになるのです。

二番目のように、一方の価値基準が他方の価値基準の一部になっている場合にも、どちらかを選ぶことができません。一方が他方に含まれてしまっているからです。そのような場合、「今持っているスキルを使えて、さらに新しいスキルを身につけられることというのは、あなたにとって挑戦することの一部ですか。それとも、その逆ですか」と尋ねることによって、確認することができます。この場合、小さいほうを大きい価値基準の中に含め、大きい価値基準のほうを用いればよいのです。そしてこう続けます。「私たちが挑戦することについて話し合っているときは、今持っているスキルを使えて、さらに新しいスキルを身につけられることも含まれているわけです」

三番目のように、同じような体験に二つのラベルをつけている場合も考えられます。もし二つが同じものならば、「それ」と「それ自身」のどちらか一方を選ぶような難しい話になってしまいます。たとえば、「おもしろいこと」と「挑戦すること」のどちらかを選ぶことができないとしましょう。こういう場合には、「おもしろいということと挑戦するということは、あなたにとって同じことですか？」と確認してみてください。もし、その人が「たしかにそうです。何かに挑戦するときには、いつもおもしろさを感じます」と答えたならば、（少なくとも彼の心の中では）この二つが非常に密接に関連していることがわかります。そのような場合、相手との信頼関係（ラポール）を維持するには、両方のラベルを使っていくことが大切です。

四番目は、一方の価値基準が他方の価値基準を引き出す要因となっている、すなわち因果関係がある場合です。このようなときは、「あなたにとって、何かに挑戦するということは、今持っているスキルを使えて、さらに新しいスキルを身につけることにつながることなのですか？」というように確認してみます。

二つの選択肢のうちどちらかをはっきり選べない五番目の可能性として、二つの価値観・価値基準のあいだに葛藤がある場合が考えられます。彼らは右往左往しながら、「そう、うん、でもね……」と心の中で考えたり、つぶやいたりしています。このような場合、意思決定できずに行き詰まりを感じているのがわかるはずです。『屋根の上のバイオリン弾き』に登場するテヴィエの「片手には……、もう片方の手には……」という台詞のようですね。

価値基準が多すぎるとき

誰かに「何を望んでいますか」または「大切なことは何ですか」と尋ねたとき、その人が欲しいものを一五個も二〇個もあげたとしたら、どうでしょうか。その人を満足させるのは容易なことではないでしょう。もし一五個も二〇個も価値基準を持ち、どれがほかのものより大切なのかわからなかったら、意思決定どころか、自分が本当に欲しいものを見極めることさえ難しくなるはずです。たとえば、一五個の価値基準を満たす理想の男性を探す女性を想像できるでしょうか。

意思決定とは何でしょう。多くの場合、二つかそれ以上の選択肢から、どれかを選ぶということです。もし、たくさんの価値基準を抱えて困っている人に会ったら、価値基準の順序づけをお手伝いして、最低限必要なものとどちらでもよいものとの境界線をはっきりさせてあげるとよいでしょう。

価値基準をどう使うか

あなたがある商品を購入するとき、必要不可欠なことは何でしょうか。結婚するとき、相手や二人の関係で最も大切なことは何でしょうか。状況が変われば、あなたの価値基準も変わる可能性があるのです。通常、家屋に望むことと配偶者に求めることは同じではありませんよね？

目標設定をする場合、成功するためには、価値基準をあげるだけでなく、どれがより大切なのかを理解しておく必要があります。目標に向けた価値基準がはっきりしていると、達成できる可能性も高くなります。価値基準を把握すると、現実的で実感しやすくなるのです。私の教え子の一人に、不動産仲介業の男性がいます。彼は人材を採用するとき、仕事の場面で持っていてほしい価値基準の優先順位と、応募者の考えている優先順位とが一致するかどうかを確認します。「あなたにとって、仕事をするうえで一番大切なことは何ですか？」と質問するのです。そして、「あなたがもし、（左手を差し出しながら）チームプレーが求められる仕事と、（右手を差し出しながら）自分で自由にできる仕事のどちらかを選ばなければならない場合、どちらを取りますか」とさりげなく尋ねます。

もし、あなたが誰かと新しいプロジェクトを始めて、チームのメンバーを選ばなければならない場合、候補者が何を大切にしているかを確認しておいたほうがよいでしょう。彼らはあなたが求めている価値観を持っているでしょうか。そんなときには、こんな質問をしてみるとよいでしょう。

▽「このプロジェクトで達成したいことは、何ですか?」
▽「会社に何を望みますか?」
▽「チームにどんなことを求めますか?」
▽「あなたにとって、より大切なことは何ですか?」
▽「(片手ずつ差し出しながら) こっちですか、それともこっちですか?」

こんなふうに実際やってみると、簡単に日常会話に組み込めることがわかるでしょう。

脳の働きと、価値基準、価値観、そして信念

強固な政治的信念に異を唱える事実を提示すると脳内に何が起こるかを調べる実験が行

われました。[1] 政治的信念を覆されかねない事実を前にすると、人の脳内では、左背内側前頭前野と扁桃体の活動が活発になります。これらは、自己同一性と否定的な感情に関係する部位で、自分のアイデンティティについて考え、恐怖の感情を感じるところです。私は、価値基準について講義をする際、簡単な実験をよく行います。まず、価値基準を表す言葉をあえて使えないようにし、しばらくして使えるように戻すのです。たいていの人は、この体験を通じて、自分が身体的にも精神的にも非常に強い不快感を覚えたり、安堵したりすることに驚きます。関連する脳研究においては、脳もまた自分の信念や価値基準に反する情報と向き合うことで否定的に反応するということが明らかになってきています。

価値基準で影響を与える

では、どうすれば他人の考え方を変えることができるのでしょうか？　人と対立するのはおそらく非生産的なことでしょう。冒頭で述べたように、私が提唱する「影響と説得の原理」では、まず相手のバスストップへみずから赴き、相手や彼らの価値基準をそのまま認めることが大切です。

私のクライアントに、北米でのオンラインマーケティングが欧米と比べて思ったほど「うまく弾みがつく」状況ではないことに悩んでいる人がいました。私は彼に、有名なインターネットマーケティングの専門家が推奨する新しい手法を試してほしいと思い、次回の打ち合わせに先駆けてメールを送りました。私は自分の勧めたい内容を伝えるにあたって、まず、彼が懸念していることを私が十分に理解していることを伝えたうえで、A／Bテスト（二種類のマーケティング手法の結果を比較する）を検討してはどうかと述べ、新しい手法の要点をまとめて伝えました。すると、彼からはとても熱のこもった返信が送られてきました。

性別に関する無意識の隠喩（メタファー）について、二〇一八年に論争を巻き起こしたアメリカ最高裁判事に承認されたブレッド・カバノー氏と、クリスティン・ブラジー・フォード博士の性的暴行証言を引き合いに出してブログ記事を書いたとき、その内容について多くの方からコメントが寄せられました。[2] ある知り合いは私が書いた内容に異議を唱えてきました。彼とは仲が良いのですが、政治的な見解はかなり異なります。彼は、「君が判断するのに参考になると思う」と言って、メールにカバノー氏に関する論争について右派寄りの資料を大量に添付してきました。

私はメールを返信するにあたり、まず、久しぶりに連絡してきてくれたことを嬉しく思っていると述べ、彼の近況を尋ねました。その後、今回の件に関してお互いが同意できるような内容を述べるなかで、強烈に心に響く「おっしゃるとおりです」という言葉を使いました。それから、私がブログで伝えようとしていたことを簡単に説明して、心を込めた挨拶で文章を締めくくりました。

彼に宛てた私の返信とそれに対する彼からの意外な返信は、次のとおりです。

私の返信

ご連絡いただき、とても嬉しいです！　いかがお過ごしですか？　以前一緒に話し合ったプロジェクトの進捗状況はいかがでしょうか。

おっしゃるとおりです。今回の件に関してはさまざまな見方があります。特に、皆が政治的関心を持っている今日のような状況下では、それぞれの人が自分の思いを反映させて意見を述べることになるのでしょう。私はただ、スゼット・ヘイデン・エルジン氏の分析を、隠喩（メタファー）を使ってみなさんと共有したかったのです。

感謝をこめて。

シェリー

彼からの返信

ここ二年は本当に目まぐるしい日々を過ごしていました（自分の健康のことや仕事で大きなプロジェクトが進行していたこともあって）。

家族はおかげさまで元気にしています。もっぱら、孫娘たちのサッカーの試合観戦が日々の楽しみです。分析を送ってくれてありがとう。私は双方が我々を分断するのではなく、皆のために、意見の一致に向けて働きかけることを祈っています。彼らはあのやり方で多額の資金を集めているようなので、変わらないかもしれません。物の見方が一つしかないという考えでは、決してうまくいかないでしょう。

あなたの遠距離結婚がこれからも、ますます素晴らしいものでありますように。

このやり取りの中で、私はまず、人として彼とつながり、彼の見解を真っ向から攻撃することは避け、お互いが同意できること（価値基準）を探り、彼を説得するのではなく、自分の見解を説明しました。彼もまた問題を俯瞰し、未来に向けてよりお互いが意見の一致をみることができることを願ってくれました。彼とのやり取りは、ゴドウィンの法則[3]にある、人々がお互いをナチスの一員だと罵り合い、しまいには個人攻撃にまで陥ってしまうソーシャルメディア上の価値観の衝突とは対照的な事例と言えるでしょう。

セールスとマーケティング

価値基準を理解することは、セールスだけではなく、影響を与えたり説得したりするすべてのプロセスで必要不可欠です。

経験の浅いセールスパーソンは、見込み客が何を望んでいるのかを考慮せず、(たいていの場合、自分自身の価値基準を使って)商品の売り込みに終始します。「お客様、こちらのおクルマにはすべてが備わっております。低燃費、快適なハンドリング、サイドボディにはデカールまでございます!」といった具合です。これこそ〝数打ちゃ当たる〟式のアプローチです。たまには当たるかもしれませんが。一方、マーケティングのプロたちは購買層の価値基準を研究して、キャンペーン広告のフレーズが影響を与えたい人たちにぴったりマッチするように工夫しています。

あなたが誰かの興味をひき、それを維持したいのであれば、あなたが提案するものと相手の価値基準とを結びつける必要があります。私が講演をするときは、本題に入る前によく質疑応答の時間を設けます。受講者に「あなたにとって、今回の講演内容で大切なことは何ですか?」、あるいは「もしあなたが、どうしたら人が求めていることを察知したり、予測したり、行動に影響を与えたりすることができるのかを知っていたら、その能力を何に発揮したいですか?」と尋ねます。そして、誰かが「交渉の場面で、自分の企画案が採択されるようなプレゼンテーションの仕方を知りたい」と答えたら、私は、この価値基準と自分の伝えたいポイントとが確実に結びつくようにしていきます。

多くの人が、相手の価値基準に合わせることの重要性を過小評価しています。以前、グループのデモンストレーションとして、ある女性に対して、彼女が大切にしている価値基準を織り込みながら求人説明をしてみました。その際、私はどんな仕事であるかは一切告げず、彼女の価値基準だけを使って説明しました。

「あなたが本当に必要とされて、あなたのすることは人から感謝されて、どのように仕事をするかは自分で決めることができて、しかも、勤務時間は一定です」

すると彼女は仕事内容を訊こうともせずにこう答えました。「(その仕事を)受けると思います」。自分の価値基準に合った仕事に就くために、ニューイングランドからカリフォルニアへ引っ越したにもかかわらず、すぐにその仕事や会社が自分の期待にまったくそぐわないということに気づいた人もいます。ただし、相手の価値基準を使って誰かを説得するときには、約束できることに細心の注意を払う必要があります。さもないと、彼らの失望や怒りはあなたに直接向けられることになるでしょう。価値基準は、肯定的なものであれ否定的なものであれ、人の心にある感情を呼び起こす言葉のスイッチなのです。

ある母親は、小学一年生の息子さんが本を読むのが苦手で困っていました。家でも練習をさせ、学校では先生方が補習クラスに息子さんを参加させました。そこでは、保護者のボランティアが子供たちに読解力をつけるお手伝いをするのです。一学年の終わりまでには、いくらか上達したものの、あるとき自分の経験について母親にこんなふうに言ったそうです。

「バカな子供だけが補習クラスに行かなきゃならないんだ」

母親は二学年の初めに先生方へ会いに行きました。先生方は子供をまた補習クラスに参加させようと考えていたからです。母親は息子にとって補習クラスがどういう意味を持つのかを説明し、参加させたくない意思を伝えました。話し合いに話し合いを重ねたところ先生方も納得し、母親が練習させ続けるという条件で話がまとまりました。二週間後、子供は母親にこう言ったそうです。

「今年、先生たちは僕を補習クラスに入れなかったよ。僕が読むのがじょうずだからなんだ。僕はバカじゃないんだ」

その後、子供の読解力は、数週間で急に伸びたそうです。

価値基準を使って人に影響を与えるためには、相手が使った表現をそのまま使う必要があることを覚えておいてください。これは見込み客と接するときやクライアントをコーチングするときには極めて重要です。相手が使った表現を言い換えてしまうと、相手との信頼関係（ラポール）やつながりが弱くなるような感覚をおぼえるでしょう。反対に、相手の価値基準を使って話すと、たちまち相手がうんうんとうなずくような賛同を得られるはずです。

POINT

価値基準

■ **価値基準**

ある状況下で、その人にとって非常に意味のある言葉。感情や記憶と結びついているので、心のスイッチになります。

■ **質問**

「あなたにとって、○○（仕事・家庭・配偶者など）で大切なことって何ですか？」

「○○（仕事・家庭・配偶者など）に何を求めますか？」

■ **影響言語**

相手の興味をひき、それを維持するためには、相手の価値基準を使います。人は自分自身の価値基準を耳にすると、その言葉に結びついた感情を即座に思い出すのです。

第5章

方向性——目的志向型／問題回避型

人は何が引き金となって行動を起こすのでしょうか。
目標を達成しようとするときと、問題を解決・回避しようとするときとでは、
どちらのほうが、やる気は高まるのでしょうか？

このカテゴリーを理解すると、効率的に目標を達成したり問題を回避したりする方法を理解することができます。モチベーションの方向性は、目標に向かっていくパターンと、問題を回避するパターンの二つに分けられます。

目的志向型

目的志向型の傾向が強い人は、自分の目標に意識を集中します。自分の欲するものや目標達成という観点から、物事を考えるのです。所有したり、取得したり、達成したり、到

達することでやる気が高まります。目標を達成することに関心があるので、物事の優先順位をつけるのが得意です。目標を持つことで、意気が上がり精気も養われます。

その一方、問題点を見つけたり、それを回避したりするのは得意ではありません。そのため、極端な場合には、起こりうる問題に対してまったく無頓着な人と思われることもあります。

問題回避型

問題回避型の傾向が強い人は、実際には起こらないことのほうが多いものの、避けるべき事態や問題を意識します。解決するべき問題や回避するべきことがあると、やる気が高まります。脅威によって力を出すのです。あるセールス・パーソンが、「ちゃんと営業に行ってセールスしないと、月末の支払いができないからね」と言っていましたが、締め切りがあることで、行動を起こすことができるのです。問題回避型で行動する人は、無意識のうちに「何がうまくいかないか」ということに注意を向けているため、問題の処理や解決がじょうずで、起こりうる障害を予測することも得意です。

このパターンを持つ人は、否定的な状況に遭遇すると、考えたり反応したりするため、

パターン別分布（コンテクストは仕事）

主に目的志向型	目的志向型と問題回避型が半々	主に問題回避型
40%	20%	40%

（ロジャー・ベイリーの資料による）

目標に注意を向け続けることが苦手です。問題に取り組み始めたら、ほかのことが目に入らなくなります。極端な場合には、物事の優先順位を忘れて、問題ばかりに集中してしまいます。もし、このパターンで行動する人が、部署や組織のトップである場合、その部署全体が、危機管理的に運営されます。問題回避型で行動する人は、注意の矛先が自然と問題に向くので、優先順をつけることが難しいのです。問題回避型が強い場合には、目的志向型で行動する人からは、しばしば、「冷めた皮肉っぽい人」と思われたりすることもあります。

上の表を見ると、ほとんどの場合、主に目的志向型か、主に問題回避型であることがわかります。

パターンを見分けるには

質問

▽「それ（価値基準）って、どうして大切なのですか？」（3回質問する）

目的志向型の言葉の特徴

・自分が得られる、達成できる、取得できる、所有できる物事について語る
・受け入れの態度
・望むものや目標・ゴールを意識する

目的志向型の行動の特徴

・何かを指差す
・うなずく
・受け入れるジェスチャー

問題回避型の言葉の特徴

- 避けるべき、取り除かれるべき状況について語る
- 望まない状況や事態を排除する態度
- 問題を意識する

問題回避型の行動の特徴

- 排除する
- 首を横に振る
- 何かを避けたり取り除いたりするジェスチャー

相手が理由の説明を始めると、目的志向型か問題回避型のパターンが表れます。注意して聞いてみましょう。

回答例

■**目的志向型**

「満足感と昇進をものにしたい」

■主に目的志向型
「昇進と満足感と高待遇をものにしたい。そうすれば、地方回りをしなくてすむ」
■目的志向型と問題回避型が半々
「満足感をものにしたい。そうすれば、地方回りをしなくてすむ」
■主に問題回避型
「ルーティンをしなくていいし、家族と離れなくてすむ。それに、昇進してポストをものにすることもできる」
■問題回避型
「この退屈な仕事や締め切りから自由になれるし、上司に監視され続けなくてすむ」

パターンを読み取るためには、次のように何回か同じ質問を繰り返す必要があります。

シェリー　「アダム、あなたにとって、仕事で大切なことって何（価値基準）？」
アダム　「影響力を持ちたいし、もっと腕を磨きたいし、おもしろい人間になりたいし、真剣に聞いてもらいたい」
シェリー　「なるほど。アダム、じゃあ、それってどうして大切なの？」

アダム　「人の役に立つためだよ」
シェリー　「人の役に立つためにね。じゃあ、それってどうして大切なの？」
アダム　「人の役に立てたら、満足感が得られるから」
シェリー　「満足感てどうして大切なの？」
アダム　「そうだなぁ、それが仕事から得たいものだからかな」

もう一つ別の例を見てみましょう。

シェリー　「ジョアン、あなたが仕事に求めているものは何？」
ジョアン　「まず、何をしなければいけないかわかること。それから、実績に基づいてちゃんと評価されることかな」
シェリー　「それって、どうして大切なの？」
ジョアン　「そうだと、心穏やかでいられるから」
シェリー　「じゃあ、心穏やかでいられることって、どうして大切なの？」
ジョアン　「心の穏やかさがなかったら、子供に余裕をもって接することができないから」

シェリー　「それって、どうして大切なの？」
ジョアン　「子供に当たらなくてすむもの」

アダムが、自分の目標を達成するために価値基準(クライテリア)を全うすることでやる気が高まっているのに対して、ジョアンは、ある結果を避けるために自分の価値基準を使っています。

モチベーションの方向性についての質問を数回繰り返すのは、人が、自身のエネルギーを目標の達成に注ぐのか、問題の回避に使うのかをより正確に見極めるためです。私の経験では、単に一度だけ質問した場合、その人が本来持っているパターンにかかわらず、短めの目的志向型の答えが返ってきがちです。おそらく、私たちのほとんどがポジティブ・シンキングの影響で、問題を認識することに鈍感になってしまっているのだと思います。その人の行動にかり立てるものが何なのかを確かめるためには、質問を三回くらい繰り返す必要があります。

その他の質問例

▽「それをするポイントは何なのですか？」
▽「どうしてわざわざそうするのですか？」

▽「〜について大切なことって、何ですか？」
▽「そこには、あなたにとって大切などんなことがあるのですか？」

コンテクストが変われば方向性も変わる

あなたはどうして、前の仕事を辞めたのでしょうか。もう我慢ができなかったから？　それとも、ほかにもっといい仕事があったから？　どうして、離婚したのでしょうか。幸せじゃなかったから？　それとも、ほかに好きな人がいたから？　どうして、このあいだ休暇をとったのでしょうか。退屈な仕事から離れたかったから？　それとも、何か特にやりたいことがあったから？

あるコンテクストでは目的志向型で行動している人でも、別のコンテクストでは問題回避型で行動する場合もあります。

時間の経過とともにモチベーションの方向性が変わることはあるのでしょうか？　あるのです。たとえば、目的志向型を持つある人が、ずっと健康に悪いことばかりしてきたとします。ある日、心筋梗塞に襲われます。するとどうなるでしょう？　心筋梗塞は厄介で命に関わる病気ですから、おそらくその人のモチベーションの方向が変わり、健康を害することは避けようとし始めるでしょう。もう二度と心臓発作はご免ですから、タバコをやめ、運動量を増やし、食生活を改め、生活習慣を変えようとするかもしれません。嗜癖や依存症からの回復プログラムは、この原理を使って行われています。

人間というのは、本当に追いつめられるまで、生き方を変えようとはしません。そんなとき、こんな質問が役に立つかもしれません。「今ここで苦しんででも変わるのを選ぶ？それとも、もっと悪くなるまで待つのを選ぶ？」

影響言語

影響言語をじょうずに使えると、聞き手の注意を引きつけることができます。同じメッセージを繰り返し言わずにすむようになります。相手の思考パターンに言葉がマッチしているため、相手に波長を合わそうと努力しなくても、自然に信頼関係(ラポール)を深めることができます。信頼関係が結ばれると、誤解が生まれることも少なくなります。

典型的なものをあげておきましょう。

目的志向型

到達する　獲得する　所有する　ゲットする　受け取る　達成する　できる

恩恵　利点　これが、あなたの達成できること

問題回避型

する必要がない　解決する　避ける　回避する　直す　扱わなくてすむ

取り除く　完璧でない　何がおかしいかを見つけよう　問題はないだろう

目標達成のためには、あまのじゃくになる

人は長年、目標を定めることの大切さを教えられてきました。「目標を持たないと、本当に望むものを見つけ出すことはおそらくできない」と教えられてきました。ところで、この文は目的志向型と問題回避型のどちらで語られているのでしょうか？　問題回避型です。目標がなければ、どこへもたどり着くことができないと言っているわけですから。

人のモチベーションの方向性について論じるときに私たちが重要視するのは、何が人を

目標設定といった行動に駆り立てるのか、ということです。私が個人的に仕事上の目標を設定する理由は何なのでしょう。それは、もし目標が設定されていなかったら仕事の要領が悪くなってしまうからです。私は目標を設定することによって、職場では問題回避型傾向を持つようになります。そうすることによって、最も大きな問題に自然と注意が向くようになります。自分が達成するべきものに集中するために、あるいは仕事の要領が悪くならないようにするために、二週間に一度は自分に問いかけるのです。「私のやるべき仕事は何なのか？」と。この問いかけを通じて、私は本当にする必要があることを再確認できるのです。「目の前の行動を達成目標へとつなげるには、どのようにすればよいか？」という質問も、問題回避型が自分に問いかけるには有効な質問です。

目的志向型の傾向が強い人は、「計画はうまくいくのか？」「ほかに何か予測する必要がある事態はないか？」「考えられていない不測の事態はないか？」と自分に問いかける必要があります。計画を現実的なものにするためには、相反するあまのじゃくな存在も必要なのです。

北米社会は問題回避型に対して偏見を持っているようですが、多くの状況において、目的志向型と問題回避型のバランスが取れていることはとても大切なことです。仕事を行うチームの中で、この二つの均衡が取れていれば、目標がきちんと定まり、不測の事態にも対応できる計画が周到に立てられていて、優先順位の高いものに焦点がおかれているという結果になることでしょう。

喉元過ぎれば熱さ忘れる？

問題回避型は目標達成の仕方にもあらわれます。素晴らしいNLPトレーナーであり、コーチでもある、ジョン・オーバーダーフの元を訪れたクライアントの話です。そのクライアントはこう切り出しました。「困ったことになりました。私の人生ももう終わりかもしれません。億万長者になるのは、これで四回目なんですよ」。おそらくこの話を聞いて、四回も億万長者になっておいて一体何が問題なのだとお思いでしょうが、よく考えてみましょう。億万長者になるのが四回目だということは、三回その富を失ったということなのです。一体彼に何が起こったのでしょうか。

ジョンは彼にいくつかの質問をすることによって、彼が仕事に対して極端な問題回避型であることに気づきました。彼は、貧困から抜け出そうとすることでやる気になるタイプの人だったのです。彼のパターンをわかりやすくするためにグラフで表します。縦軸が彼のモチベーションの度合い、つまりどのくらい強くやる気を持っているかを、まったくや

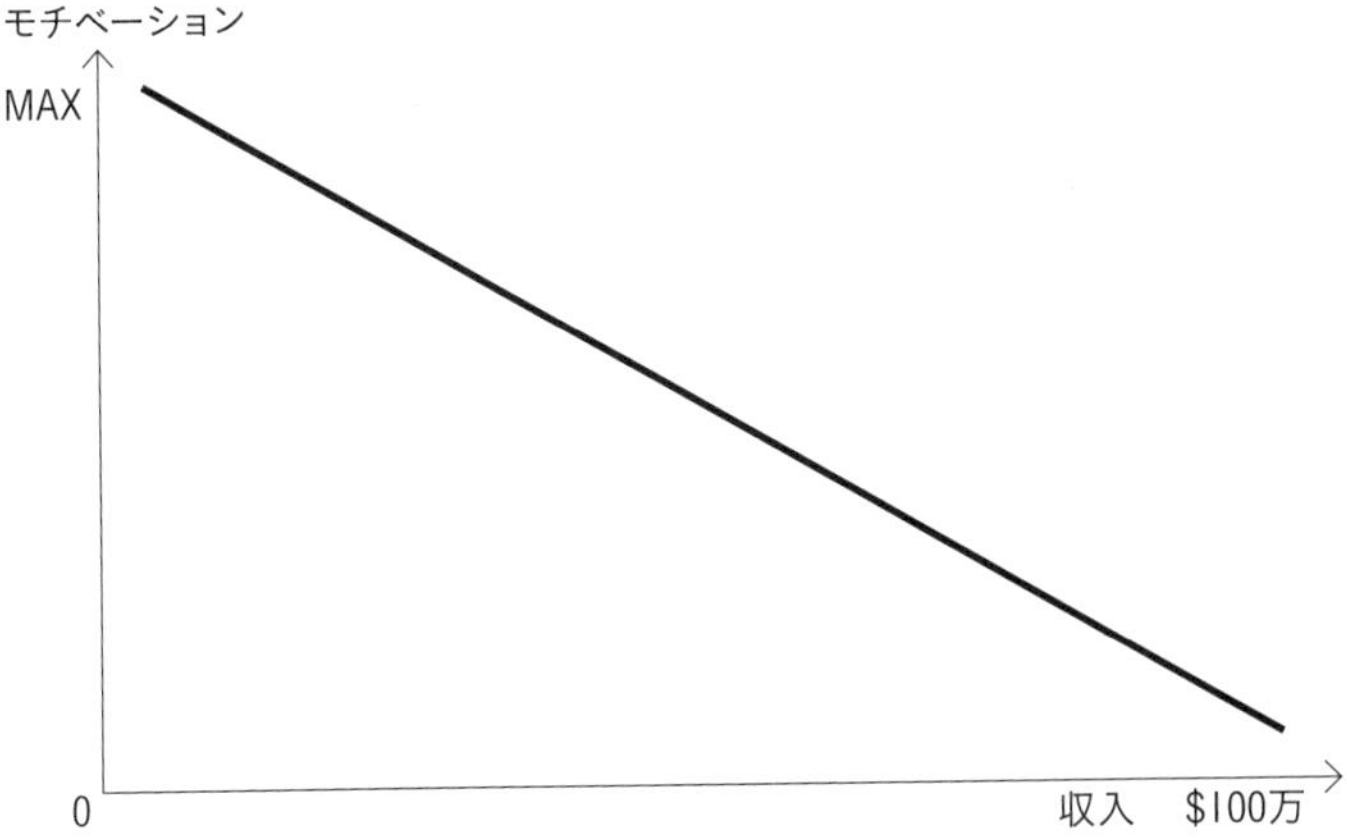

る気のない状態からやる気にあふれた状態までで表しています。横軸は彼の収入がゼロの状態から一〇〇万ドルになるまでを表しています。収入がゼロのときには、彼は貧困から抜け出そうとすることで非常にやる気にあふれています。では、お金が稼げるようになったら何が起こるでしょうか？　彼のやる気の度合いは収入に反比例して下がっていくのです。いったん貧困が問題でなくなると、契約どおりに仕事を完了しなくなったり、見込みのありそうなクライアントに見積もりを出し忘れたり、仕事を先延ばししたり、仕事のフォローアップを怠ったりするようになるのです。貧困におびやかされていたときには収入につながることには何でも貪欲に取り組んでいたというのに、億万長者になった彼は大きな契約が舞い込んできても、「暇ができたらやってみよう」などと答え

るようになるのです。

これは極端な例ですが、強い問題回避型を持つ人はこうならないためにも、自分たちが達成しようとしていることを一定期間ごとに再確認するとよいでしょう。「なぜそれが大切なのか？」という質問の答えに「自由のために」という答えが返ってきても、その答えだけで目的志向型なのか問題回避型なのかを判断するのではなく、何かを達成するための自由なのか、または何かの事態から逃れるための自由なのかを検討してください。

やる気を持続させるには

人は目標に向かって進み、達成させることもあれば、始めたにもかかわらず達成せずに終わることもあります（新年の抱負や、一月にジムに入会することを想像してみてください）。また、重要な目標だと自分でわかっているのに始めようとしないこともあります。自己効力感を高めるためにも、どのような時に目標に到達できて、どのような時にできないのかを把握しておきましょう。

たとえば、長期目標を立てても、それになかなか取りかかれないことはあるでしょうか。そんな時は、おそらくあなた自身を行動に駆り立てる不都合なこと（問題回避型のモチベーション）が必要になるでしょう。

これは、ジーンズが縮んだように感じたら急にダイエットを始めるようなもので、ジーンズがきつくなるという望んでいない状況が逆にその人の食生活や健康状態を振り返るきっかけとなることもあります。しかしながら、この状況は目標に向かって何かを始めるきっかけにはなっても、長期間モチベーションを持続させることはできません。ジョンの億万長者のクライアントが「貧困から抜け出す」につれ、やる気の度合いが反比例していったことがその一例です。

長期間モチベーションを持続させるためには、自分の求めるものを明確に視覚化することが大切です。たとえば、細いジーンズをはいている自分をビデオに撮り、その映像を見てどれだけ好ましいことかを実感し、そのイメージに自分を引き寄せるのです。これが、問題回避型と目的志向型の両方を使って、行動を起こし、やる気を持続させ、長期目標を達成するための秘訣です。

もしもあなたに、達成したい目標や完成させたいプロジェクトがあって、それらに向けて取り組んで達成できることを楽しみに思っている（目的志向型のモチベーション）にもかかわらず、しばらくすると興味を失ってしまうような時は、問題回避型の要素を少し取り入れることをお勧めします。目標を達成できなかった時の好ましくない結果はどのようなものでしょうか？　締め切りを決めるというのも一例です。締め切りに間に合わなかった時に、望ましくない結果が起こるのであれば、それがモチベーションを一定に保つための一つの要素となります。

私はこの方法を、ある協会を発足するときに活用しました。ボランティアで集まった理事会の面々は、協会設立に関するすべての業務を、来たる全体会議と年次総会へ出席者が集まるまでに終わらせるべく、締め切りに向けて動いていました。締め切りがあったことで、私たちは計画どおりに物事を進めることができたのです。

問題回避型は目的志向型に劣るのか？

目的志向型、問題回避型というパターンを学ぶと、目的志向型をプラス思考、問題回避型をマイナス思考と捉えがちです。〝プラス思考〟という言葉の解釈からこのように考えるわけですが、これらのパターンは人を行動にかりたてる引き金にすぎないということを忘れないでください。

マザーテレサのモチベーションの方向性は問題回避型だと思います。また、多くの活動団体は、基本的にみずからが賛成できない事態を回避することに動機づけられています。こうした団体は野党反対勢力とともに（この「反対」という言葉自体が問題回避型の性質を表していると思いませんか？）、環境保護、レイプ被害者保護法、核についての安全規制、福祉改革などについて、不十分な点や間違っている点に気づいて指摘する傾向があります。多くのジャーナリストもまた、このパターンを持っています。

二〇一八年に起きたイギリスでのEU離脱危機では、テリーザ・メイ首相率いる保守党内閣のメンバーは反旗を翻し、首相に非難を浴びせ、代替案[1]を提示することなく、首相がEUと話を進めていた離脱条件の問題点を指摘しました。彼らは自分たちがやりたくないことから逃げる「問題回避型」の状態だったのです。

労使交渉ではパターンが衝突する

労使交渉の状況下においては、労使の利害が相反するからという理由だけで対立が起こるわけではありません。対峙する二つのグループの考え方が違うことも一因なのです。ここであえて一般化するなら、トップマネジメントは多くの場合、目的思考型が強い傾向があります。目標設定、事業計画、達成目標などはすべて目的志向型の活動です。では労働組合が作られたそもそもの理由は何なのでしょう？　ここで、別の一般化を行いますが、労働組合はたいていの場合、低賃金、悪条件下での労働、不当解雇といった惨事から組合員を守るために存在します。

使用者側と労働者側が同じ言語パターンを使っていないということはよくあることです。前者は目標を達成するために交渉を行い、後者は困った事態が起こらないよう交渉を行う傾向があるからです。

多くの労働争議では、労使対立のパターンがはっきりと見て取れます。たとえば、労働組合が民営化の可能性や解雇、ひいては工場閉鎖に直面する中で、雇用保障、退職手当、その他使用者側の変革を阻止しようと躍起になっている。使用者側も自社の競争力を高めるために契約内容を一部変更しようと譲らない場合なども、その一例でしょう。言語パターンが異なるうえに、双方が異なった価値基準に基づいて行動するために、方向性が異なってしまうのです。

労働者側と使用者側が互いのパターンを理解し、相手の言語パターンを使って話すことができれば、対立も減り、合意に達しやすくなるはずです。もちろん実際にはすべての労働組合が問題回避型によって動機づけられるとも、すべての経営陣が目的志向型によって動機づけられているとも言い切れませんが。

資金を手にするのは誰か？

ベンチャーキャピタルの立ち上げに関するアメリカのある科学記事によると、投資家は事業内容や着想を審査するのはもちろんのこと、それに加えて、「事業そのものの評価にかかわらず、前向きな気持ちを持っている起業家に融資する可能性が極めて高い」ということがわかりました。[2]

では、投資家はどの起業家に投資するかをどうやって見極めているのでしょう？　この科学記事を執筆したグループの研究では、投資家（男性・女性とも）は男性の起業家に対してはどのようにして「勝つのか？」と質問する傾向があり、女性の起業家に対してはどのようにして「損失を避けるのか？」と質問する傾向があることがわかりました。つまり、男性起業家は機会や販売促進戦略を強調した目的志向型の質問をされる一方、女性起業家は予想される制限や問題に焦点をあてた問題回避型の質問をされるということです。その研究は、「男性はアマゾンやグーグル、ウーバーの次に続くような会社を立ち上げる魅力的な起業家のように見られがちである。一方で、女性はかろうじて経営が成り立つような、名もない小規模事業やライフスタイルを提唱するビジネスの経営者と見なされることが多い」と締めくくっています。

投資結果には、男性起業家に向けては目的志向型モードになり、女性起業家に向けては問題回避型モードになるという投資家の傾向が反映されています。アメリカの全産業において女性起業家が占める割合は三八％にのぼりますが、ベンチャーキャピタルから資金を得ているのはそのうちのたった二％しかありません。

どう対処すべきなのでしょうか？　記事を執筆したグループは、起業家が問題回避型で答えた場合、投資金額は通常はるかに低くなると報告しています。しかし、焦点を「販売促進」戦略へ切り替えて目的志向型の言葉を使うことができた場合、結果はかなり違うものになったそうです。

財政的支援を求めているすべての起業家に向けて素晴らしいヒントをお教えしましょう。投資家から問題回避型で質問されたら、まずその問題をどうやって避けるかを手短に述べたあと、間髪入れずに、目標を達成する方法を語ってください。

環境と政治的志向

危険を避けること（問題回避型）は人間のDNAに深く刻みこまれていますが、一〇年を超える研究[3]によると、保守的な考えを持っている人は、進歩的な考え方をする人よりも恐怖や身体的脅威に対して（子供のころから）敏感だそうです。また、進歩的な考え方の人が実際に身体的な危害を受ける経験をすると、考え方がより保守的になるそうです。ある実験では、保守的な人々をひとつのグループにまとめ、安全を感じられるように仕向けると、もともと進歩的な考えを持つグループと区別がつかないくらい考え方がリベラルな方へ変わったそうです。とても興味深いと思いませんか？

職業には固有の文化がある

職業には本来、目的志向型のものと問題回避型のものがあります。たとえば、現在西洋で行われている医療は非常に問題回避型です。（個人のパターンとしてではなく）職業文化として、医療現場の医師たちは患者のどこが悪いのかに焦点をおきます。病気と死を「回避」するのです。最近、病院薬剤師のプロファイリングを行いましたが、一七人中一四人は仕事において非常に問題回避型でした。残りの三人についても、かすかに目的志向型の傾向が見受けられる程度でした。医療という職業は、職業文化としてかなり問題回避型であるため、ホリスティック・ヘルスについて考える必要が生じたとき、その医学は「予防医学」と呼ばれるようになったわけです。

問題回避型は、病気を治療し、治す（病気を取り除く）には適しています。緊急医療を求めて病院へ駆け込んだというのに、担当医があなたの症状に気づかず、健康上の目標などを尋ねてきたら嫌ですものね。

この本を読み進めてさまざまなパターンについて学ぶうちに、職業ごとのパターンについて、ある程度推測できるようになることでしょう。

募集職種に必要な方向性を見極める

あなたが人材を採用する場合には、日々の業務内容が主に問題解決能力を必要とするものなのか、それとも目標達成志向のものなのかを知っておくとよいでしょう。現在ほとんどの会社が、少なくとも名目上は従業員が立てた目標に照らし合わせて人事考課をしているものの、日々の業務内容については、よりいっそうの吟味が必要な状況にあります。

ある設計・製造会社で工場責任者の採用に関わった際、採用された人に課される職責や職務を記したリストの提出を求めました。職務としてあげられていたのは、製造報告書の精査、製造過程におけるミスの原因調査、出荷、出荷が正確に行われたことを確認するための出荷データ入力、品質管理、法令遵守、納入業者との交渉、設備のメンテナンスでした。「納入業者との交渉」は例外になるかもしれませんが、職務上のほとんどは、問題を探し出し、問題が起こるのを防ぎ、解決するといった内容で、目的志向型が工場責任者になった場合には、完成目標に向けて先へ先へと行動するため、潜在的な間違いや欠損等は見過ごされてしまうでしょう（問題回避型の多くは、この「完成目標」を〝最終期限〟と呼んでいました）。私はチーム構成員のバランスがよくなり、目標達成に向けて仕事をする人間も各チームにいるようにするべく、管理職のプロファイリングも行いました。

もし、差し迫った仕事を喜んでこなしてくれる人を雇いたいなら、その仕事が主に目標達成志向的性質を持つものなのか、主に問題解決能力を必要とするものなのかを見極める必要があります。目標に向かって仕事することにやりがいを感じる人を必要とするのでしょうか、それとも問題を解決することに喜びや満足を感じる人を必要としているのでしょうか。

本書の第4部では、〝適切な候補者〟だけを惹きつける募集広告の書き方も紹介しています。

人材管理と仕事分担

経営者や管理職であれば、すでに部下を抱えていることでしょう。経営者や管理職にとって必要なことは、部下の長所を見つけ出してそれらの長所を伸ばし、彼らの短所によって業務に支障が出ないようにすることです。

目的志向型が強い部下にやる気を出させて、その状態を維持するためには、目標が達成できる仕事を与える必要があります。仕事の能率を上げたり、それぞれの部署の売上を伸ばしたり、ボーナスを受け取れたりするといったような、仕事をするうえでのメリットを教えておくのです。彼らは、会議では目標に焦点をあてて話し合いたいと考えており、問題になる可能性があることについて議論することにはほとんど興味を示さず、そのような内容は、本題から逸れていると考える傾向にあります。そのような場合には、潜在的な問題について議論することのメリットを、目的志向型の影響言語を使って説明しておく必要があるでしょう。「潜在的な問題について今のうちに話し合って予測を立てておけば、早い時期に目標達成できるから」と言うほうが、「今問題を確認しておかないと、後々困ることになるから」と言うよりもずっと適切なのです。

目的志向型の従業員が主体・行動型傾向も持ち合わせている場合、目標を課したまま放置しておくと、潜在的な問題や想定外の結果に注意を払っていなかったりして、後々厄介なことになる可能性があります。

問題回避型の従業員が会議に入ると、予想される障害や提案のどこに問題があるかなどを話し合う方向へと、率先して話を進めていってくれます。会議において彼らに主導権を取らせたければ、たえず目標を意識しておくことで会議の焦点がぼける（そのようなことになれば、人材や時間がかなり無駄になります）のを防げる理由を、問題回避型の影響言語を使って彼らに説明し、そのようなことが起こらないようにするための対策を立てる時間を彼らに与えておくことです。また、日常業務としては、解決すべき問題、改善していくべきものを課すのがいいでしょう。今にも起こりそうな大惨事を目の前にすると彼らは俄然やる気を出すからです。

「これはすぐに解決しないと、手に負えない事態になるぞ」というように。経営者として絶対にしてはならないことは、問題回避型の従業員から問題を奪ってしまうことです。「何も問題がないなんて、だから心配なんだ」。経営者であるあなたは問題回避型の従業員に目的志向型な仕事を与えて、その後始末に追われるなどということは避けたいはずです。また、目的志向型の従業員に書類を校正させるのもお勧めできません。間違いを見つけられないのですから。もし、間違いが目に飛び込んでくるようであれば、読むことに関しては問題回避型のパターンを持ち合わせているということになります。最初、この本の第一稿ができ上がったとき、ある友人に読み通してもらうよう頼みました。その友人が目的志向型だということをすっかり忘れていたのです。彼女はコンマを数個付け足してはくれましたが、あとは「これはいいわね！」と言いつつ、気に入った点について延々と語り続けるばかりでした。

「書けない」方への処方箋

手紙、報告書、記事、本などを書くとき、今までにスランプで苦しんだことはありますか？　もしこのスランプがたびたび起こるようであれば、「書く」という状況においてあなたは問題回避型のパターンを持ち合わせているのかもしれません。問題回避型にとって、間違いを訂正することは、その文書を書き上げるという目標に集中することよりも、ずっと簡単で、やる気も起こるのです。

私は、自分の弱点で苦しむのではなく、自分の強みを生かして働くことをポリシーにしています。自分が問題回避型パターンが強いことを知っているので、この本の初版は自分が最も得意とするパターンで仕上げようと決めました。それは「すでにあるものを直す」ことです。まず、私はこの本と同じテーマの私の講演録を聴いて書き起こし、保存しました。それから、保存したスクリプトを構成し直しました。そして最後に、最も得意なことに着手しました。間違いや抜けている言葉、更新が必要な内容、新しい例などを探しながら、話し言葉を書き言葉に直し、内容を修正していったのです。

作家である義理の妹に、毎日二二ページもの文章を書くことができたと話すと彼女は信じられない様子でしたが、「二二ページを書いたのではなく、二二ページ分の間違いを訂正して、抜けているところを付け足したのよ」と言うと納得したようでした。「書けない」で苦しんでいる方への私のアドバイスは、たとえほかの誰かに構成し直してもらわないといけないとしても、どんなことでもいいから紙に（またはパソコンに）書き留めるということです。それから、間違い直しをしていけばよいのです。こうするほうがずっと楽で、何を言うか思案することに多くの時間を費やさなくてもよくなるでしょう。

保険と投資を一緒に営業するのは難しい

ほんの好奇心から地元の自動車連盟〔訳注／日本でいうＪＡＦ〕に電話をかけ、「なぜ、会員の方々は御会のサービスを受けられているのでしょうか？」と尋ねてみたことがあります。すると、九〇パーセントの会員はクルマが故障して莫大なレッカー代を負担しなければならなくなるといったような問題を回避するために、入会しているという答えが返ってきました。クルマで旅行をするという状況では、会員のほとんどが問題回避型ということになります。

その自動車連盟で会員獲得のお手伝いをしたときのことです。当面の課題は会員に連盟が提供しているさまざまな旅行サービスを実際に利用してもらうことでした。なぜなら、そのサービスをまったく使わない会員は次年度に更新する可能性が低いということがわかったからです。そこで、目的志向型と問題回避型の意味することを説明し、その二つの違いを実感してもらうために、連盟の代表者には受付に座ってもらい、顧客の訴えに耳をそばだててもらうことにしました。来る人来る人、クルマが故障してさまざまな費用がかかるようなことは絶対に避けたいと話しました。その結果、マーケティングや販売、そしてカスタマーサービスを一新し、主に問題回避型の影響言語を使うようにしたのです。例をあげてみましょう。

- 「手間いらず心配いらずの旅行代理店」
- 「〜の処理に悩む必要はありません」
- 「〜についての心配ご無用」
- 「手数料のかからないトラベラーズ・チェック」
- 「会員になれば、時間の節約になります」

この取り組みは会員の更新率をアップさせるのに役立ちました。より多くの会員が連盟の提供するサービスをより頻繁に利用するようになったからです。

保険もまた問題回避型の商品です。ほとんどの顧客は、自分自身や家族に降りかかる問題を回避するために保険をかけています。一方、投資は本来、目的志向型です。したがって、保険会社がいったいどのような言葉を使って投資商品を販売するのかを観察するのは非常に興味深いものです。マーケティングキャンペーンにはたいていその会社の文化が反映されるからです。

私は、某大手製薬会社の販売促進部が行うプロファイリングを、お手伝いしたことがあります。私たちが新たに発見したことを踏まえて、その会社の宣伝ポスターも再検討しました。ポスターの中には尿失禁に効くという薬の広告があり、その薬は大変売れていました。そのポスターは六〇代の男性が晴れた日に笑顔でゴルフクラブを振っているというもので、キャッチコピーは「一八ホール、問題なし」でした。私たちがプロファイルを詳しく調べていくまでは、宣伝がうまくいっているのはこのポスターのポジティブな写真のせいだと誰もが考えていました。しかしこの尿失禁に効く薬の性質とその薬の市場が問題回避型であることがわかり、薬の販促効果を生み出していたのは、そのポスターの宣伝コピーだということがわかったのです。

販売員やマーケティング責任者として、販売の際の顧客へのアプローチの仕方やマーケティングキャンペーンを考えるときには、いくつかの選択肢があります。まずあなたが売ろうとしている製品、もしくは提供しようとしているサービスを調べてみて、それらが本来、目的志向型なのか、問題回避型なのかを知ることもひとつでしょう。それから、その製品やサービスに適した市場を魅了するためのアプローチの仕方を新たに考えるのです。また、もしその製品やサービスが、目的志向型と問題回避型の両方の性質も持っている場合には、二つのアプローチを考えて、それぞれの顧客をその気にさせる戦略でアプローチすればよいのです。ほかの選択肢としては、その製品やサービスの本来の性質にかかわらず、どのような人がそれらの製品を買っているのかを調査し、その人たちのグループの中で市場シェアを拡大することに力を注ぐのです。もしそのグループのマーケットシェアがすでに十分取れている場合には、もう一方の影響言語を使って別のグループを取り込む努力をしてみるとよいかもしれません。販売に関する本にはよく、人は利益を得るため、もしくは問題を回避するためにものを買うと書いてあります。「なぜそれが重要なの？」という質問をして、目的志向型か問題回避型かがわかれば、適切な影響言語を使うことができるようになります。もしあなたが目的志向型の家族に家を売りたいのであれば、（彼らの価値基準に合うなら）「この家は学校に近く、部屋の数も多く、公共交通機関にも近くて便利ですよ」などと言えばよいでしょうし、問題回避型の家族には、「この家は学校から遠くもないですし、小さすぎることもなく、交通機関を利用するのに何キロも歩く必要もありません」などと言うとよいでしょう。

このLABプロファイルを学んで活用している不動産業経営者は、不況でほかの同業者が倒産を余儀なくされている中、望みの収入を得るのに一年のうち三分の二だけ働けばよかったそうです。

オンラインセールスとマーケティング

著名なオンラインセールスの専門家から学び、実際にみずからオンラインショップで商品を販売してみて思うのは、問題回避型のパターンを使うとクリックしてもらいやすくはなるものの、実際に購入するところまではなかなかいかないということです。顧客の困っていることや苦しみを理解していると表現することで、ターゲットにしている人々を惹きつけることには成功しているのですが、その人たちが自分たちに適した解決策に向かって進むには、あと少し背中を押してあげる必要があるのです。もちろん、それ以外の要因も多々ありますが、もし彼らの抱える問題を回避する術(すべ)を提示して、目的志向型の観点から適切な解決策へのプロセスを示すことができていれば、すでに顧客の心を動かすことに成功しているはずです。

POINT

方向性

■**目的志向型**

目標を達成したりゴールに到達したりすることで、やる気が高まる。

■**問題回避型**

問題について考えたり問題を回避したりすることで、やる気が高まる。

パターン別分布（**コンテクストは仕事**）

主に目的志向型　四〇パーセント

目的志向型と問題回避型が半々　二〇パーセント

主に問題回避型　四〇パーセント

（ロジャー・ベイリーの資料による）

質問

「それ（価値基準）って、どうして大切なのですか？」（三回繰り返す）

影響言語

■**目的志向型**

到達する　獲得する　所有する　手に入れる　受け取る　達成する

■**問題回避型**

避ける　回避する　取り除く　解決する　除外する

第6章

判断基準——内的基準型／外的基準型

人は何をきっかけにやる気になるのでしょうか。
外側からの情報や評価によってやる気になるのでしょうか？
それとも、自分の内側にある価値基準や信念がモチベーションの源泉なのでしょうか？

このカテゴリーでは、モチベーションの源泉、つまり、モチベーションがどこから生まれるのかについて取り上げます。物事を判断するとき、それはどこでなされるのでしょう？　自分自身に判断基準があるのでしょうか。それとも、外側からの影響によるところが大きいのでしょうか。この違いは、物事を判断し決断を下す際に大きな影響を与えます。しかし、使っていくうちに、それぞれのじょうずな使い方がわかるようになり、周りの人もその効果に気づくことでしょう。パターンは次の二つです。

内的基準型

内的基準型が強いとき、人は自分の内側にやる気の源泉を持っています。自分の仕事の出来・不出来について自分で判断を下し、なかなか周りの人の意見や指示を受け入れません。自分がよくできたと思っている仕事に対しての評価が低い場合には、周りの意見を疑問視し、意見を言っている人に対してマイナスの評価を下します。また、たとえ説得力のある証拠があっても、自分で判断を下すことを好みます。

彼らは精力的に周りから情報を集め、自分なりの価値基準に基づいて判断を下します。周りからの指示を命令ではなく単なる情報として捉えるため、指示どおりに動いてもらうのは至難の技です。「上司はこれを火曜日までに提出してほしいみたいなの。考えられないわ」といった具合に、彼らにとって指示は単なる情報にすぎません。

そして、周りからの評価を必要としないため、多くの場合、自分がマネジャーになっても部下にフィードバックを与えません。

内的基準型になっているとき、人は自分が大切にしていることに自分なりの価値基準を持っています。外部から情報を集め、自分の価値基準に照らし合わせて、自分で判断する

パターン別分布（コンテクストは仕事）

主に内的基準型	内的基準型と外的基準型が半々	主に外的基準型
40%	40%	20%

（ロジャー・ベイリーの資料による）

ことでやる気が高まるのです。

外的基準型

外的基準型の状態に入っているとき、人はモチベーションを維持するのに、周りの人の意見、指示、フィードバックを必要とします。仕事でも周りから評価が得られなければ、自分のしていることがうまくできているのかどうかがわからないのです。彼らは単なる情報も指示として捉えます。「内装には緑色の壁紙が合うって彼が言ってたな。どこかへ買いに行かないと」といった具合です。彼らは誰かが決めたことによって動機づけされるのです。私もビジネスパートナーと話をしていて、外的基準型のループにはまったことがあります。彼から「セミナールームの内装をどうしたい？」

と聞かれて、「あなたはどうしたいの?」と返すと、彼からは、「わからないよ。君はどう思う?」という質問が返ってくるというやり取りを数回繰り返して、私たちはやっと自分たちがループ状態になっていることを自覚しました。

外的基準型が強い場合、周りからの励ましやフィードバック、何らかの指導がない状況では、物事を始めたり、継続したりすることが困難なことがあります。特に行動パターンを変えたいときや長年の癖を直したいときに、この状態になる人が多いようです。

外的基準型は自分の中に判断基準を持っておらず、インターネット上で検索した情報も含めて、周りから情報を集めます。職場では、周りからの評価や反応がないと、精気を失ったようになってしまいます。

パターンを見分けるには

質問

▽「○○(仕事など)がうまくできたなって、どのようにしてわかりますか?」

内的基準型の言葉の特徴

・感覚的に自分で決める、または自分でわかる（「自分でわかりますね」などと言う）
・自分の価値観や判断基準に基づいて自分の業績を評価する
・指示されたり自分の行動を他人に決められたりすることには、強く反発する
・周りからの指図や助言は単なる情報にすぎない

内的基準型の行動の特徴

・背筋を伸ばして座る
・自分を指差したり胸に手を当てたりする
・ほかの人からの評価に反応する前に自分で評価するため、反応までにしばらく時間がかかる
・同じ文化圏内の人と比べると、ジェスチャーは小さく、顔の表情にも表れない

外的基準型の言葉の特徴

・周りの人や外部から得た情報によって、決定や判断が左右される
・自分の仕事を、チェックリストやノルマといった外部の規範・基準と照らし合わせる必要がある

・外部からの情報を、決定事項・自分に対する指示とみなす

外的基準型の行動の特徴

・上体を前に倒す
・周りの人の反応を見る
・周りの様子を伺ってうまくいっているか知りたがっていることが、顔の表情に表れる

回答例

■**内的基準型**

「(仕事がうまくできたときは)自分でわかります」

■**主に内的基準型**

「(仕事がうまくいったかどうかは、)たいていの場合、自分でわかります」
「上司が褒めてくれるとうれしいのですが、ほとんどの場合うまくできたことは自分でわかります」

■**内的基準型と外的基準型が半々**

「自分でわかることもあるし、クライアントから感謝されて初めてわかることもあり

ます」

■**主に外的基準型**

「（仕事がうまくいったかどうかは、）たいていの場合、上司に設定されたノルマを達成したり、クライアントの幸せそうな顔を見たりしてわかります。そして、自分でも仕事がうまくいっているときはわかります」

■**外的基準型**

「クライアントが幸せそうにしている、上司が満足している、ノルマを達成したことなどでわかります」

その他の質問例

▽「同僚や友人から感想・意見などを言われたとき、どのように答えますか？」

▽「何かを決断するときには誰に相談しますか？」

▽「自分では仕事がうまくいったと思っているのに、尊敬する人があなたの仕事を批判してきたなら、あなたはどう対応するのでしょうか？」（相手を批判したり、マイナス評価をしたり、説得しようとするのであれば、内的基準型であり、自分のした仕事に疑問を持ち始めるようであれば、外的基準型であることがわかります）

プロファイリングをする

ここでは、最初の質問の答えではどちらのパターンか定かでない場合、どのようにしたらよいか、いくつか例をあげてご説明しましょう。

スザンヌの場合

シェリー　「スザンヌ、あなたは仕事がうまくできたなって、どのようにしてわかる？」

スザンヌ　「周りの人からの評価でもわかるし、自分でもうまくできたかどうかはわかるわ」（外的基準型かつ内的基準型）

これは両方のパターンを持っている人の回答例です。しかし両方のパターンまったく同じ割合で持っている人は二〇パーセントほどなので、どちらの傾向がより強いのかを確認してみます。

シェリー　「じゃあ、自分ではうまくできたと思っているのに周りの人から評価を得られなかったとしたらどう？　どのように反応するかしら？」

スザンヌ　「うーん、自分ではいい仕事ができたと思いながらも、完全に納得はできないと思うわ。きっと、周りの人に何が気に入らなかったのかを確認するでしょうね」

ほかにも二つほど例をあげておきましょう。

ルイーズの場合

シェリー　「ルイーズ、あなたは仕事がうまくできたなって、どのようにしてわかる？」

ルイーズ　「仕事の結果に自分が満足できることで、かな」

シェリー　「自分ではうまくいったと思っているのに、ほかの誰もわかってくれなかったらどう？」

ルイーズ　「（肩をすくめながら）きっと彼らには私の仕事の価値がわからないんだと思うわ」

ロバートの場合

シェリー　「ロバート、あなたは仕事がうまくできたなって、どのようにしてわかる？」

ロバート　「周りのみんなが褒めてくれて初めてわかるんだ」

シェリー　「周りのみんなが評価してくれなかったらどうかしら？」

ロバート　「きっと『どこがダメなんだ？』って訊きたくなると思う」

スザンヌは仕事においては両方のパターンを持っていますが、内的基準型よりも外的基準型寄りです。突っ込んで質問されると、本当に仕事がうまくできたかどうか判断するときに周りの人からの評価を重要視したからです。残りの二人については、ルイーズは内的基準型、ロバートは外的基準型であることがわかります。

質問でパターンがはっきりしないときには別の質問が役立つことがあります。「どこでそれがわかるの？」と訊くのです。内的基準型は自分の体の一部を指し、外的基準型は質問の意味がわからないか、明らかに外的基準型とわかる答えを返します。

近年の脳の研究から

近年の脳の研究[1]によると、「脳は大きな予測装置である。絶えず入ってくる知覚情報と現在の経験を、脳に蓄積された過去の知識や記憶と照らし合わせて、次に何が起こるかを予測する」と言われていますが、これは内的基準型の特徴を見事に言い表しています。内的基準型が強い場合、人は外部からの刺激を逐一自分の知識と照らし合わせて評価するからです。しかし、内的基準型が極端に強くなると、自分のこれまでの信条と矛盾するような外部からの情報を自動的に排除するようになります（後述のマッチョ・テストの項を参照）。

影響言語

話し相手について集めた情報をもとに、慎重に言葉を選ぶことはとても大切です。卓越したコミュケーションのプロたちのやり取りを見ればわかるとおり、その効果は絶大です。

内的基準型

▽「決められるのはあなた（お客様）だけです」
▽「〜を考えてみてはどうでしょう」
▽「あなた（お客様）次第です」
▽「考えていただけたらと思います」

▽「お試しになってご自分で判断してください」
▽「判断なさる際に、お役に立つ情報です」
▽「どのように思われますか？」
▽「お電話一本で、ご検討に必要なすべての情報をお送りいたします」

外的基準型

▽「周りの方々にも評価されますよ」
▽「みんなに注目されますよ」
▽「〜によって立証されています」
▽「とても評判が良い」
▽「周りの方々も感銘を受けることでしょう」
▽「〜氏によると」
▽「私からもお勧めいたします」
▽「専門家の方々によると」
▽「参考資料によると」
▽「研究によると」

（対象となる個人やグループがあなたに全幅の信頼を置いている場合、「〜すべき」といった「命令言語」を使う

ことも可能です）

命令言語と提案言語

ある個人やグループから信頼されているということは、彼らがあなたに対して外的基準型の状態であるということです。この場合、相手に何をすべきか指図しても、それが極端に偉そうな感じでなければ、受け入れてもらえます。「このようにしてください」。このフレーズは相手に向かって直接指図する意味合いが強いため、私はこれを「命令言語」と呼んでいます。

内的基準型の傾向が強い人には、この命令口調ではまったく聞いてもらえません。あなたのアドバイスがとても断定的に聞こえるので、検討さえしてもらえないかもしれません。彼らには、あなたが自分で判断する権利を奪おうとしているように聞こえるのです。

代わりに、「提案言語」あるいはフィードバック・サンドイッチよりも効果的な「提案モデル」を使ってみてはいかがでしょう。

「提案モデル」の四つの手順

一　提案をする（内的基準型に合う提案言語を使う）

二　それによって回避できる、または解決できる問題点を述べる（問題回避型）

三　それによって手に入る利点を述べる（目的志向型）

四　しめくくりとして、なぜそれが容易にできるかを伝える（外的基準型に響く）

「アフメドさんと話しているとき、彼に解決策を提示する前に何が重要なのか尋ねてみるのはどうでしょう（提案）。そうすることで、好ましくない事態を見なくてすむかもしれませんし（問題回避型の言語で回避できる問題を述べる）、彼が望む解決策へとただちに話を進めることが可能です（目的志向型の言語で利点を述べる）。あなたには簡単にできるはずです。なぜなら、あなたはすでに彼と素晴らしい人間関係を築いているからです（相手をやる気にさせるコメント）」

上司からYESを引き出す

付き合い方がわかるまでは、説得したり、耳を傾けてもらうことが極端に難しい人もいます。あなたの周りにもいるのではないでしょうか。たとえば、内的基準型と問題回避型を組み合わせた傾向を持っており、あなたの間違いばかりを指摘し、あらゆる提案に異を唱える。そんな人が周囲にいることで、あなたはこれまで身も細る思いをしてきたかもしれません。グルーチョ・マルクス（アメリカの喜劇俳優）も歌っていました。「それが何であろうとも、私は反対だ！」と。

そんな場合には、この人物にぴったりの魅力的な影響言語が役立つかもしれません。想像してみてください。ある日、あなたは上司から頼まれたレポートを上司の部屋へ持って行ってこう言います。「問題に対処するための提案書の草案をお持ちしました。完璧ではないので、一度目を通していただけますか？」。上司は、あなたから書類を受け取り、気に入るように訂正したうえで、きっと受け取ってくれるでしょう。みなさんも、知らず知らずのうちに同様のことをしているかもしれません。

研究によって、他人の決断を促す力が存在することは認められています。[2]四二件に及ぶ研究をメタ分析した結果、「（断るかどうかは）あなたの好きなようにしてください」と言われた場合、依頼の内容にかかわらずほとんどのコンテクストで依頼が受け入れられる確率は上昇しました。しかし、相手が依頼を承諾するかしないかを即決しなければ、その効力は失われたそうです。いかにも役立ちそうな情報ですね！　誰かに今すぐ何かやってほしいのなら、こう言ってみましょう。「断ってもらってもいいんですよ」

自己認識と判断基準

大規模な科学研究を行ったターシャ・ユーリッヒ博士[3]によると、自己認識は二つの指標で現れるそうです。

一つ目は「内的自己認識」で、自分自身の「価値観、情熱、願望、環境との調和、反応（思考、感情、行動、長所、短所を含む）と他人への影響力」をどの程度明確に自分で認識しているかを示しています。

二つ目は「外的自己認識」で、自分の価値観、情熱、環境との適合など、内的自己認識と同じような項目を他人がどのように見ているかということをどの程度自分で認識しているかを示しています。

内的自己認識が強いことは、仕事や人間関係での満足度が高い、幸福感も高い、不安感、ストレス、落ち込み度が低いことにつながります。外的自己認識が強いことは、共感性が高い、他人の物の見方を受け入れる、会社で良好な人間関係を保てることにつながります。これは、ＬＡＢプロファイルのモチベーションパターンの内的基準型と外的基準型の特徴とぴったり一致しています。ターシャ・ユーリッヒ博士の研究で興味深いのは、リーダーは効果的に活動するために両方の特徴をバランスよく兼ね備える必要があるという点です。

マッチョ・パターン

時に人は極端な内的基準型になって、他者からの意見をことごとく却下したりすることがあります。私はこの種の行動特性を「マッチョ・パターン[4]」と呼んでいます。

あなたの周りにこのような人はいませんか？

一　なんでもかんでも知っていると言う人
二　まったく問題ない、すべてうまくいっていると言う人
三　何か問題があるとすれば、それは他人のせいだと言う人
四　自分は誰よりも優れ、強く、賢く、物知りで、重要人物なのだと言う人

仕事であれ私生活であれ、このような特徴を持つ人と一緒に過ごすのはなかなか大変です。また、このような特徴を持っているのは男性ばかりではありません。性別に関係なく、だれでもマッチョになる時があるのです。思い当たる節がなければ、親にこれからの人生をどうやって生きていくつもりなのかと聞かれた時の、自分の反応を思い出してみてください。

相手の自尊心を満たしたり、面目を保つために、みなさんはこれまでずいぶん骨を折ってこられたことでしょう。ラジオのインタビューを聞いてみてください。政治家に事態の変化を知って驚いたかどうか尋ねても、素直に驚いたと認める人はなかなかいないはずです。認めてしまうと、知っておくべきことをしっかり把握していなかったことを白状しているようなものだからです。かつて、私はフォローアップのコーチング特典付きのトレーニングプログラムを開催しましたが、コーチングに申し込む人は誰もいませんでした。コーチングに申し込むことが、誰かの助けを必要としていることを認めることだと解釈されたからでしょう。今では、コーチングをトレーニングプログラムの一部にしています。

マッチョ・テスト

マッチョ・テストとは、極端にマッチョの人にも他人の声に耳を傾けて検討してしてもらえるようにするために、私が開発したテクニックです。相手からうっかりマッチョな反応を引き出すことのないように、相手に意見を伝える前にチェックするためのテクニックで、今では世界中で活用されています。

このテクニックの大部分は、あなたには既におなじみのものかもしれません。私はただそれをまとめてわかりやすい手順にしただけです。本を書いたり、プレゼンの準備をするとき、自分の伝えたいことを相手にちゃんと聞いてもらいたい、あるいは、無理やり聞かされていると感じさせずに真剣に耳を傾けてほしいと思うのならば、まずは原稿を準備してください。

そして、次の内容が示唆されていないかどうかを確認してください。

一　相手にはまだ知らないことがある。

二　私は相手に何をするべきかを伝えている。

三　相手は問題を抱えていて、自分にはその解決策がある。
四　相手はある意味完璧ではなく、そして、
五　私はある意味相手よりも優れている。

もしこのいずれかが示唆されているようであれば、マッチョ・テスト不合格です！　次のように言い換えてください。

一「すでにご存じのように……」（その後、相手が知らないと思われる内容を述べる）
二　提案言語を使う。「〜を考えていただいてはいかがでしょう」
三「他社ではこの問題に……のように対応されているようですが、御社ではどのようにこの問題を解決されたのですか？」（彼らがすでにすべての問題を解決したと考えていることを暗に伝える）
四「この分野での経験と知識がおありなので……」
五「ここでのあなたの役割は……で、私の役割は……です」（異なるが対等な役割を設定する）

カナダの全国紙「*The Globe and Mail*」に私の記事が掲載されたことがあります。記事

の見出しは、「現行の医療制度で生き延びるための一〇の秘訣」としました。この見出しがマッチョ・テストに合格しているのは、「秘訣」という言葉が提案を意味しているからです。この記事は、いくつかの国でさまざまな雑誌に転載されました。もしこの記事の見出しが「現行の医療制度を乗り切るための一〇の法則」であったならば、それほどまでに注目を集めることはなかったでしょう。

他人の意見を批判するか、受け入れるか

外的基準型の状態に入っているとき、人は批判されたりマイナスの意見を言われたりすると、自分自身を疑います。内的基準型が同じ状況に置かれると、相手に対して批判的になります。同じ状況でも、外的基準型は「自分が何か間違ったことをしてしまったに違いない」と考え、内的基準型は「相手のことを思ってしてあげたのに、感謝しないなんてバカだ」と考えるのです。「ひどく趣味の悪いネクタイだな」と一〇人の人から言われたとしたら、内的基準型が強い場合きっと「なんてこった。ここにいる一〇人は揃いも揃って趣味の悪い奴ばかりだ」と思うでしょうし、外的基準型なら家に戻ってネクタイを変えてくるでしょう。

私は最近、外的基準型の長所を納得せざるをえないような経験をしました。安い組み立て式の本棚を購入して、説明書に従って組み立てていると（父からはよく「うまくいかないときは、あらゆる手を尽くしたあとで説明書を読め」と聞かされたものです）、上段と下段の棚板が裏板にきっちりと合わないのです。「設計がおかしいんだわ」とぼやいて自分で工夫し、裏板にぴったり合うようにしました。ところが、いざ本棚を組み立て終わってみると、上段と下段を裏返しに取り付けてしまっていたため安っぽい合板が丸見えになっていたのです。私がもう少し外的基準型が強かったら（不案内なことに取り組む場合には外的基準型であるほうがうまくいきます）、うまく合わないと気づいたとき、設計を批判するのではなく自分の組み立て方を疑い、こういうことにはならなかったはずです。

説明書に従って組み立てているときには、外的基準型でいるほうがうまくいくのです。「組み立て式の家具は、どうしていつも穴が違うところに開いているのだろう」と双子の兄にブツブツ言うのですが、だんだん自分が間違えていたことがはっきりしてくるわけです。

内的基準型に話を聞かせるには

先日、仕事でパリへ戻ったとき、料理がおいしくて雰囲気も良いという友人おすすめのレストランへ行くことになりました。「実は最近、経営母体が代わって、以前とは比べものにならないほど悪くなったらしいのよ」と言いながらも、彼女は自分の目で確かめないと気がすまないらしく、とにかくそこへ食べに行ってみることになったのです。その夜、最後に彼女はこうつぶやきました。「噂は本当だったのね。サービスも料理の質も悪くなっていた。でも自分で確かめたかったのよ」。彼女は強い内的基準型の持ち主なので、周りの人の助言だけでは十分ではなかったのです。自分で確認して初めて解決できる問題だったのです。

内的基準型に話を聞いてもらい、考えてもらうのに一番手っ取り早い方法は、「あなたにぜひ考えていただきたい話（情報・知らせ）があるんだけれど……」というフレーズを使うことです。そうしないと、あなた自身やあなたの表現の仕方が評価対象になってしまうかもしれません。

外的基準型と自尊心

以前、こんな質問を受けたことがあります。

「周りの人からのプラス評価やマイナス評価によって、内的基準型から外的基準型に、または外的基準型から内的基準型に変わることはありますか？」

ＬＡＢプロファイルを考案したロジャー・ベイリーは、「ＬＡＢプロファイルは、自分がある状況でどのように反応するかということについての報告書のようなものだ」と言っています。私が行ってきたプロファイリングの中に、先の質問と一致する例がありました。ある状況で仕事がうまくいかなかったと感じるときには非常に強い内的基準型で、別の状況で仕事がうまくいったと思うときには強い外的基準型になるという女性です。自分で仕事がうまくいかなかったと判断しているときには、誰からうまくできていたと言われても彼女は納得しません。しかし、自分でよくできたと思ったときには、うまくいったことを周りの人に確認する必要があったのです。このことは、自尊心や自信のなさと関係しているように思えます。自尊心低減思考回路とでもいうのでしょうか。

だからといって、外的基準型を自尊心の低さと結びつけてはいけません。両者はまったくの別物です。たとえば、私がある団体でプレゼンテーションを行うとき、やる気はどこから湧いてくるのでしょうか。参加者が微笑みかけてくれることが原動力になるのでしょうか。それとも、プレゼンテーションの準備がしっかりとできたと思えることでやる気が高まるのでしょうか（この場合、私の目標が素晴らしいプレゼンテーションを行い、参加者のニーズに応えることであれば、両方とも必要になってくるでしょう)。あるとき、「私って外的基準型が強すぎると思う?」と友人に尋ねられたことがあります。彼女は自分の言葉の意味に気づくと笑い出しました。かつては私自身も人から言われることにいちいち反応していましたが、周りの人が指摘してくれたおかげで、そのような状態から脱却することができました。

教育は内的基準重視がよいのか?

以前、ニュー・ブランズウィック州にある高校の校長先生たちと、委員会で一緒に仕事をしたことがあります。そこで教育プログラムについて議論していたところ、ある校長先生が、最近の教育プログラムの多くは生徒に内的基準型を持たせるように作られていると指摘しました。たしかに教育プログラムの構成や内容を精査すれば、そのプログラムを作成した人の指向性もLABプロファイルできますし、また、プログラムの多くにはそれぞれのカテゴリーの特定のパターンの特徴が反映されています。おそらくプログラムを作った人が無意識に持っているパターンに影響されているのでしょう。その校長先生は、「いつも外部の人間に評価してもらうことでやる気が出て、自分がうまくできていることがわかるような外的基準型の生徒はどうなるんでしょうか」といった質問もされていました。

自己評価ができるように生徒を教育するのは良いことだと思いますが、生徒をやる気にさせ、やる気を維持してもらうといった別の場面では、継続的に評価したり、結果を知らせたりする必要のある生徒もいることを心に留めておいてほしいものです。

セールスにも内的基準型が必要？

仕事には、自分でやる気を高めて業績を自己評価できる人材を求めるものと、外からの要求に応えて行動できる人材を求めるものがあります。セールスや接客といった人の要望に応えることが求められる職種は、一般に外的基準型に向いています。周りの声を反映しつつ、臨機応変に仕事の仕方も変えられるような人を採用するとよいでしょう。こうした人には、細かい指示を与えたり、仕事が順調に進んでいることを伝えたりする必要があります。

人事管理を担当する職種には、主に内的基準型である程度外的基準型も兼ね備えた人材が必要です。管理職は決定を下し、自分でゴールを設定するわけですから、自分の中に確固たる基準を持っていなければなりません。しかし、上司が極端に内的基準型だと、「提案に耳も傾けず、考えようともしてくれない」という愚痴が多くなるのも事実です。また、フリーランスの人は自分でやる気を高めるために、主に内的基準型でありながら、顧客からの要望にじっくり耳を傾けることも大切です。

セールスやカスタマーサービスでは、ほどよく外的基準型を持つ人が必要とされます。最近は、顧客満足度にかなり気を遣わなければなりません。顧客が商品やサービスに満足していない理由を「消費者がバカだから」と結論づけるような会社では、顧客満足度を向上させることは不可能でしょう。そして、顧客は以前と比べてかなり内的基準型になってきています。高い商品価値やサービスを求め、一度でも嫌な思いをするとそれっきり店に足を運んでくれなくなるのです。

現在、内的基準型の大企業の多くが、顧客からのちょっとした意見を、迅速かつ柔軟に商品開発やサービス向上に反映させることができず、試行錯誤しています。カウンターに立っているスタッフにいろいろと提案をしても、ため息をつきながら「私にはどうすることもできないんです」と言われることも多々あります。

最近の傾向として、セールス・パーソンは、顧客と長く付き合うパートナー的存在、コンサルタント的存在へと変化してきました。したがって、技術上の問題や技術規格について顧客の相談に乗るだけの専門知識を持ち合わせていることが前提となります。セールス・パーソンやコンサルタントが、ある程度の内的基準型を持つ必要が生じてくるのです。

自分たちが知っていることについては自信を持たねばなりません。しかし、内的基準型が強すぎてはいけません。最終的に彼らの仕事は顧客満足度によって評価されるからです。

人材募集や人事選考でプロファイリングをする場合、自分なりの価値基準を満たすことがそのポジションでの達成感につながるのか、それとも、周りの価値基準に応えることがそのポジションでの達成感につながるのかを見極めておくことが大切です。

内的基準型は管理しすぎないこと

内的基準型は誰かに管理されることに抵抗を感じる一方、他人からの賛辞がなくてもやる気を維持することができます。細かい上司のもとで働くことは、拷問でしかありません。やる気が自分の中から湧いてくるのです。自家発電装置を備えているようなものです。許可が与えられていてもいなくても自分で判断を下してしまい、自分で決めることができないとすっかりやる気を失ってしまいます。彼らに何か指示をしたところで、彼らはそれを一つの情報としてしか認識せず、それに従うかどうかは自分自身で判断するのです。

内的基準型のイギリス人経営者と内的基準型のアメリカ人従業員とのあいだにおきた出来事を友人から聞いたことがあります。イギリス人経営者は、「僕が君の立場だったら、この企画は考え直すけどな」とアメリカ人従業員に言ったそうです。使えないアイデアだから実行すべきではない、という意図を伝えたつもりだったのです。ところが、アメリカ人従業員は、言われたとおりその企画を再検討し、使えるアイデアだと判断して、実行に移してしまいました。イギリス人経営者が困惑したのは言うまでもありません。

チームに二人以上の内的基準型がいるときには、たびたび意見が衝突して対立します。なぜなら互いに自分の内側にある（通常、言葉には出さずに持っている）基準で行動するからです。特に問題回避型を併せ持っている場合には対立は深まります。内的基準型同士がうまく働くには、まず初めに価値基準や判断基準について話し合い、合意しておくことが大切です。

内的基準型の従業員は、あまり管理されないほうがよく働きます。仕事を割り当てて全権を委任し、見守ります。判断をゆだね、不安があるような場合には、前もって守るべき基準について確認しておくのです。従業員が大切にしている価値基準を理解して、うまく仕事と結びつけられるようにしてあげることが大切です。「あなただからこそできる仕事なんです」という一言を添えて。

そして、何か指示をするときには、「あなたにしか決められないことですが」「〜をするのに必要な情報です。最終目標は〜を達成することですが、やり方についてはあなたに一任します」と言ってから話し始めるとよいでしょう。

外的基準型にはフィードバックを

外的基準型は、上司に指示してもらい、励ましてもらうことが必要です。情報を指示と解釈する傾向があるので、「してほしい」と考えている内容については明確にしておく必要があります。外的基準型を持つ従業員に「発注書がもうできているらしい」と言うと、今やっている仕事の手を止めて、発注書を取りに行ってしまったりします。

また、やっている仕事についてたえず声をかけてあげなければ、やる気をなくし、自信も喪失してしまいます。経営者が強い外的基準型の場合には、従業員に支持されるような行動を取ることでしょう。外的基準型は明確な目標を持つ必要があり、定期的な会議による評価やチェックリスト、ノルマ、お手本にできるモデルなど、自分の仕事が順調にはかどっているかどうかを確認できるような客観的手段を必要とします。年に一度の業績評価だけでは外的基準型を動かすことはできません。自分がやっていることがうまくいっているかどうか確信が持てないので、折に触れてフィードバックをもらわないと、不安になってしまうのです。

外的基準型に仕事を割り当てるときは、その人が人間重視型（第13章を参照）であるならば、その仕事がどのくらい周りの人に感謝される仕事かということを、物質・タスク重視型（第13章を参照）であるなら、その仕事が周りにどれほどの影響を与えるのかを理解してもらうとよいでしょう。「良い反響がたくさん来ると思います」「業界に大きな変革をもたらす仕事です」などと話してから指示すれば、興味を持って聞いてくれるはずです。求められている内容がはっきりしており、その要望に応えることが要求される仕事には、最大限の力を発揮します。

■LABプロファイル・ジョーク

一つの電球を交換するのに、何人の外的基準型の人が必要でしょうか？

「わからないわ。あなたはどう思う？」

一つの電球を交換するのに、何人の内的基準型の人が必要でしょうか？

「大丈夫。交換は不要だ」

買い手市場に切り込むには

顧客対応がとても難しい時代になってきました。彼らは、完璧な品質の商品を求め、面倒な購入プロセスを嫌い、故障しようものならすぐさま無料で修理するよう要求してきます。何か不手際があればめざとく見つけて、カスタマーサービスのスタッフに散々文句を言ったあげく、条件が良い別の業者へさっさと乗り換えてしまいます。できるだけ少ない対価でより良いものを求めようとするわけです。店舗で商品についてあれこれ質問し、家に帰ってネットで購入する人も少なくありません。[5]

つまり、顧客が売り手に対して強い内的基準型になってしまった、ということです。セールス・パーソンの方々は注意が必要です。顧客に最高の商品やサービスを提供するために時間とお金を費やすだけでは、もはや良い評価を得ることはできません。顧客のニーズを知ったうえで彼らの心に響くような言葉を使わなければ、あなたの言っていることは、単なる情報として判断されてしまいます。あなたがいくら最高だと主張しても、顧客は疑惑の眼差しで「自分たちが納得できるよう、『最高である』ことを証明してごらん」と思っているのです。

TD〈カナダの大手金融機関〉はローン市場の変化にうまく対応してきた例といえます。彼らのキャッチフレーズは内的基準型に実にしっくりくるものでした。「カナダNo．1のローン会社は？　選ぶのはあなたです」

CIBC〈Canadian Imperial Bank of Commerce〈カナダの大手銀行〉〉では、ネットでの広告戦略を左のものから右のものへ変更しました。

左の広告の命令言語に比べて、右の広告で使われている言葉は、耳当たりが良く、会話へ誘う雰囲気を醸し出しています。内的基準型の人に響く言葉を使うこの戦略は、銀行が信頼されていない文化圏に最適です。

CIBC の Home Equity Advantage（持ち家住宅担保ローンのサービス）をご用命ください。
今すぐ申し込めばお得！

「資産を安全に確保しつつ増やすことはできるかしら？」
ご相談いただく価値があります。
詳しくはこちら

ある地方でキャリア・カウンセリングを行っている企業では、まず見込み客とアポを取り、彼らにカウンセリングの流れを説明したうえで検討時間を与え、カウンセリングが必要かどうかを判断してもらうという戦略を取っていました。訊いてみると顧客の約八〇パーセントが内的基準型で、その企業の創業者や従業員もほとんどが内的基準型であることがわかりました。顧客をもっと増やすために、外的基準型に働きかけるアプローチを使うことも検討したほうがよいのではないかと提案したところ、社長はしばらく考えたあとで私の提案を却下しました。外的基準型の顧客はカウンセリングに時間がかかり過ぎると判断したのです。

内的基準型に商品を売るには、必要な情報を提供したうえで、彼らに判断してもらう必要があります。

「お試しいただいて、感想をお聞かせください。この素晴らしさを実感するには、お客様ご自身でお試しいただくのが一番です」

カー・ディーラーが来店客に試乗を勧める理由もおわかりですね？

オンラインショッピング

オンラインショッピングをする際、購入者は内的基準型から外的基準型へと変化していきます。仮にパリのホテルを予約したいとしましょう。希望の地域、価格帯、好ましい部屋をおおよそ決めてネットを検索します（内的基準型）。さまざまな選択肢を一通り見て、どれがベストか見極めます（内的基準型）。しかし、対象を絞ってクリックするまでに、ほかの人のレビューを読んで確認するかもしれません（外的基準型）。

私はこれまで、大手企業で、販売効果を高めるためにカスタマー（法人・個人とも）の購買プロセスを解読し、ＬＡＢプロファイルの流れに落とし込む手伝いをしてきました。このプロセスによって、マーケティング担当者はカスタマーがたどる一連の流れを把握して、購入までの過程で視覚的にも言語的にもカスタマーの要望に合わせた情報を提供することが可能になるのです。

愛槌（あいづち）

人は、周りの人との関係性に応じて、内的基準型や外的基準型などといったパターンを示すようですが、ある研究によると、親密な関係では、双方が相手に対して外的基準型が強くなるようです。ジョン・ゴットマン氏（アメリカの心理学研究者）がカップルのコミュニケーション[6]を調べたところ、カップルのどちらか一方が「外に綺麗な鳥が来ているよ」などと言って会話の口火を切った場合、その人は、相手からの興味、認識、またはサポートを示す合図を自然に求めるということです。「夫が会話で取り上げる価値があると思ったことを、パートナーが尊重して関心を向けるかどうかが大切なことなのです」

これは外的基準型（敬意やサポートなどを表す相手からの反応を必要とする）の一例です。パートナーは相手のひとことに対して、「同じ方向を志向する」か「回避する」ことになります（みなさんにはピンとくる言葉ですね！）。ゴットマン氏による六年にわたる追跡調査では、パートナーのひとことに対して「同じ方向を志向する」反応を見せたカップルの割合は、六年後に離婚したカップルではわずか三三％であるのに対し、婚姻関係が継続しているカップルでは八七％に達しました。

ゴットマン氏によると、パートナーを軽蔑することが別れる理由の一位だそうです。繰り返しますが、パートナーが相手に見せる反応は、良好な関係のためのかけがえのない要素です（外的基準型）。たとえ喧嘩の最中でも、相手に思いやりを見せることが人と人を結びつけるものなのです（外的基準型）。

ですから、相手が自分に対して内的基準型であるように思えて、パートナーを説得するのに苦労しているときでも、私たちの言動は相手に非常に大きな影響を与えているのです。

なぜ医者の指示を守れないのか？

フランスでは患者の八〇パーセントが処方された薬を最後まで飲みきっていない、という統計が、ある記事に書かれていました。医者の話では、その比率は北米でもほぼ同じだろうということです。症状が治まると多くの患者は単純に薬を飲むことを忘れてしまうのでしょう。この現象もＬＡＢプロファイルを使って説明できます。たいていの人は病気にかかると、内的基準型、問題回避型になる傾向があります。誰かに「具合が悪そうだよ」と言われても病院に行きませんが、自分で具合が悪いと感じれば医者にかかるのです。具合が悪くなったときに内的基準型、問題回避型になるというのは、私にも思いあたる節があります。

したがって、医者は患者に必ず自分たちの指示に従うことを約束させたうえで薬を出す必要があるのです。「本当に治りたいのかどうか、よく考えて、もし本当に治りたいのであれば、処方されたとおりに、無くなるまでこの薬を飲む必要がありますが、どうされますか」（内的基準型、問題回避型）

患者は医者や権威がある人の前では外的基準型になっていても、いったん家に帰って気分がよくなると、内的基準型に戻ってしまいがちです。したがって、医者は患者が診察室では極端な外的基準型になっているという事実を知っておく必要があります。患者は医者を見識豊かな専門家としてみているので、医者の言うことは何でも信じる傾向にあります。したがって、患者に対する発言や暗示には細心の注意を払う必要があります。冬の滑りやすい時期に、母が手首の骨を折ったことがあります。最初につけてもらったギプスがきつすぎたため、ギプスをつけ替えてもらうために病院へ戻ると、医者はギプスをつけ替えながら「今回はこれで大丈夫！」と冗談混じりに言うのです。「今回は」ですって？　まるで「次」があることを前提とするような言葉にうなずく母を目の前にして、私はすぐさま「いいえ、今回で最後です！」と言いました。

これまでに述べたこととは相反しますが、このところ、医者と患者の関わりも変わりつつあります。何百万もの人が、自分で調べて漢方や針・灸といった補完医療にかかり、サプリメントを飲んでいます。理由を尋ねると、「医者にかかったけれど自分の病気は治してもらえなかった」「医者の治療方法では、自分の病気は治らないと思う」といった答えが返ってきます。こういった人たちには、自分たちの求めるものとそうでないものについて、内的基準型を持ち始めているのです。

セールス一般への応用

医者が患者に薬を飲ませるために使ったアプローチは、ほかの状況でも内的基準型に効果があります。

「本当に〜（求める結果）なのかどうか、よくお考えになって、もし本当に〜（求める結果）なのでしたら、私どもの〜（製品やサービス）を一度お試しになってみてはどうかと思うのですが、いかがでしょうか」

これとは反対に、外的基準型は、ほかにどんな人が買ったのかなど、判断の材料を周りから与えられる必要があります。有名人を起用した広告は、その有名人に対して外的基準型になっている人を惹きつけるのに有効なのです。

顧客があなたに対して外的基準型になってしまえば、セールスは簡単です。それには、人間関係だけでなく、プロとしての信頼も勝ち得ておかなければなりません。顧客のほうから「私にはこれが必要でしょうか？」といった質問が出れば、あなたが顧客の信頼を得て、顧客があなたに対して外的基準型になった証拠です。また、相手よりも少しフォーマルな衣装を身につけたり、資格証明や推薦状を視界に入れたりしながら、「私の経験ですと」「私が身をもって学んだことを一つ挙げるとすれば……」などといった表現を会話に織り込むのもよいでしょう。

外的基準型が物を購入するときに大切なのは、その物が彼らをどのように見せ、いかに他人にインパクトを与えられるかということなのです。なぜ、人は「ジャガー」のクルマを購入するのでしょうか？　レザーのシートが快適だからでしょうか？「ジャガー」で働いていたマーケターによると、人は高級車を持つことで与えられるステータスより、むしろ、世間で価値があると思われているものを自分のものにできることを示すために高級車を購入するそうです。そして、にんまり笑ってこう続けました。「たぶん、価値のわかる人間だということを認めてもらいたくて高級車を買うのでしょう」

内的基準型と外的基準型、両方の人を惹きつけたいとき、もしくは、顧客がみずからの基準と外からの評価の両方に意識を向けているなら、両方の影響言語を使ってみてください。たとえば、「お客様次第ですが、人気があるのは青色です」と言った具合に。どちらのパターンか定かでない場合には、どちらかの影響言語を使って様子を見てみましょう。そして、プラスの反応が見られなければ、もう一方のパターンの影響言語を試してみてください。

クローゼット外的基準型とクローゼット内的基準型

先述の「ジャガー」の例では、客の行動を起こすきっかけは一見内的基準型のようですが、実際に行動を起こす動機づけは外的基準型によるものでした。ＬＡＢプロファイルを使った市場調査で第一人者である研究者、ビル・ハッカビー氏は、これを「クローゼット外的基準型」と名づけました。本当の動機づけである外的基準型はクローゼットの中に隠されているということです。

このパターンを持つ人を説得するには、外的基準型にも内的基準型にも同時にアピールする必要があります。もしあなたがやるべきことを指図したり、ほかの人たちはこうしているなどと、あからさまに外的基準型に訴える話し方をすれば、あなたの言葉は耳に入らないかもしれません。その代わりに、「お客様の好みはお客様にしかわかりませんが、多くの方がこれを選んでいます」などと言うと聞いてもらえるのは、提案言語（内的基準型向け）を使ってから、ほかの人がしていること（外的基準型向け）を付け加えているからでしょう。これまでさまざまなやり方を試してきましたが、この方法が最もうまくいくようです。

アメリカの科学専門誌『*Scientific American Mind*』の記事で引用された研究[7]によると、特定の分野で自分の知識レベルが「高い」と考える人は、他の分野においても自分の知識を過大評価する傾向にあったそうです。この傾向は自分の知識レベルを聞かれる前に簡単なテストをするとさらに強くなりました。自分たちが物知りだという外的基準型のフィードバックを受けて（他の二グループのうち一つはより難度の高いテストを受け、もう一つはまったくテストを受けなかった）、彼らは自分たちが他の二グループの人たちよりもずっと知識レベルが高いと評価しました。まさに「クローゼット外的基準型」の行動パターンです。アメリカのトランプ氏が大統領としての資質について非難を浴びたときの彼の行動も典型的なクローゼット外的基準型でした。たとえば、二〇一八年の終わりに連邦政府機関の一時閉鎖を解除するため、メキシコ国境の壁建設への資金提供について妥協しようとするツイートをしたときのこと、トランプ支持者がそのツイートを批判すると、トランプ大統領は彼の支持者の要求に応じてすぐさま態度を硬化させました。有名人や民主党、大手メディアが彼を批判したとき、彼はツイッターで何時間も何日も費やして自分を批判した人たちを攻撃していました。屈強な内的基準型の強い人物だというイメージを発信しつつも、外部からのネガティブな反応には信じられないほど敏感で、すぐさま反応していました。

またある時には、典型的な内的基準型のパターンを見せることもありました。たとえば、二〇一九年の初め、シリアからの米軍撤退に反対した専門家からの助言を無視したときのことです。彼は米軍を撤退させるという自分の意見に固執しました。トランプ陣営の閣僚たちは、米軍の帰還を数カ月かけてゆっくりと行なうことに同意するよう大統領を説得するのにずいぶん苦労したようです。トランプ大統領の「クローゼット外的基準型」や「高い内的基準型」の傾向が、状況に応じて現れる例からも、LABプロファイルのパターンがどれほど背景や状況に左右されるかということがおわかりいただけるかと思います。

「クローゼット内的基準型」の傾向が強い人は、周りの意見を必要としているように見えますが、いつの間にか姿が見えなくなったと思ったら結局自分が思ったとおりに行動しています。「クローゼット内的基準型」の傾向がある人には内的基準型の提案言語を使うとうまくいくようですが、あなたはどう思われますか?

行動は伝染する

『*Scientific American Mind*』の記事[8]によれば、体重変化、摂食障害、感情、心因性疾患、自殺願望から、ひょっとすると銃乱射事件に至るまで、社会的に人から人へ伝染することがあるそうです。こうした状況は、あるグループが特定の行動をとる別のグループに対して外的基準型の状態になった時に起こります。

ポジティブな行動もまた社会的に伝染するように思います。ですから、模範的な人物になって、ほかの人にもあなたの立ち居振る舞いを真似してもらうことを目指しているのであれば、まずは「信頼を勝ち得る」ことです。聴衆があなたに対して外的基準型になれば、無意識のうちにあなたの行動を真似する可能性が高まるからです。

■LABプロファイル・ジョーク

内的基準型の状態にある人の「わかりません」は、「まだ決心がつかないのです」

外的基準型の状態にある人の「わかりません」は、「あなたはどう思いますか？」

内的基準型の状態にある人の「私が間違っていました」は、「考えが変わったんだ」

外的基準型の状態にある人の「私が間違っていました」は、「私は間違っていたのでしょうか？」

POINT

判断基準

■**内的基準型**

自分の内側にある基準に基づいて、みずから判断を下す。

■**外的基準型**

自分がうまくできたかどうかを判断したりやる気を維持したりするのに、周りからのフィードバックを必要とする。

パターン別分布（コンテクストは仕事）

主に内的基準型	四〇パーセント
内的基準型と外的基準型が半々	二〇パーセント
主に外的基準型	四〇パーセント

（ロジャー・ベイリーの資料による）

質問

「○○（仕事など）がうまくできたなって、どのようにしてわかりますか？」

影響言語

■**内的基準型**

決めることができるのはあなただけです　ご自分でじっくりお考えください　あなた次第です　どう思われますか？

■**外的基準型**

みんなに注目されますよ　周りの方から反応でわかります　求められる結果としては　参考となる資料を与える　～氏の考えでは

第7章

選択理由——オプション型／プロセス型

やる気が高まるには何があったらよいのでしょうか。
つねに別の道を追求するほうがよいでしょうか？
それとも、決められた手順を与えられるほうがよいでしょうか？

このカテゴリーを理解できれば、可能性は大きく広がり、目標へたどり着く正しい方法が見つかることでしょう。パターンは次の二つです。

オプション型

オプション型の傾向が強い人は、今までとは違ったやり方で何かをする機会や可能性があるとき、やる気を出します。物事にはつねによりよい別の方法があるものです。オプション型は手順や仕組みを作り出すことに生きがいを感じますが、それに従うのは得意ではありません。確実に一〇〇万ドルを儲けられることが保証されている方法をオプション型に教えたとしても、彼らはそれだけではもの足りず、やり方を工夫してさらに儲けようとするでしょう。

このパターンの場合、無限の可能性やアイデアといったものに心がときめきます。ルールを曲げ、型破りなことをすることにたまらない魅力を感じるのです。

喜んで新しい計画やプロジェクトを始めたがる一方、必ずしもそれをやり遂げなければならないとは思っていません。ある決まった作業を続けていくことよりも、新たなものを開発したり、プロジェクトを立ち上げたりすることに魅力を感じます。一つの事柄に専念し続けられないのも、そうすることによって選択肢が狭められてしまうのが嫌だからなのです。極端な場合、オプション型で特に反映・分析型でもある人は、どんなことについても決定を下すことさえ避けようとします。その代わり、次の新しい企画やプロジェクトを思いつくまでは、今、目の前にあるものに専念します。

プロセス型

プロセス型は、順を追ったやり方に従うことを好みます。どんなことにも〝正しいやり

パターン別分布（コンテクストは仕事）

主にオプション型	オプション型とプロセス型が半々	主にプロセス型
40%	20%	40%

（ロジャー・ベイリーの資料による）

方〟があると信じているので、決まった手順が一度与えられると、繰り返し従うことができます。なぜ（Why）物事がそうであるのかということではなく、どのように（How）それをするのかに興味を持っているのがこのパターンの特徴です。

手順には始まりがあって終わりがあります。そこには、多くの情報を集め決定を下さなければならない場面もあるでしょう。プロセス型の場合、従うべき手順がないとどうしたらよいのかわからなくなり、立ち止まってしまいます。しかし、ひとたび取り掛かれば、そのプロセスの最後までたどり着くことが最も大切だと考えます。始めたことは是が非でも終わらせようとするのが、プロセス型なのです。

プロセス型は、ルールを破ったり、ルールから外れたりするように指示されると、信頼を裏切られたかのように感じます。しかし、従うべき手順が決まれば、そのとおりに物事を運ぶことに幸せを感じるのです。

パターンを見分けるには

質問

▽「どうして（今の・その）○○（仕事・家・旅先・クルマなど）を選んだのですか？」

第1章で「現実」という概念についてお話ししたことを思い出していただけるでしょうか。ノーム・チョムスキーは、人は自分なりの現実モデルをつくるのに、削除・歪曲（わいきょく）・一般化という三つの手順を踏む、と述べていました。ここでは、その中の「歪曲」が関係しています。このパターンについて知るには、「（ある状況で）どうしてあなたは○○を選んだのですか？」という質問をします。

オプション型はこの質問の「どうして」という言葉を「なぜ」と捉えて、価値基準（クライテリア）を並べて答えるでしょう。

オプション型の言葉の特徴

- 価値基準を並べ立てる
- 機会・可能性を語る
- 選択肢を広げる

プロセス型の言葉の特徴

- 「選んだわけではない」
- 「どうして?」の質問に対し、「どのようにしてそれが起こったのか」を答える
- 事実、出来事、いきさつを話す

興味深いのは、オプション型とプロセス型を両方持ち合わせている人をどのように見極めるかです。彼らは価値基準をいきさつの中に埋め込んで話します。カナダに戻って自分の会社を立ち上げたいきさつについて考えるときの私は、ちょうどこのパターンにあてはまります。誰かが私に、どうしてカナダに戻って自分の会社を設立することを選んだのかと尋ねたら、きっとこう答えるでしょう。

「カナダに戻ってきたあと何をしようか考えて、小さな研修会社の共同オーナーになった

のですが、しばらくすると不満を覚えるようになったのです。きちんとした組織であることは、私にはとても大切なことですから。それに、自分の会社を持てばより多くの収入を手にすることができるし、支出も減らせるし、自立もできることに気づいて、自分の会社『サクセス・ストラテジーズ』を立ち上げたのです」

この回答の中で、私は両方のパターンの言葉を使っています（傍点は価値基準）。

回答例

■**オプション型**

「（その仕事は）刺激的で、おもしろそうで、やりがいもありそうだと思ったんです」

■**主にオプション型**

「（その仕事は）今までやってきた仕事よりもおもしろそうだったし、責任もあり、給料も良かったんです。友人が教えてくれたんですが……」

■**オプション型とプロセス型が半々**

「友人が教えてくれて、今までの仕事よりおもしろそうでしたし……」

■**主にプロセス型**

「前の会社には一〇年いたのですが、友人の会社で社員を募集していると聞いて、応募したら採用されたんです。以前の仕事よりおもしろいですしお給料もいいんです」

■プロセス型

「特に選んだというわけではないんですが、たまたま義理の兄が今の上司と一緒に仕事をしていて、紹介してもらいました。ちょうど私の契約が切れる時期に、その会社で技術者を必要としていたものですから」

＊「どのようにして選んだのですか」ではなく「どうして選んだのですか」と質問してください。

影響言語

正しい影響言語を見つける方法は数え切れないほどあります。

オプション型

機会　選択肢　必要に応じてルールを破る　もっと良い別のやり方
無限の可能性
ほかの選択肢は　それもひとつのやり方だ　選択肢はさまざまです　いろいろ
何か方法があるはずだ　可能性は無限大　さまざまな手立て

プロセス型

正しいやり方　順を追って話す（はじめに～、それから～、そのあとで～、最後に）
確実　信頼できる　この使い方は～　手順に従ってください　手順は～
方法論的に確実

セールスとマーケティング

道義に反する方法で自己啓発の商品を販売しているカリスマ指導者たちの詐欺まがいの販売戦略を暴くために、「セックス、ダイエット、そして成功」[1]というタイトルで基調講演を行ったことがあります。彼らは素晴らしい成果を約束し、いかに容易に成功できるかを言葉巧みに話し、（細かな但し書きの内容には言及しません）あなたに甘い夢を見させてくれます（LABプロファイルでは反映・分析型とオプション型）。聞くだけで、豪邸や高級車、山積みの現金を映像化してイメージさせてくれるのです。ビットコインや暗号通貨も同様に宣伝され、ほかにも多くの詐欺が存在します。しかし、反映・分析型とオプション型の状態の人が、主体的に、コツコツとプロセスに従うという成功に不可欠な行動をとることはありません。自分の夢をふくらませるだけで、プログラムを購入してもそれに従わず、敗北感を味わいます（なぜなら彼らは成功は自分次第だと信じているからです）。そして、次こそは自分を成功者にしてくれるであろう別の商品を購入します。残念なことに、「あなたを成功者にしてくれる」ようなプログラムは存在しません。成功するためには実際に自分で行動する必要があるのです。私はその基調講演で、自力で成功をつかむことができるように人を鼓舞できる方法で、自己啓発の商品を売ったり買ったりする方法も提示しました。

オプション型が強い人に決断してもらうのはひと苦労です。選択するということは他の選択肢を排除するということでもあり、オプション型の強い人はそうしたくないと考えるからです。可能性があるとやる気になるので、選択肢をたくさん提供してあげましょう。ただし、選べないほど多くの選択肢を提示するのは考えものです。買うべき理由を知りたがるのも彼らの特徴です。この話になると、あることで悩んでいた方にアポイントを取って営業に行ったときのことを思い出します。別れ際に私は何気なく、その人にとってはとても魅力的な一言を付け加えました。「お探しのものを見つける方法がきっとあると思います」

オフィスへ戻ると電話が鳴っていました。電話は彼女からで、こう言われました。「あなたの言ったとおりだわ。見つける方法がきっとあるっていう……。あなたになら助けてもらえそうだわ」

オプション型の強い人は、彼らのためだけに従来のやり方を変えたりすると、即決することがあります（主体・行動型が強い場合は特に）。我が家へ来たカーペットのクリーニング業者の方はこう言いました。「ソファ・クリーニングは通常ですと五〇ドルかかりますが、今お掃除させていただけるのでしたら、再度お伺いする手間も省けますので、三〇ドルでやらせていただきます」

最近になって、ようやくわかったことがあります。それは、オプション型の状態でいるということは時には単に、人が物を購入するときの手順の一部であり、まだどれを選ぶか心の準備ができていないことを意味しているのにすぎないということです。買う決心がつけば、ごく自然にプロセス型へ移行していきます。営業のプロであれば、顧客に次の質問をすることで、その人が買う準備ができているかどうか確認することができます。「次の手続きへ進みましょうか？」（プロセス型言語）

もし心の準備ができていれば、あなたのその申し出をすんなりと受け入れるでしょう。この質問は、顧客が自分でもすぐに購入しようと思っているかどうかを意識的には自覚できていないときに、購入する準備ができているかどうかを見定めることができる方法です。もしまだ準備ができていない場合には、「ほかにどんなものがありますか？」、または「ほかのものも見てみたいのですが」などといった言葉で、依然としてオプション型の状態であることを示してくれます。

一方、プロセス型の状態の人に正しく販売するには、とりあえず手順に取り掛かってもらうことが重要です。彼らは一度やり始めると最後までやらないと気がすまないからです。また、その製品やサービスが絶対に確かなもので正しいものであることを伝えてください。彼らは「どうして購入しなければならないのか」ではなく、「どのように購入し、使っていくのか」を知りたいと思うはずです。

「まず最初に製品をお見せしますので、手に取ってゆっくりご覧になってください。それから使用方法をご説明しますので、一度お試しいただいて、どれが一番合うかご判断ください。その後、お支払い方法を説明いたします。あとはサインしていただければ、そのまま商品をお持ち帰りいただけます」

製品が顧客の価値基準にマッチしていれば（そして、ほかに妨げになる要因がなければ）、購入のプロセスをそのまま完了してくれるでしょう。プロセスの最後の段階では、商品の代金を支払ってプロセスを完了してもらうより、喜んで商品を持ち帰ってもらうことでプロセスを完了してもらえるようにするとよいでしょう。

小売店の中には、オプション型とプロセス型のどちらか一方を惹きつけるタイプの店舗があります。私などは、大型書店へ行くとあまりの品数の多さに圧倒されてしまいますが、それに心躍る人たちもいるのです。

スウェーデンの家具チェーン店ＩＫＥＡは、主にプロセス型の店舗設計をしています。私も行ったことがありますが、ＩＫＥＡは一度中に入ると非常口を除いて、店内をすべて見て回らないと外に出られないようになっています。店内を歩き回り、サイズを測り、どれにするかを決め、注文し、列に並び、代金を支払い、駐車場へ行き、商品をクルマに載せ、家に帰って組み立てるというように、すべてプロセス型の行動をとるようにできているのです。

人材採用の場面で

人材を採用するとき、自分のキャリアを考えるとき、オプション型とプロセス型を見分けることがとても重要だということはおわかりでしょう。実際、このカテゴリーをしっかりとものにすれば、人材の採用には相当役立つはずです。

採用にあたっては、その仕事が主に既成の手順に従う仕事なのか、新しい仕組みや手順を一から立ち上げ、設計するような仕事なのかということを今一度確認する必要があります。維持する仕事なのか、設立したり開発したりする仕事なのか。そのバランスがわかれば、会社は仕事にふさわしい人材のみを惹きつける広告をつくることが可能です（詳細は第24章を参照）。

自分に合った仕事に就いているというのは、人生においてとても大切なことです。プロセスを作り出して開発したり、代替案を見つけたり、既存の枠にとらわれない仕事をしたい人には、オプション型の仕事がぴったりです。いったん始めたら最後まで完遂したいと考え、従うべき手順が決まっている仕事がしたい人には、プロセス型の仕事がぴったりです。本書の改訂版の執筆にあたって、私はまず最初に手順を作って、そのとおりに作業しました（プロセスを作るのはオプション型ですが、いったん流れを作った後はその手順に従っただけです。時折、オプション型が顔を出して素晴らしいアイデアを思いつき、どうすれば本の内容に合うか模索したこともありました）。

セールス

メアリー・ケイやアムウェイといった健康に関するネットワーク・ビジネスの会社は、自社製品を販売してくれる人（ダウンライン：ネットワーク・ビジネスの階層で自分の下にいる人のこと）を集めることで成り立っています。Pyramid Scheme Alert（アメリカのピラミッド型ビジネスの被害から消費者を守る団体）のロバート・フィッツパトリック氏によると、これらのネットワーク・ビジネスに手を出した人の大部分が、実際には損をしており、この仕事だけで生計を立てられるほど成功している人はほとんどいないそうです。間違った人をターゲットにしているからです。ネットワーク・ビジネスの会社は、新しい販売代理人（ディストリビューター）を募集するとき、「あなたの収入には無限の可能性があります（unlimited income possibilities）」をうたい文句にします。この「無限の可能性」というのはオプション型に対する影響言語です。「無限の可能性」「計り知れない」といった言葉は、オプション型にとってたまらなく魅力的なのです。

しかし、この言葉に惹きつけられて販売代理人になったオプション型が実際に営業を始めると、目にするのはすでに作り上げられたセールス・ノウハウです。あとはただ「無限の可能性」のために、そのプロセスを日々ひたすら繰り返すことになるのですが、それは、オプション型が強い人には苦痛でしかありません。もし、こういった企業が宣伝資料の中でプロセス型へ向けた影響言語を使っていたなら、販売代理人たちが「無限の収入」を確実に手に入れていただろうと思うと皮肉ですね。

テレマーケター〔訳注／電話でセールスを行う職業〕のために提案され、他のセールス一般にもあてはまる成功戦略の特徴は、プロセスに従うこと、つまりプロセス型であることです。プロセス型のテレマーケターが、オプション型のテレマーケターよりも販売成績を伸ばす可能性が高い理由は簡単です。セールスは主体・行動型で、主に手順に従って行われるものだからです。まず、見込み客と連絡を取り、信頼関係（ラポール）を築き、その見込み客が必要としているものを分析し、そのニーズにあったものを紹介し、最後に購入するかしないか決定させる。これがセールスの手順です。オプション型であれば、「今回はこのやり方でやろう」「次はあのやり方でやってみよう」と考えてしまうことでしょう。オプション型はときに素晴らしい思いつきで金脈を掘り当てることがあるので、成績の起伏が激しい傾向にあります。しかしながら、一発当てることはあってもうまくいくまで手順を練ることがありません。しかも見込み客へのフォローをうっかり忘れてしまうことも多々あります。一方、プロセス型は与えられた手順に満足し、それが正しいと思っているので、同じ手順を何度でも繰り返します。

これこそ、セールスの理想形なのです（もっとも、セールスの場面が変われば、それに合った新しいプロセスを教えてもらう必要がありますが……）。

その他の職種

職種によっては、仕事の性質上、オプション型かプロセス型かがある程度決まってきます。たとえば、飛行機を操縦するには明らかにプロセス型が必要です。オプション型のパイロットを想像できますか？　「今回は北極越えのルートで行ってみよう」などと言われたりしたらどうでしょう？　安全や安心に関わるものにはプロセス型が必要とされるのです。非常時に取るべき行動を記憶し、一字一句違わずに従う必要があるのです。内的基準型でプロセス型を持つ人は、こういった作業を巧みに行います。一方、安全確認手順を開発したり調査したりするには、オプション型が必要になります。ミスを避けようとする問題回避型を持ち合わせていればさらに望ましいでしょう。

建築にはオプション型の性質を強く持ちながらもプロセス型への理解もある人が必要です。そして建築の請負業者は、法令遵守の性質上、プロセス型の性質がかなり必要とされます。家のリフォームをする機会があればおわかりになるはずです。

オプション型とプロセス型の衝突

オプション型は、独創的な解決策や新しい仕組みを構築するような場面では、誰よりも力を発揮します。たとえば、ビジネス・プロセスの構築には、オプション型の性質を大いに備えている必要があります。

フランスのある研修会社で、強いオプション型と内的基準型を持ち合わせた上司と一緒に仕事をする機会があり、彼からは独創的なセミナーのつくり方について多くのことを学びました。私たちは、ある大企業から、同一内容のセミナーを複数回開催するよう依頼されることがよくありました。しかし、セミナーの打ち合わせで上司と顔を合わせるたびに、内容を新しいものにするべきだと彼は主張してきました。私が「でもピエール、前回うまくいったし、内容も良かったと思うわ。来てくださった方々も気に入っていらしたじゃない」と反論しても、上司は「それではだめなんだよ、もっといいセミナーにする方法があるにちがいないんだ」と譲りません。そのたびに私は、今までせっかくつくり上げてきたものを捨ててしまっているように感じたものです。オプション型とプロセス型の意見はこのように往々にして衝突してしまうのです。

実際、研修プログラムをつくっていくには多様な選択肢が必要ですが、研修を完成度の高いものにしていくには、うまくいく工程を再現できるように幾度となく同じプロセスを繰り返すことが大切です。優れたスピーカーと呼ばれる人たちは、磨き上げられた手順をしっかりと持っています。そしてその決まった手順をうまくこなすには、オプション型とプロセス型の両方をじょうずに使い分けて実行していくことが不可欠なのです。

看護師はプロセス型？

私が知っているクリエイティブで優れたスピーカーやトレーナーの中には、素晴らしいアイデアやプログラムを持ちながら、マーケティングやセールスを行う際に、主体・行動型、プロセス型になって自分を売り込むことができない人がいます。なんと、お客様が向こうからやってくるのを待ってみたり、いったん引き下がって、売り物ではない別のプログラムを作ることに注力し始めたりするのです。

このように、職種に必要なパターンとその職種に魅力を感じる人材の間には、ミスマッチがよく起こります。

以前、看護師の方々に「どうして看護師になろうと決めたのですか？」と訊いたことがありますが、答えの多くはこうでした。

「人を助ける仕事がしたいんです」

「いったん資格を取れば、世界中どこでも使えるからです」

こういった答えは彼らの価値基準そのもので、オプション型の答えです。看護という仕事に惹かれる人の多くはオプション型の傾向が強いので、看護という仕事がもつ可能性ゆえにこの仕事に興味を抱きます。看護師になると決めたら看護学校へ通い、やがて証書を手に入れ病院で働き始めます。しかし、病院での仕事はいったいどういうものでしょう。手順どおりに行う仕事、往々にして選択肢はほとんどなく、決められたことを決められたとおりにすることが求められる仕事なのです。

現在、多くの医療制度が人口の高齢化と逼迫する財政難に直面する中で、在宅介護の重要性がますます高まり、それに呼応する形で民間の看護サービスの数も増加の一途をたどっています。そうなると、看護師にも新しい自分なりの方法で人の看護や世話をする機会が与えられるでしょう。また、病院自体も変化を余儀なくされることで、今後はより柔軟な労働力が必要になってくるでしょう。

部署間の対立

ある会社で業務運営を変える仕事に携わっていたとき、部署間の文化の違いからくる対立を目撃したことがあります。例として、ソフトウェア会社の設計部と販売部を取り上げてみましょう。あなたがソフトウェアのエンジニアであるなら、ソフトウェアの開発・設計が主な仕事ですから、主にオプション型である可能性が高いはずです。一方で、製品を市場に売り出すには従うべき手順があるので、販売部の仕事の大半はプロセス型ということになります（伝えたいメッセージや映像、スローガンなどを開発する「クリエイティブ」な手順を除いて）。また、エンジニアは、複数の企画を行ったり来たりしながら変更と改良を重ね、より良い製品を作ろうとします。販売部は怒り心頭です。「いい加減手直しは止めて、製品を市場に出せるようにこっちに渡してください！」といった具合です。

同じことは設計部門と製造部門とのあいだでも起こります。設計部門の仕事はシステムを考案して製品を設計することです。他方、それを製品にするのが製造部門の仕事です。製造部門の責任者は、設計部門に設計図を繰り返し変更されると激怒します。

オプション型の部署とプロセス型の部署がいざこざを減らして効率よく仕事をするには、

お互いの役割と分担を理解することが重要です。オプション型の傾向が強いチームは、解決策を見いだすために創造力たくましくさまざまな可能性を追求していく必要があるでしょうし、プロセス型のチームは、オプション型の試行錯誤はやがてタイミングよく実を結ぶと信じる必要があるのです。それぞれの部署の仕事をコーディネートできるオプション型とプロセス型を両方兼ね備えたプロジェクト・マネジャーがいれば、摩擦の多くが解消されるでしょう。

テクノロジーを作る人と使う人

「テクノロジーに詳しい人」に操作方法を質問して、可能な方法を延々と説明された経験はありませんか？　一般のユーザーが、ソフトウェア、機器、テレビのリモコンに至るまで、シンプルな使い方を見つけるのはなかなか大変です。もちろん、私も例外ではありません。テクノロジーを利用する際に必要な方法や選択肢、決断の数には圧倒されっぱなしです。

調べものをしていて、ウェブサイトを教えてもらったけれど、結局そこには欲しい情報が見つからなかったという経験はありますか？　ウェブサイトを教えてくれた人は、ちゃんとそこに載っていると言い張りますが、あなたには見つけられない。技術に関して、テクノロジーの開発者と一般ユーザーのアプローチはまったく異なります。目の動きを追跡する研究[2]によると、ウェブサイトの画面を見るときに、ほとんどの一般ユーザーはアルファベットのＦの形に沿って、プロセス型の目の動きで画面を閲覧するそうです。一方、開発者たちは、画面上のすべての情報を高速でスキャンするように見る傾向があるそうです。そのときの目の動きは下のイラストのようになります。

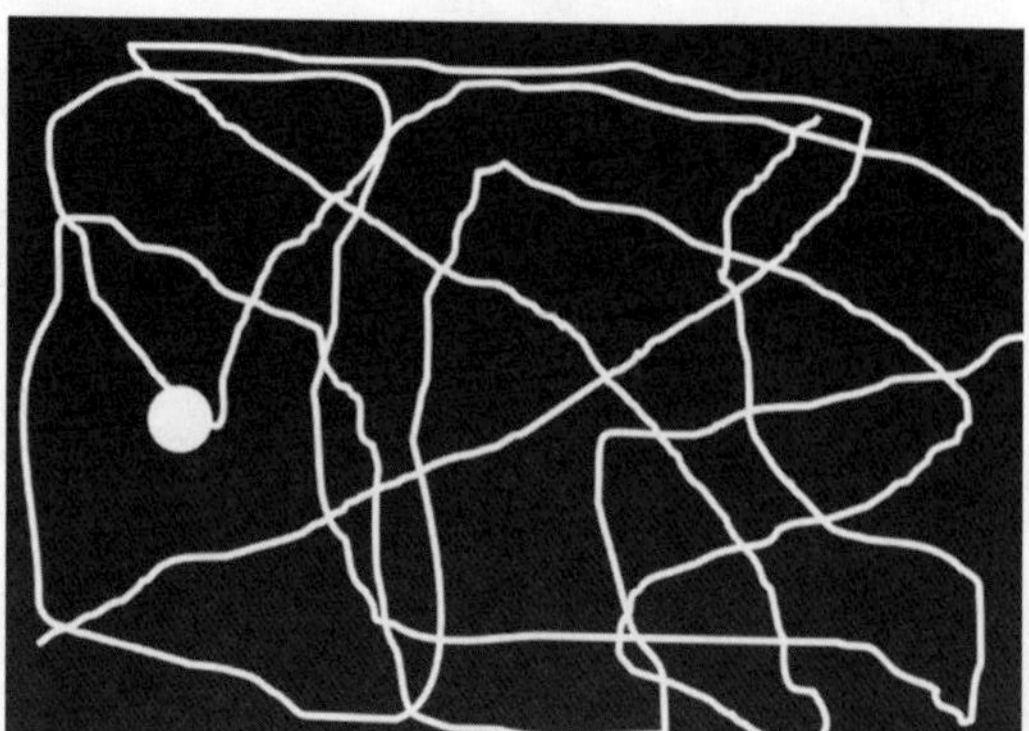

問題が起こるのは、このようなオプション型の目の動きをする開発者が、無意識にプロセス型の目の動きを繰り返す一般の人用にウェブサイトや他の技術を設計するからです。Ｆの形のように目を動かして視覚的にスキャンする一般ユーザーには、自分たちが普段しているスキャンの範囲外にある要素を見つけ出すことはできません。もしこのオプション型とプロセス型の対立がシンプルなウェブサイトのデザイン上でいまだ

に起きているとすれば、日ごろ使っているアプリや製品に、これまでの手順がガラッと変わるようなアップグレードが必要になった場合、一般ユーザーがどれほどあたふたすることになるか、少し考えてみてください。

以前、大手ソフトウェア開発会社において、個人購入者と法人購入者両方のＬＡＢプロファイルパターンを特定するために、コンサルタントとして関わったことがありました。個人購入者はプロセス型と同一性重視型の傾向が強く（同一性重視型のパターンについては第８章で詳しく説明します）、法人購入者はオプション型と相違重視型（新しい物事を好む）の傾向が強いことが判明しました（相違重視型のパターンについては第８章で詳しく説明します）。

リモコンをコントロールするのは誰？

プロセス型の状態にある人は、テレビのチャンネルをコロコロ変えることを好みません。面白い番組があれば、最後までその番組を見ようとします。ネット動画配信サービスを利用している人々は、番組を頻繁に変えながら視聴します。二画面同時視聴ができるテレビを開発した人はおそらくオプション型の傾向を持っていたに違いありません。伝え聞くところでは、女性は一つの番組を最後まで見ることを好み、男性は複数の番組をコロコロ変えることを好むそうです。ジェリー・サインフェルド（アメリカのコメディアン・俳優）はこう言いました。「男は、テレビで何をやっているかなんて気にしちゃいない。ただ、ほかに何をやっているのかが気になるんだ[3]」

オプション型の人材とプロセス型の人材

オプション型が強い人は、新しいシステムやプロセスを企画・開発しなければならない場面で、最も能力を発揮します。つねに従来の作業工程とは違ったやり方で作業を進めようとするので、彼らの創造力を最も生かす方法については考えておかなければなりません。無から有をつくり出す仕事には非常に意欲的に取り組みますし、その結果が選択肢の幅を広げるものであればなおさらです。オプション型を持つ人にやる気になってもらうには、さまざまな可能性を探らせ、現在のやり方ではない別のやり方を考えられるようにしてあげるとよいでしょう。

一方、プロセス型は「これが正しいやり方だ」と言われると俄然やる気になります。同じ作業を繰り返すことに苦痛を感じません。今取り組んでいる仕事を仕上げることが、どれだけ大切かということを知らせてあげましょう。

オプション型とプロセス型の両方を兼ね備えた人たちには、プロセスに従いつつも、そのプロセスを改善したり改良したりする機会を与えることが必要です。影響言語は、オプション型・プロセス型のどちらも使えます。「あなたなら、より良い方法が見つけられるはずです（オプション型）。見つけたら、それが正しいことを自分で確かめて（内的基準型・プロセス型）、納得できたら、それからもその方法を使っていけばよいのです」

外的基準型を持ち合わせている人の場合には、「念のため、一応私も一緒に確認します」という言葉を使ってみましょう。

変化の時代の人材観

より積極的に仕事に取り組んでくれる人材を集め、想像力を高め、組織を刷新するために、組織改編を頻繁に行う企業が多くなりました。目まぐるしく変化する環境に対応できる新しい考え方を、従業員に身につけてもらおうとしているのです。素晴らしいことです。

では、こういったプログラムはどのような人材を育成しようと企画されているのでしょうか。答えはオプション型で行動する人材です。要するに「オプション型の人間になれ」

というのが従業員へのメッセージなのです。一八〇度方向転換をして、現在の業務を一から見直し、従来のやり方を刷新し、変化を事前に予測し、それに対応できるように新しいシステムを構築すべきだと言っているのです。

しかし、もしプロセスを仕上げ、完了する人がいなくなってしまったら、ビジネス、医療、教育、その他のあらゆる世界は一体どうなってしまうか、少し考えてみてください。自然な流れの中で、単純なプロセス型の仕事の多くは、自動化されるか、AIにとって代わられてきました。

私はプロセス型の考えに対する偏見を数多く目にしてきました。「プロセスどおりに仕事をするね」と言われることに拒否反応を起こす人もいます。

プロセス型に対しては、いかに融通がきかないかを指摘するよりも、仕事のうえでいかに貢献してくれているかをもっと評価してよいはずです。仕事を完遂してくれているのですから。

新しい選択肢をつくり出してくれるオプション型も必要ですが、それを遂行することのできるプロセス型も必要なのです。業績の上がるチーム作りには、仕事をやり遂げるにあたって、メンバーそれぞれの強みをいかにうまく引き出せるかがポイントとなります。

説明は相手の「型」に合わせて

何かを学ぶときには、人にはそれぞれ異なる学習法があります。そんなとき、自分の（またはあなたの部下・生徒の）学習パターンを知っていれば、短期間での習得が可能になります。以前初めてパソコンを手に入れたとき、ソフトウェアがいろいろついてきました。店の方はコンピュータのベテランで、長い時間をかけて使い方を教えてくれました。彼と私の会話はこんな感じでした。

「なぜこのようにセットアップするのかを説明しておきますね」

「それは結構。どうしてこんなセットアップになっているかなんてどうでもいいの。どうやって電源を入れるのかを教えて」

「わかりました。でも、このプログラムについては特に、これが必要になる背景も知っておくと便利ですよ」

「ううん。どうやって書類を作って印刷するのかだけがわかればいいのよ」

そして、彼は私の「どうやって」という質問にこう答えました。

「ほかにもいろいろな方法がございますよ」

これにはさすがに頭に血が上り、私はこう言いました。

「いろんな方法なんてたくさん！　一つだけ教えてちょうだい。正しい方法をね‼」

私にははっきりとしたプロセスが必要だったのです。どうしてこんなセットアップになっているか、などということに少しでも興味を持つようになったのは、必要な手順を覚えてしばらくしてからでした。あのとき次のように言ってくれていたら、私はいらいらせずにすんだはずです。

「まず、書類を作成して印刷をするための基本的な手順をお教えしましょう。それができるようになられたら、どうやってそれが機能しているかを説明しますね。きっと後で役に立つはずです。使っているうちにご自分なりのやり方がおわかりになるでしょう」

オプション型は、ソフトウェアにさまざまな機能が付いているのを見てワクワクするかもしれませんが、パソコン初心者や新しい技術を学ぼうとする人には、単純に従うべき手順が必要です。

新しいアプリやテクノロジーを前にして、必要なことだけ学んで、うまくいかなければすぐにイライラしてしまう人もいれば、すべての機能を使いこなせるまでおもちゃのように遊んで楽しむ人もいます（オプション型）。

私は、新しいテクノロジーを使いこなすには、後者のやり方のほうが楽しくて効果的だということがわかった時点で自分の取り組み方を改めました。それでも、従うべき手順があやふやで選択肢が多すぎるとイライラしてしまいます。

各種学習プログラムやセミナーでは、専門家が初心者に数多くの選択肢を提示し（オプション型）、初心者が選択肢の多さに圧倒されて右往左往してしまうことがあるようです。対照的な例として、私が以前参加した、創造力を豊かにするためのセミナーでは、進行役の人が創造力豊かになるためのプロセスを明確に示してくれたおかげで大変わかりやすかったことを今でも覚えています。

大人数相手の説明はプロセス型で

大人数のグループが一斉に新しいことを学ぶときには、丁寧な手順が必要です。全員がプロセスに沿って最後まで完遂してスキルを習得するためです。最初からオプションや選択肢、代替案を提示するのはお勧めできません。大人数のグループに指示を出したり、仕事を割り振りしたりする場面で複数の選択肢を与えてしまうと、彼らはおたおたしてしまい、どうすればよいのかわからなくなってしまうかもしれません。大人数に指示を出すときには手順が明確なプロセスを伝えることで、より楽に行動に移ってもらうことができるのです。

モントリオールで行われたＬＡＢプロファイルの研究会で導入部分の説明をしたとき、時間内にすべての行動パターンをカバーすることができませんでした。参加者たちはがっかりした様子で最後まで続けたいようでした。私はこう尋ねました。

「それでは、みなさんに選んでいただきましょう。今からお昼をとって早めに戻ってきて最後のパターンについてお話させていただくか、このまま話を続けた後で昼食をとるか、あるいはお話しできなかったところは気にせず忘れてしまうか。どちらがよろしいですか？」

みんなが「ええっと、うーん……」と言うばかりで結局決まらないのを見て、私はこう言いました。

「では、こうしましょう。先に昼食をとって、続きを聞きたい方だけ三〇分早くこの部屋に帰ってきてください。そこで話の続きをさせていただきます」

すると、あっという間に皆が賛同して、昼食をとりに出かけていきました。

大人数の人たちに課題のやり方を説明したり、課題を与えたりするときに、明確に手順を説明することがいかに大切かご理解いただけるでしょう。

コーチングとカウンセリングの場面で

コーチングやカウンセリングを行うとき、クライアントがなるべく多くの選択肢を持てるように手助けをしてしまいがちです。しかし、クライアントに明確なステップが必要なのに選択肢を与えすぎてしまうと、精神的負担を負わせかねません。選択肢が少ないからではなく、多すぎて負担に思うのです。明確な手順があるほうが援助になるのです。

オプション型の人はコーチングを受ける時に多くの代替案があると喜びますが、一連の行動指針を守って全力で取り組むことには二の足を踏むかもしれません。そのような人をやる気にさせ、行動へと導く一つの方法として、彼らに価値基準を再認識してもらい、さまざまな選択肢の中から一つを選んで最後までやり通すことによってそれらすべての価値基準を手に入れることができるということをわかりやすく伝える必要があります（オプション型としての価値基準）。「さまざまな選択肢の中から一つを選んで、それを実行すれば、家族と過ごす時間や新しい趣味を模索する機会が今よりもずっと増えるでしょう」（オプション型と目的志向型）。「さまざまな選択肢の中から一つを選んで、それを実行すれば、家族と過ごす時間や新しい趣味を模索する機会を妨げるような、ありとあらゆることを心配せずにすむでしょう」（オプション型と問題回避型）といった具合に。

POINT

選択理由

■オプション型

仕組みや手順などを新たに考案し、開発してしまう。決められた手順に従うのが苦手。

■プロセス型

確実な手順を踏襲したがる。従うべき手順が示されなければ先に進めない。

パターン別分布（コンテクストは仕事）

主にオプション型　四〇パーセント
オプション型とプロセス型が半々　二〇パーセント
主にプロセス型　四〇パーセント

（ロジャー・ベイリーの資料による）

質問

「どうして（今の・その）〇〇（仕事・家・旅先・クルマなど）を選んだのですか？」

影響言語

■**オプション型**

好機　チャンス　多様性　いろいろ　無限の可能性　多くの選択肢　オプション

（自分に合わせて）ルールを変える、やり方を変える

■**プロセス型**

正しい方法（やり方）　どのようにするべきか　確実　手順を述べる（はじめに、それから、そのあとで、最後に）

第8章

変化・相違対応――同一性重視型／進展重視型／相違重視型／進展・相違重視型

人はどのように変化に反応し、どれくらいの頻度で変化を必要とするのでしょうか。相違点と共通点、どちらを見つけることでやる気が高まるのでしょうか？

このカテゴリーでは、変化を求める体内時計のベルがどれくらいの頻度で鳴り出すのかがわかります。「安定」「ゆるやかな変化」「劇的な変化」「ゆるやかな変化と劇的な変化の両方」、以上四つのうち、どれによってモチベーションが上がりますか？　パターンは次の四つです。

同一性重視型

同一性重視型は、つねに同じ状態であることを求めます。変化を嫌い、変化に順応することを拒む場合もあります。一〇年に一度くらいなら大きな変化を受け入れるかもしれません。一五年から二五年に一度くらい、変化を起こそうとするでしょう。

進展重視型

進展重視型は、ほぼ同じような状況が続くことを好みますが、あまり激しいものでなければ、一年に一度くらいは変化を受け入れます。このパターンは、時間とともにゆっくりと状況が変化していくのを好みます。変化が段階的でゆるやかでないと、抵抗を示す傾向があります。五年から七年に一度、大きな変化を必要とします。仕事に限らず、ほかの場面でも最も多く見られるのがこのパターンです。

相違重視型

相違重視型のパターンを持つ人は変化が大好きです。変化を生きがいにしていて、たえず大きな変化を求めます。そして、変化のない安定した状況には抵抗を覚えます。一、二年ごとに劇的な変化を必要とし、変化が得られないと、どこかへ去ってしまうこともあり

パターン別分布（コンテクストは仕事）

同一性重視型	進展重視型	相違重視型	進展・相違重視型
5%	65%	20%	10%

（ロジャー・ベイリーの資料による）

ます。画期的で劇的な変化を好むのです。

進展・相違重視型

この両方のパターンを持つ人は、大小の変化を好みますが、物事が徐々に進展していくことにも心地よさを覚えます。劇的な変化とゆるやかな変化の両方があると満足します。平均で三年から四年おきに大きな変化を必要とします。

パターンを見分けるには

質問

▽「去年の○○（仕事・休暇など）と今年の○○（仕事・休暇など）の関係はどのようなものですか？」

▽「現在の○○（職務・住まいなど）と以前の○○（職務・住まいなど）を比べてみると、どのような関係がありますか？」

この質問は「〜と…を比べてみると、どのような関係がありますか？」と尋ねています。この状況での「関係」という言葉には、同一性、類似性、あるいは何らかの関連性という含みがあります。聞き手がこの言葉を自然に理解すれば、「どのようなところが同じか」「どのように似ているか」について教えてくれるでしょう。そうでない場合は、質問の意味が理解できなかったり、「どのようなところが異なっているのか」というように意味を解釈しなおしたりすることもあるでしょう（訳注／意味が理解できない場合、「比べてみてどうですか？」と尋ねる方法もあります）。

同一性重視型の言葉の特徴

- それがいかに同じであるか
- 共通点
- 変化していないか

進展重視型の言葉の特徴

- 時間とともにどのように進展したか
- より多く（少なく、良く、悪くなど）なったことを除いて同じ（スライド制による比較）
- 目的地に到着することよりも、過程に焦点を合わせる

相違重視型の言葉の特徴

- 「関係」という言葉を理解しない場合がある
- どのようにまったく違っているかを説明する
- 新しい、違い、変化した、一変した、劇的
- 変化が一瞬で起きたことが言葉にも表れる
- 目的地に焦点をあて、その過程には無頓着

進展・相違重視型の言葉の特徴

- 相違重視型と進展重視型の両方で応答する

回答例

■**同一性重視型**

「まったく同じです。いまだに社内で数字の処理をしています」

■**進展重視型**

「同じですが、より責任が重くなり、時間に追われるようになりました」

■**相違重視型**

「全然違います。今は社外で営業をしています」

■**進展・相違重視型**

「今年は私にとっての転換期で、成績がかなり向上しました」

仕事の場面で、あなたの分析が正しいかどうかを判断するには、相手の人にどのくらいの頻度で業務内容を変えるかを尋ねるだけでよいでしょう。肩書きは変わらなかったかもしれませんが、ここで聞き取りたいと思っているのは、どのくらいの頻度で職責が変わったかということです。返答は、たいていの場合、その人の変化を求める体内時計と一致します。何度くらい引っ越しをしたか。毎年休暇中に何をするのか。同じコテージに行くのか、違うことをするのか……といったことを質問することで、ほかの状況でのパターンも知ることができます。

質問をするときには、コンテクストを明確にする必要があります。それは、何について話しているかによってパターンが変化するからです。以前、ある男性のプロファイリングをいくつかのコンテクストで行ったことがあります。仕事に関して、彼は「基本的に同じです。責任が増え、部下も増えて、収入も増えました」と答えました。進展重視型です。続いて「それでは、前回の休暇とその前の休暇とを比べてみると、どのような関係がありますか？」と尋ねました。すると、彼からは「関係？　それはどういう意味ですか」という反応が返ってきました。最初の質問に答えた二分後に、コンテクストを変えただけで、彼は突然、「関係」という言葉を理解できなくなったのです。

影響言語

コミュニケーションを向上させ、信頼関係(ラポール)を保つためのまったく新しい方法がいくつかあります。

同一性重視型

～と同じように　共通の　あなたがいつもしているように　以前と同じように

変わらない　すでにご存じのように　維持　まったく同じ　以前とまったく同じ

同一

進展重視型

もっと　より良く　より少なく　～を除いて同じ　進歩した　アップグレードした

発展　ゆるやかな進歩　よく似ているがより良い　昇進　成長　改善

相違重視型

新しい　まったく違う　ほかのどれとも違う　ユニーク　比類ない

完全に変わった　認知できない　変更　切り替え　完全な方向転換　真新しい

聞いたことがない　たった一つの

進展・相違重視型

より良く新しい　改善のためのまったく違うアプローチ　徐々に変化する　よりリラックスした状態へ移行する　まったく新しくて以前よりもはるかに優れている

自分の変化のパターンを理解する

変化のパターンは状況によって変わるので、ある個人について一般化してしまわないようにすることが重要です。私の友人に、仕事ではよく変化するものの、食事となるといつも同じレストランへ行き、同じものを注文したがる人がいます。読書に関して相違重視型のパターンを持つ人たちは、四～五冊の本を並行して読み進めるかもしれません。毎年の休暇を過ごすためのコテージを所有している人もいれば、同じ場所へ二度行こうとは思わない人もいます。

自分の人生を振り返って、私は約一八カ月ごとに引っ越しをしていることに気づきました。また、このようなことをすると、銀行や他の金融機関におかしな人だと思われて、ローンが組みにくくなることにも気づいたのです。このことから、彼らがどのようなパターンを持っているかは推測できますすね？

自分自身のパターンを知ることで、あなたの人生で起こっていることを理解できますし、予測することもできます。ある秋のこと、私の〝変化の体内時計〟のベルが鳴り、突然、自分の住んでいる場所で気に入らないところがいろいろと目につき始めました。引っ越しの虫が騒ぎ始めたのです。私は、自分に言い聞かせました。今はビジネス上のプロジェクトをいくつも抱えていて、銀行からの支援を必要としている。だから、安定していて普通の人だと思ってもらう必要がある、と。そこで私は、リビングルームの壁を塗りなおし、新しい家具をいくつか買って模様替えをすることで、住んでいる場所を一新しました。そして、ビジネスに必要な財政的支援が得られたのちにすぐさま新居を購入しました。それから一六年、手直しを加えたり改装したりしつつ、なんとかその場所にとどまり続けました。もちろん、私は頻繁に旅行へ出かけるので、厳密にはそこでまるまる一六年間暮らしたわけではありません。

私の友人で、仕事と勉強に関して、強いオプション型と強い相違重視型を併せ持つ人がいます。彼女は、違う町にある三つの大学院の修士課程に入りましたが、結局修了しませんでした。そして、バックグラウンドの異なる子供を三人養子に迎えました。彼女は、最初の四年制大学を卒業したあと、学校へ入りなおして看護師になりました。人の世話をすることが大好きだったので、病院の仕事は断続的にやっていました。それでも、たいてい、しばらく働いて仕事の手順に慣れてくると嫌気がさして辞めてしまいました。変化のパターンは平均一～二年で、状況によっては六カ月という短さでした。

学生としても、問題を抱えていました。一度読んだ本を読み返すことが耐えられないのです。何か違うものが読みたくなるのです。私と一緒にプロファイリングをして、彼女は「この修士課程はきちんとやり抜いて修了する」と心に決めました（内的基準型のパターンも持っています）。これが三度目の挑戦でした。修士の学位のために、種類の異なるプロジェクトをいくつも組み込みました。夫が研究休暇に行ったときには、彼女もアジアに行って研究プロジェクトを行い、修士論文に備えました。自分の活動に相違重視型を織り込む方法を見つけたのです。やがて彼女は博士課程を修了し、三年間で二度転職しました。

夫のほうには進展重視型のパターンがありました。物事が徐々に変化し、進展することで、やる気が高まります。彼女のほうは、いつも変わり続けることを好みます。この違いは、結婚生活へどのように作用するでしょうか。私たちの誰もが実際には「自分の作った現実」の中で生きているので、夫が物事は良くなっていると考え、彼女が物事は丸っきり変わったと考えているかぎり、「相手のパターンは何か」など気に留めることはありません。ある日、彼女が丸っきり模様替えした家具に夫が脚をぶつけでもしないかぎり、気にかけることもないでしょう。

夫婦やパートナーが異なるパターンを持っている場合には、自分自身の変化に対するニーズと相手の変化に対するニーズを理解し、お互いのニーズが満たされていると感じられるようにすることが大切です。

求める人材の変化対応性は?

人を雇う際にもプロファイリングを用いることができますが、考慮する点がいくつかあります。その仕事には、さまざまな異なる作業が関わっているのか。個々の作業はどれくらいのあいだ変わらないのか。目標を達成するのに劇的な変化を起こす必要があるのか(相違重視型)。すでにあるものの上に何かを積み上げていく必要があるのか(進展重視型)。それとも、現状を維持する必要があるのか(同一性重視型)。そして、それぞれがどの程度必要なのか。

相違重視型のパターンの強い人で、特に、主体・行動型とオプション型のパターンを併せ持つ場合には、周囲に大きな変化を引き起こすことが予測できます。事実、オプション型と相違重視型を併せ持つ場合には、限りなく変化を求めます。以前、こうしたクライアントに二年ぶりに連絡を取ろうとして、彼が働いていた職場へ電話をしたところ、もちろん退職してどこかへ移ったあとでした。近年はソーシャルメディアのおかげで転職をくり返す人でも検索して見つけることができるようになりました。便利になったものです。

以前、ある男性のプロファイリングをしたとき、相違重視型のパターンが、キャリアにどのように反映されているかお話ししたことがあります。そのとき、彼は三〇年間、ずっと高校の教師や校長をしてきたと反論しましたが、私は、今までに何校ぐらいで働いたのか尋ねてみました。すると、一七校という答えが返ってきました。このように、パターンを知ることで人の過去を推測できるようになります。パーティーの席でも使えるかもしれませんね。

仕事の場面では多くの人（六五パーセント）が進展重視型のパターンを持っているので、このパターンを持つ候補者に出会う確率は高いはずです。多くの仕事では、着々と進歩を重ね、向上していける人が必要とされています。実際問題として、急激な変化を必要とするポジションはそれほど多くはないでしょう。

同一性重視型のパターンが強い人を惹きつけるには、維持、安全、安定などについて語ってください。進展重視型のパターンが強い人には、向上、改善、成長、強化について話すとよいでしょう。さまざまな短期プロジェクトを扱う立場の人に向けては、新しい、異なる、短期プロジェクト、ほかにはない仕事内容などといった言葉を使うと効果的です。

職種によっては、ある特定のパターンを持つ人を自然と惹きつけるものがあります。新規事業には新しくて違ったことをしたいと思う人が集まります。公立学校の教職は、同一性重視型のパターンが強い人を惹きつける傾向があります。彼らは、義務教育で一二年間を過ごし、大学（または別の種類の学校）へ進学し、その後また学校のシステムに戻るのです。学校のカリキュラムやテストのやり方、教師を評価する方法などを変更することが難しい理由の一つがここにあるのかもしれません。

急激な変化対応が苦手な人材

同一性重視型が強い従業員の場合、変化にうまく対応することができません。彼らは管理業務や製造業務のように、変化を伴わない業務に向いています。管理職がこのパターンの場合、仕事の水準を高めに設定して、継続的に努力します。顧客と長期にわたって信頼関係を維持するのにはうってつけです。同一性重視型の従業員のやる気を高めるには、今与えられている業務と彼らがすでに経験した業務とのあいだにどのような共通点があるかを示してあげるとよいでしょう。

進展重視型の従業員は、あまり激しくなければ、年に一度くらいの変化は受け入れられるでしょう。急激な変化が起こる環境に置かれると、ストレスを感じます。仕事が進んでいる手応えを感じることでやる気になります。彼らに興味を持って仕事に取り組んでもらうには、進歩や改善を実感できるようにしてあげることが大切なのです。どうしたらもっとうまくいくのか、今までしてきたことをどのように発展させていったらいいのかといったことを説明してあげることで、仕事へのやる気は高まります。

変化対応が得意な人材

相違重視型の興味を惹くには、いろいろな課題をたくさん与える必要があります。もし彼らが主体・行動型でもあるなら実際に変化を起こさせ、反映・分析型なら変化について考えさせるようにします。こうしたことが日常茶飯事の企業もあります。相違重視型のパターンが強い人は、自分たちがしていることがどれほどほかとは異なっているかを知りたがります。私が本の内容を改訂したり(進展重視型の言語)、新版を出したり(相違重視型の言語)するたびに、私は何度となく新しい内容について尋ねられます。相違重視型の人が知りたがっていることは何なのかがおわかりいただけるでしょう。

抵抗感の少ない伝え方をする

その昔、大企業にはタイプ課と呼ばれる部署がありました。タイプ課で働く多くの人たちは、時には一五年、二〇年、二五年というように長期にわたって勤務し、一日中、書類をタイプしていました。そうした中、ある奇跡が起こりました。ワープロが発明されたのです。変化を求める人たちは、この画期的な機械がさまざまな可能性をもたらすと考え、とても興奮しました。そして、タイプ課に勤務する従業員にこの機械の登場を告げたのです。

「わが社は、みなさんの仕事に劇的な変化を起こすまったく新しい機械を購入しました」

すると、多くの人たちが会社を辞めてしまいました。数え切れないほどの人が、パニックを起こして、こう言いました。

「これを身につけるには年をとりすぎたわ。私には無理。能力もないし」

まもなくタイプ課は完全にその姿を消してしまいました。

この話の教訓は、画期的な機械云々ということではありません。仮にあなたが一五年以上タイプを打ち続けてきた人だったとしたら、この劇的変化に本当に興味を持てたでしょうか？「変化」という言葉が、職場に不要なストレスと抵抗を引き起こしたのです。「新しい」という言葉は忘れるべきでした。「劇的」という言葉も忘れるべきでした。同一性重視型でプロセス型のパターンを持つ人たちに、よりふさわしい言葉は、次のようなものなのです。

「わが社では、タイプライターとよく似た機械を購入しました。これには今までと同じタイプのキーボードが使われています。より速く、より仕事をしやすく、より簡単に間違いを直せるように、キーが少しだけ追加されています。しかし、基本的には同じものです。どのようにして、この機械を使うか、これからご説明しましょう」

企業は、従業員の多くが矢継ぎ早の改革を前に尻込みしていることに気づき始めました。多くの企業で「継続的改善」プログラムが導入されましたが、「劇的変化」プログラムとは名づけられませんでした。

この教訓は何度も繰り返し学ぶ必要があるようです。多くの企業では、従業員の傾向を考慮することなく、頻繁に組織改編、業務再編、技術変更、新規ソフトウェアの導入を行っていますが、重要な技術的・組織的改革に際しては、従業員を知り、告知や実施を計画することで、しっかりとした準備をしておくことが肝要です。影響を受ける人たちに響く言葉を選ぶことで、変化を定着させるチャンスを飛躍的に向上させることができるからです。何かを変えることが目的であって、ストレスや抵抗を生み出すことが目的ではないことを忘れてはなりません。

組織内に新しいことを導入したり実施したりする人は、自分自身、変化に対する欲求が高いようです。そのため、環境とミスマッチしていることが多く、結果として影響を与えたい人たちと同じ言葉で話ができていないのです。

度重なる変化にうろたえる従業員のストレスを軽減する方法

ストレス性疾患を減少させ、従業員に変化の多い、大きなストレスを伴う環境下で働いてもらうには、プロセス型と同一性重視型の影響言語を使いながら、戦略を発表して実行に移すことが大切です。そうすれば、従業員は新たなことであっても親近感をおぼえ、自分がすべきことがおぼろげながらも理解できるのです。「このプロセスを導入するにあたって（「新しい」という言葉は避ける）、みなさんがすでにご存じの、またこれまでもずっと実施してきた優先事項は現行のまま維持しますし（同一性重視型）、一つ一つ段階を踏んで（プロセス型）使う手順を教えていきます（プロセス型）ので、全体的にスムーズに流れる状態を維持できるでしょう（主に同一性重視型でプロセス型）」。このように同一性重視型とプロセス型に響く言葉を使って物事を実行していくと、うろたえている従業員のストレスを軽減することが可能です。

ニュー・コカ・コーラ？

何度も繰り返しますが、しっかりした市場調査に勝るものはありません。昔の話ですが、とてもわかりやすいマーケティングの失敗例として、「ニュー・コカ・コーラ（ニュー・コーク）」を覚えていますか？　とても人気のあるソフトドリンクを新しい調合で作り、一九八五年の四月から七月までという非常に短い期間販売された商品です。ニュー・コカ・コーラを味見したとき、それまでのコークよりもおいしいことは明らかでした。しかし、商品のネーミングに関しては、充分に検討されなかったのです。

コカ・コーラ社はその時の失敗について、次のように述べています。「およそ二〇万人の消費者による試飲調査を行い、彼らの好みに合わせてコカ・コーラの伝説的な門外不出の調合は変更されました。振り返れば当然のことなのですが、その調査で我々が認識できていなかったのは、消費者がこれまで飲んできた自分たちのコカ・コーラに感じている絆でした。それはだれにも、わが社でさえも介入することのできないものでした[1]」。

このカテゴリーに関するパターンの分布を検証してみましょう。ロジャー・ベイリーの調査によると、仕事の場面では、最大で三〇パーセントの人たちが、新しいものに興味を持っています。しかし、これはソフトドリンクの話です。いったいどれだけの人が、なじみがあって、信頼していて、ずっと飲み続けてきたものに代えて、新しいソフトドリンクを飲みたがるでしょうか。それほど多くないことは明らかでした。コカ・コーラ社はこれを踏まえ、市場に従来のコークを戻しました。そしてそれを、同一性重視の言葉で「コカ・コーラ・クラシック」と名づけたのです。「コカ・コーラ ゼロ（男性向けのカロリーゼロ・砂糖不使用のコーラ）」などの新製品を発表する際に、新しいことを想起させる名称を用いなかったのは言うまでもありません。

その点、カナダのビール「ラバット・ブルー」は明らかにパターンを理解していました。彼らは「いつものやつに飽きたかって？ そんなことはない」というコピーで、看板広告を製作しました。ごく小規模な醸造所が作ったビールを好む人が頻繁に新しい味を求める一方、大企業の広く知られた銘柄のビールを好む消費者は同一性重視型のパターンを持っているように思います。

アメリカでは「マーシャルズ」、カナダでは「ウィナーズ」といった衣料品・インテリア用品店は相違重視型のコピーで女性の心を摑んでいます。「ひと味違うお店です」、「マーシャルズには、いつも新しい掘り出し物があります。あなたのお気に入りに加えてください」。

市場のほとんどが同一性重視型のパターンであるなら、新製品が既存製品とどれだけ同じであるかをはっきりと示す必要があるでしょう。その製品が、今まで信頼して使ってきたものと同じように見え、聞こえ、感じられるものでなければなりません。「*You Can Always Count on Us*（いつでも頼りにして）」や「*We'll Always be There*（いつもここにいるよ）」など、ロック・ヴォイシンのヒット曲のように。したがって、新しい製品やサービスを提供する場合には、創造力が試されることになります。こういうのはいかがでしょうか。「〜だった頃を覚えていますか？　帰ってきました。昔と同じように、さらに良くなって」

進展重視型を持つ顧客は、物事が改善されていくことを求めます。製品やサービスが、競合他社のものよりもどのように優れているのかを示さなければなりません。また、どのように生活がより良くなるのか（目的志向型）、どのように面倒が減るのか（問題回避型）を知らせなければなりません。このパターンの人たちは、まったく新しいソフトウェアを買うよりも、アップグレード版の購入を好みます。

相違重視型を持つ人たちは、今までなかったものや人と違うものを求めます。「ご近所ではお客様だけですよ」（外的基準型）、「お客様ご自身で、この独自性をご確認ください」（内的基準型）というように。

とはいえ、つねに人の心を惹きつけていたければ、こうしたコピーやトークは改良を重ねていかなければなりません。今となっては時代遅れですから。

セールスとマーケティング

セールスとマーケティングには、重要なコンテクスト（状況）が二つあります。一つ目は見込み客の興味を引くこと、二つ目は彼らに購入プロセスを始めてもらうことです。オンライン、街頭、ショッピングセンターといった場所で人の関心を引くためには他社よりも目立つ必要があります。つまり、相違重視型の要素が必要だということです。オンライン広告は色合いや動き、刺激的な見出しを使って、何としても見る人の注意を引かなければなりません。このコンテクストでは相違重視型のパターンが必要不可欠です。しかし、注意を惹きつけた後は、ターゲットにしているグループが持っている変化・相違対応のパターンに合わせることが大切です。

多くの金融機関について言うと、顧客はよりよいサービスと商品を期待はしていますが、自分の口座を担当するマネジャー、ウェブサイトの使い方、書類、従うべき手順については、同一性重視型であってほしいと考えます。

コンサルティングやトレーニングの分野では、「シャイニー・オブジェクト症候群」のクライアントによく出会います。彼らは、新しいツール、新しいコンサルティング、新しい方法論に夢中になり、組織全体を巻き込んでその新しい仕組みを学んで実行することに情熱を傾けます。コンサルティングをして、一回目のセッション後、クライアントからの反応がなくなることが間々あります。なぜでしょう。彼らが目の前に現れた次のシャイニー・オブジェクト（輝いて見える新しい対象）に取り組むのに夢中になってしまうからです。解決法ですか？　組織やそこで働く人々にとって本当に有益な違いを生み出せるようなプロジェクトに対して、クライアントが責任を持つよう（そして支払うよう）、約束をとりつけてください。プロジェクトは小さい実験的なものではなく、大きな意義のあるものにしてください。正当な対価を請求することも大切な要素です。

購入部門と末端（エンド）ユーザーのパターンが違う

ソフトウェアを購入するコンテクストと使用するコンテクストには興味深い違いがあります。大手ソフトウェア会社数社と仕事をしたときのことです。私たちはその二つのコンテクストの間に対立が生じていることに気づきました。企業がソフトウェアを購入する際には、相違重視型とオプション型が反映されます。彼らはアップグレード版や新しいソフトウェアを購入する際、既存のものとは外見も中身もまったく異なるもの、（たとえすぐに必要にならなくても）より多くのアプリケーションが付属しているものを求めます。気の毒なのは末端（エンド）ユーザーです。一つ一つインストールし直して、すべてのことを一から学び直さなければなりません。ユーザーの側は、同一性重視型とプロセス型の組み合わせ（コンビネーション）を持っていることが多いのです（ソフトウェアとなると私も同様です。ソフトウェアが変わるとイライラします。使い方を身につけるのにふたたび何時間も費やすのが嫌だからです）。

ソフトウェア会社のために、私たちは購入部門と末端ユーザーの両方のパターンが反映されるように、販促資料と販売手順を作り上げました。そこには、新たにソフトウェアのアップグレードをするにあたって、ユーザーのやる気を高め抵抗を和らげるための方法が、購入部門に向けた指導内容として記載されています。

POINT

変化・相違対応

■同一性重視型

物事が同じ状態であることを好みます。一五～二五年に一度くらいは、変化を引き起こすでしょう。

■進展重視型

時間をかけて、物事が徐々に進展していくことを好みます。五～七年に一度、大きな変化を求めます。

■相違重視型

つねに劇的な変化を求めます。一～二年に一度、変化を起こすことでしょう。

■進展・相違重視型

ゆるやかな変化と劇的な変化の両方を好みます。大きな変化は平均で三～四年に一度起こります。

パターン別分布（コンテクストは仕事）

同一性重視型　五パーセント
進展重視型　六五パーセント
相違重視型　二〇パーセント
進展・相違重視型　一〇パーセント

（ロジャー・ベイリーの資料による）

質問

「去年の〇〇（仕事・職務など）と今年の〇〇（仕事・職務など）の関係はどのようなものですか？」

影響言語

■同一性重視型
～と同じ　すでにご存じのように　以前のように　まったく同じ

■進展重視型
もっと　より良く　より少なく　～を除いて同じ　進化　進歩　ゆるやかな進歩
アップグレード

■**相違重視型**

新しい　まったく違う　完全に変わった　切り替え　変更　ユニーク　比類ない　真新しい

■**進展・相違重視型**

より良く新しい　改善のためのまったく違うアプローチ　ゆるやかに変化する　よりリラックスした状態へ移行する　まったく新しくて以前よりもはるかに優れている

LABプロファイル・ワークシート（動機づけの特徴）

次のページをめくると、「動機づけの特徴」のプロファイリング用ワークシートがあります。これを使うことで、LABプロファイルの質問をして、相手のパターンを識別できるようになります。シートは、第3部「内的処理の特徴」の終わりにもあります。「動機づけの特徴」と「内的処理の特徴」の両方を含むワークシートは、巻末にあります。

シートの左側には、質問事項が載っています。質問中の「〇〇」はコンテクストを表します。主体性（主体・行動型と反映・分析型）に関しては、質問がありません。その人が話しているときに、ただそのパターンを注意深く聞き取るだけでよいからです。シートの右側にはパターンと、パターンを認識するときに役立つヒントを載せてあります。

私がプロファイリングをするときには、たいてい、主体・行動型と反映・分析型の両方に一つずつチェックマークを入れることから始めます。六〇～六五パーセントの人がその中間にいるからです。その後、面接をしているあいだに、もしどちらかのパターンに偏っていれば、適切なほうにチェックマークを付け足していきます。

変化・相違対応のカテゴリーにおいて、進展重視型と相違重視型両方のパターンを持っている場合、通常、それぞれのパターンが出てきたところで進展重視型にも、相違重視型にもチェックマークを入れます。そうすることで、それぞれのパターンをどの程度持っているかを感覚的につかむことができるからです。

また、あるパターン特有の表現については、そのつど書き留めていきます。こうしておくことで、結果について相手と話し合うとき、ある特定のパターンで物事を見ていることを確認できるのです。

相手にフィードバックする

LABプロファイルの結果を解説するとき、目的志向型や問題回避型といった専門用語を使うことは避けましょう。パターンから読み取れる特徴を簡単に説明してあげるほうが、より意味のあるものになります。たとえば、「あなたは目標に向かって進むことよりも、問題を解決したり、トラブル・シューティングをしたりすることのほうが好きですね。解決するべき、もしくは避けなければならない問題があるときに、やる気になるようですね」という具合です。プロファイリングの知識があまりない相手と話をするときのために、各カテゴリーとパターンのまとめを、わかりやすい言葉で巻末に用意しました。

LABプロファイル　ワークシート（動機づけの特徴）

クライアント氏名 ______________________　　所属 ______________________

担当 ______________________　　コンテクスト ______________________

年月日 ______________________　　プロファイラー氏名 ______________________

質問	カテゴリー	パターン：特徴
	主体性	
（質問なし）	________	主体・行動型：行動、する、やる、短く明快な表現
	________	反映・分析型：理解する、考える、非断定的な表現
	価値基準	
あなたにとって、〇〇（例：仕事）で大切なことって何ですか？		
	方向性	
それ（価値基準にあたるもの）って、どうして大切なのですか？（3回質問を繰り返す）	________	目的志向型：達成する、獲得する、ゲットする
	________	問題回避型：避ける、取り除く、問題を認知する

判断基準

○○（例：仕事）がうまくできたなって、どのようにしてわかりますか？	______	内的基準型：自分の感覚でわかる
	______	外的基準型：人に言われてわかる、数字や情報でわかる

選択理由

どうして今の○○（例：仕事）を選んだのですか？	______	オプション型：価値基準、機会、可能性、多様性
	______	プロセス型：経緯、どのように、必要性、選んでいない

変化・相違対応

去年の○○（例：仕事）と今年の○○（例：仕事）の関係はどのようなものですか？	______	同一性重視型：同じ、変わらない
	______	進展重視型：もっと、より～、比較
	______	相違重視型：変化、新しい、ユニーク、斬新
	______	進展・相違重視型：新しく、より～

第3部

内的処理の特徴

第3部では、人はどのように情報を扱い、置かれたコンテクストの中で力を出し切るにはどういった仕事や環境を必要とするのか、そして、物事をどのようにして納得するのかということを解説します。

カテゴリーごとに、人が最も生産的に働くにはどうすればよいか、そしてそのためには何が必要なのかという観点から、他者を分析できるようになります。

第3部の終わりに、内的処理の特徴に関するワークシートがありますので、各カテゴリーの質問やパターンの特定とその対処法を習得する際にご活用ください。

第9章

スコープ——詳細型／全体型

人はどのように情報を捉えるのでしょうか。
全体像を必要としますか？　それとも、細かい情報を必要としますか？

このカテゴリーを活用すると、相手が物事を全体像や輪郭で見ているのか、詳細な部分で見ているのかがわかります。パターンは次の二つです。

詳細型

詳細型が強い人は、物事の細かい部分を扱うのが得意です。極端な詳細型になると、全体像や概要を把握することができません。情報については、細部に至るまで一つ一つを一本の道筋をたどるように捉えます。詳細型は、木を見て枝を見て、はたまた小枝まで見て森を見ず。その結果、物事に優先順位をつけられないこともあります。順を追って物事を処理している途中で邪魔が入ると、最初からやり直すか、途切れたピッタリのところからやっていたことを再開します。詳細型は、イベントを計画したりサポート業務を手配したりするような、細部にわたって細やかな神経を必要とするような仕事で力を発揮します。

全体型

全体型が強い人は、物事の概要を把握したり物事を概念的に捉えたりして業務を進めることを好むため、詳細に目が行くのはほんの限られた時間だけです。物事を全体像で捉えるため、思いついたことを脈略なく次々と提案してしまうこともあります。「森全体」を見ているため、長時間一本一本の木に集中しなければならなくなると非常にいらだちを覚えます。

パターンを見分けるには

このカテゴリーを見極める特別な質問はありません。言っていることに耳を傾けるだけ

パターン別分布（コンテクストは仕事）

主に詳細型	詳細型と全体型が半々	主に全体型
15%	25%	60%

（ロジャー・ベイリーの資料による）

で、その人が全体型なのか詳細型なのかを見分けることができます。

確実に相手のパターンを見定める方法のひとつは、ＬＡＢプロファイルのインタビューに要する時間を計ることです。すべてのインタビューをし終わるには、通常で五〜八分かかります（フィードバックの時間は除く）。ところが詳細型が強い人にインタビューする場合には、それよりもずっと時間がかかるのです。

ここで、会話の中でパターンを見分ける方法をあげておきます。

質問

このカテゴリーには、質問はありません。会話の中でパターンを見分けます。

詳細型の言葉の特徴

・流れに沿って一つ一つ話していく
・修飾語、副詞、形容詞を多用する
・固有名詞を使う
・話が中断されると、初めに戻って話し始めるか、話が途切れたピッタリのところからもう一度話し出す
・話している事柄について、その前後については把握できているが、概要についてはあまり理解できていない

全体型の言葉の特徴

・脈絡なく提示する
・全体像・概略で把握する
・物事を概念的・抽象的に捉える
・簡潔な文章で、修飾語や細かい説明は少ない
・言葉数が少ない

発言例

■詳細型

「昨日の朝一〇時に、ジョージと私はローマからのお得意先のヴィヴァルディ氏と会いましたが、そこで三年目の業務契約更新についての話がありました。話の中で、今回の契約から、商品発送の際、梱包にかかる経費を当社に負担してほしいという要望が出されました」

■主に詳細型

「昨日の朝一〇時にジョージと私はローマからの顧客のヴィヴァルディ氏と会って業務契約の更新について話し合いました。今後、梱包費をこちらで負担してほしいとのことです」

■詳細型と全体型が半々

「昨日、ヴィヴァルディ氏からジョージと私に対して今後、梱包費をこちらで負担してほしいとの要望が出されました」

■主に全体型

「今後に向けて、ヴィヴァルディ氏は契約内容を変更したいそうです」

■全体型

「ローマの顧客が再交渉したいそうです」

パターンの組み合わせ（コンビネーション）

よく訊かれる質問です。ある人が第7章の「選択理由」で説明した「どうして」の質問に対して物語風に答えを語り始めたら、どのようにしてその人が詳細型かプロセス型かを見分けるのでしょうか。「どうして」の質問とは、たとえば「どうしてあなたは今の仕事を選んだのですか？」といったようなものです。詳細型とプロセス型を区別するためには、話の中でどれほど詳細について語られるかに注目する必要があります。ここでいくつか例をあげてみましょう。

■主に全体型かつプロセス型

「別にこの仕事を選んだわけじゃないんです。以前違う会社で働いていたんですが、その会社が従業員をたくさん解雇しまして……。今の仕事の求人があったとき、失業中だったので、応募して採用されたというわけです」

■プロセス型で主に詳細型

「私は七三年から九一年まで、フーフェド・クッキーズ飲料という会社でエンジニアとして働いていたのですが、会社の経営が悪化して、経営再建のために二五〇人もの従業員が解雇されました。私の部署も閉鎖に追い込まれ、私は八カ月半仕事がない状態でした。その間三つの地域で三〇社ずつ応募したんですが、ある日ミラクル・クリーニングのステファニー・スロブドノヴィッチ氏に電話をいただいて、翌日の朝一〇時に面接を受け、採用されました」（多くの内容を順を追って詳細に語っているが、なぜその仕事を選んだかという価値基準の話はない）

■詳細型かつオプション型

「この仕事はまさに私が探していたものでした。いろんな人と一緒に働ける仕事です。本当にいろんな人と一緒に……。背の高い人、低い人、太っている人、痩せている人や、カーリーヘアの人、細い髪の人や頭のてっぺんに髪のない人……」

最後の答えは、物語ではなくすべて価値基準（クライテリア）を述べたもので（それゆえオプション型）、いらつくほど微細にわたる説明がなされています（この表現で、私がどのパターンかおよその見当がつくことでしょう）。ここで一般的な話ですが、日々の会話の中で相手のパターンがわかるようになってくると、時には一文聞いただけで、たちどころにさまざまなパターンを見極めることができるようになってきます。

影響言語

一般的に、会話の中で使われるパターンに合わせた話し方をすることが大切です。

詳細型
正確に言って　まさに　詳しく説明すると　ディテール（詳細）
＊話すときに順を追って話す。多くの形容詞を使う。

全体型
全体像　ポイント　本質的に　大切なことは　一般的に　概念

全体型と詳細型が理解し合うには

全体型が強い人と詳細型が強い人がコミュニケーションをとり、交渉や問題の解決をする場面では、多くの誤解や解釈の違いが生まれます。たとえば詳細型の状態に入っている人は、問題となっている細かい点を一つ一つあげ、順を追って話をしたがりますが、全体型は要点のみを押さえようとします。詳細型と全体型とでは、同じ情報でも情報の細部に神経がいくか大まかに捉えようとするかで、着目する点に大きな違いがあるのです。

一　全体型が細かい点について考えることができるのは、ほんのつかの間で、すぐに飽きてしまいます。詳細な点に振り回されるのが嫌になり、そこで聴くのをやめる人もいれば、席を立つ人、大声で怒鳴る人などさまざまです。

二　詳細型は、状況を相手に正確に伝えるため、極力詳しく細部にわたって情報を語ろうとします。詳細型には、全体型がなぜ状況を要約しようとするのか理解できないかもしれません。

三　全体型は大まかな話し方をするため、話している内容が正確に伝わらないことが多々あります。それゆえ、詳細型に信用してもらえず、真意を理解してもらえないという結果を招くこともあります。

では、このコミュニケーション・ギャップへの対処法はあるのでしょうか？　驚かれるかもしれませんがいくつかあるのです。ただし、一方が詳細にこだわっているので、この状況を打開するにはしばらく時間がかかることは覚悟しておいてください。詳細型は、「契約」の内容の詳細などをきちんと確認する必要がある場合には、非常に力を発揮します。細かい点に至るまで見落としがないため、後々時間の節約にもなります（細かい点を見落とすことが多いのは、全体型に目的志向型が加わった場合です）。

詳細型と全体型の両方を兼ね備えている人に、コミュニケーションがうまくいかない二人を取り持ってもらうのもひとつの方法です。ある意味で二人の通訳をしてもらうようなものです。そして、仲介役になった人は、詳細型と全体型で話している二人に対して、お互いアプローチの仕方はまったく異なってもそれぞれに長所があり、また、双方ともに間違っているわけではないことを納得してもらう必要があります。

詳細型には、論点や価値基準を再確認し、ある程度全体像を捉える表現を織り込みつつ、これからの話の進め方について前もって話しておく必要がありますし、全体型には、まず「大切なのは、お二人がお互いを理解することです。私がお手伝いしますから」と要点を述べてから話に入ってください。

ほかにも全体型に理解してもらえるよう、詳細型に大切な点だけを書き留めてもらう方法もあります。また、詳細型にわかりやすいように、全体型に対して「間違いないということがどうしてわかるのですか？」「もう少し具体的な例をあげてもらえませんか？」「もっと正確に言うと、どんな感じになってほしいのですか？」といったような知覚に訴える質問をするのもひとつの方法です。

詳細型と全体型のそれぞれの長所を最大限に生かすためには、契約書などのチェックは詳細型に任せることです（特に、もしその人が詳細型と問題回避型を持っているならば、細かいミスや抜けている点を鋭く指摘してくれます）。全体型には、今のまま進んでいけば契約にこぎつけることができるかどうかの判断を任せるとよいでしょう。

ここで大切なのは、詳細型と全体型が自分と相手の考え方や行動特性をよく理解しておくことです。相手の考え方や長所・短所を理解したうえで相手を受け入れ、相手に理解してもらえるようお互いに努力すれば、異なっていることが双方の利益に結びつくのです。

きわめて強い詳細型と会話する場合、どうすれば端的に話を進めてもらえるでしょうか。その人に「最後はどうなるのですか？」と質問してみるのもひとつの手です。少し意地悪をしているように思われるかもしれませんが、少なくとも詳細型の思考のプロセスを途中で邪魔することにはなりません。

ところで、私の経営するウィオンゴージー（weongozi・スワヒリ語のリーダー、ガイドという単語から着想を得た社名）というソフトウェア会社で以前Librettaというソフトウェアの特許を申請した際、素晴らしい弁護士と一緒に仕事をする機会に恵まれました。彼は、目の前にある複雑な仕事に取り組むのにぴったりな詳細型と全体型、主にプロセス型でほどよいオプション型を兼ね備えていました。俯瞰的に物事を見て全体的な戦略を決めることができると同時に、一つ一つの特許項目について細かいところまで注意を払うこともできました。打ち合わせでも、一つ一つの項目を段階を追って話し合うため、とてつもなく長い時間がかかりました。彼がとうとうと説明する子細事項を最初から最後まで聞くのは気が遠くなるような作業でしたが、どれもこれも重要な事柄で、聞き逃すまいと頑張ったことを思い出します。

詳細型の思考を途切れさせない

詳細型がどのように情報を処理するのかを、わかりやすく説明してみましょう。たとえば歌詞などは、脳の中に一本の道筋で記憶されるため、私たちは歌詞を覚えるときには、歌を最初から歌って覚えます。歌の途中で邪魔されると流れがわからなくなり、最初から歌い直さなければ思い出せません。話をしたり返事をしたりするから思い出せないのではなく、思考の流れが中断されるので、一から覚え直さなければならなくなるのです。「それからどうなったの？」という質問も、思考の道筋を遮ることなく、詳細型に話をスムーズに進めてもらうための質問です。「それから」という言葉には、その前後に起こったことが一連の流れで続いていることが表されています。また、その人が極度の詳細型でなければ、早送りをするようなイメージで、次へ次へと話を進めてもらうのもひとつの方法でしょう。

採用の場面で

募集をかける仕事は、長時間にわたって細かい内容をつぶさに見ていくことが必要とされるものでしょうか？　それとも、細かい内容に注意しなければならないのは、職責のほんの一部にすぎないのでしょうか？　たとえば簿記の仕事では、長時間にわたって細かい内容に集中できる能力が求められますし、財務戦略を立てるような仕事においては、全体を掌握できる能力が必要とされます。そして、人材管理やプロジェクト管理は、主に全体型資質が要求される仕事です。

製造業で求められる人材は通常、流れ作業のように連続した仕事ができる詳細型です。

全体型がこのような仕事をすると、細かいことに注意できないため、多くの失敗を経験することになります。品質管理部門では、プロセス型と問題回避型でかつ主に詳細型で行動する人材が必要とされます。

仕事をプロファイリングするときには必ず、「いったいどのくらい、詳細に至るまでの正確さを要求される仕事なのか」ということを把握しておいてください。薬の処方で「大まかにこのくらいの量で処方しておこう」などという薬剤師などごめんですものね。もっとも、今は機械がやってくれるから安心です。

部下に仕事を任せられない

詳細型と全体型を兼ね備えている上司の場合、部下は悲惨です。こうした上司は仕事の概要を把握したうえで、往々にして仕事のやり方まで、細部にわたって逐一部下に指示しがちだからです。詳細型と全体型の両側面に秀でている人は、上司になると、人に任せるよりも自分で処理したほうが楽に良い仕事ができると考えるため、なかなか部下に仕事を任せることができません。詳細型かつ全体型にチーム型〔訳注／第12章を参照〕が加わった上司の場合、どんな部門であっても部下に仕事を完全に任せることはありません。

この詳細型と全体型の両方を兼ね備えている場合の長所は、複雑な仕事をこなし面倒な分析もできるということです。精度を要求される仕事にも、概要を把握しなければならない仕事にも対応できるのです。

リーダーの采配

自分に対してリーダーシップを発揮するということも含めて、リーダーの行動として最も大切なことの一つは、目標に到達するために、今この時点（今日、来週、翌月）において、どの程度細かい情報に焦点をあてるべきかを決断することです。リーダーがタイミングを考えずに細かいことにこだわって身動きがとれなくなると、次のステップへ進むために必要不可欠な重要な事柄を見逃してしまうかもしれません。以前、とある新設校の校長と話をすることがありました。学校を急成長させるという熱い思いを持った彼に、私は今自分が担当している仕事が本当に彼のスキルを必要としているものなのかを確認し、そうでなければ、その仕事を他の人に任せるようにとアドバイスしました。

従業員もまた、自分が適切なスコープを持って仕事に取り組んでいるかどうか、自分にぴったりのレベルの細かさと全体像とはどのようなものなのかを確認する必要があります。ガブリエラという女性の例をお話ししましょう。ある時、ガブリエラの上司から、彼女にどう対応すればよいかわからず不満を抱えていると相談がありました。彼女の仕事はどれをとっても文句のつけようがない素晴らしい出来でしたが、部署全体でみると功績を上げているとはいえませんでした。彼女は営業部長でしたが、売上目標も達成していなかったのです。

ガブリエラも上司から否定的なフィードバックをもらって不満を抱えていました。上司も彼女の仕事ぶりが素晴らしいことは認めていましたが、しきりに「彼女はわかっていない」と訴えていました。上司の不満は、彼女が将来的に会社に利益をもたらす大切な仕事には取り組まず、細かいことにばかり注目していることでした。彼女には、自分のエネルギーと時間をどこに注げばいいかを見極めるために、広い視野で全体像を見ることができていなかったのです。話を聞きながら、私にも昔、彼女と同じような部下がおり、自分の仕事に優先順位をつけるという感覚を持ち合わせていなかったことを思い出していました。

ここでお勧めしたいのは、取り組まなければならない問題や課題とともに、常に目標と目的を心にとどめておくことです。そして、それにきちんと対応できているかどうか、今

（あるいは今月、今週、今日、そして現時点で）取り組んでいることがあなたを前進させるために役に立っているかどうかを定期的に確認することです。そのために、広い視野を持ち、まるでヘリコプターに乗って高いところから過去、現在、未来を眺めるように、自分の仕事や役割について全体像を把握するようなイメージを持ってください。そうすることで、何に焦点をあてるべきなのか、今よりもっと的確な判断ができるようになるでしょう。

情報の見せ方に一工夫

全体型を持つ見込み客は、自分の価値基準に合う大まかな説明を求めます。そして当然のことながら、詳細型を持つ見込み客は、必要な情報がすべて整然とリストアップされていることを望みます。工業製品やソフトウェアの広告には、通常、詳細型にアピールするような細かい説明が整然と掲載されています。このような広告を全体型にも訴えるものにするには、商品の画像と二〜三行のキャッチコピーを一緒に掲載するとよいでしょう。

企業が入札する際には、購買者グループの中に詳細型が多いのか全体型が多いのか、もしくは両者ともに含まれているのかは、わからないものです。情報が多すぎると全体型にはアピールできず、少なすぎれば詳細型には訴える力が乏しいことがわかっていれば、なぜ、どちらともに合う入札の仕方を工夫しないのでしょう。入札には多くの情報が必要です。全体型には、概要を記載し、彼らが全体像を描くのに必要な詳細情報は見出しでわかるようにしてあげればよいでしょう。詳細型、そして詳細型・全体型を両方兼ね備えている場合は、決定を下すにあたってあらゆる情報を必要とするのです。

大企業や政府系機関を相手にした入札ではよくあることですが、相手側の決定権者のLABプロファイルのパターン傾向がわからないときがあります。そのようなときのために、私はProposal Template（提案書のひな形）を開発しました。このテンプレートを使うと、相手の主要なパターンにアピールする構成で提案書を作ることができます。

全体型は具体性を重視しない

計画を立てている時は、主に全体型から詳細な手順に移行できることが重要です。三〇代後半のある男性と話す機会がありました。彼は仕事に行き詰まっており、鬱状態になって仕事も休みがちでした。

彼の目標を確認し、目標を達成する方法について話し合ったとき、彼は「自分の仕事に満足したい」「一人では働きたくない」といった漠然とした考えから抜け出せないでいました。また、これまで自分に合わない仕事に就いてかなりの時間を無駄にしてきたので、何としても自分に合った仕事を見つけたいとも話していました。やる気が持てる仕事や環境を見つけ出そうと悪戦苦闘して、とてつもなく大きなプレッシャーを自分に課し、追い詰められて身動きがとれない状態でした。

その時の彼は、反映・分析型、全体型、問題回避型、オプション型、ストレス反応の感情型を組み合わせた状態でした。これらの組み合わせのせいで、彼は堂々巡りをしていたのです。考慮すべき概念について、あれこれ漠然と（オプション型・全体型）、じっと動かずに考えをめぐらせ（反映・分析型）、自分の考えのどこが間違っているのかはわかっているため（問題回避型）、大きなストレスを感じていました（ストレス反応の感情型）。

このような問題を抱えた人を助けるには時間がかかります。当の本人が現状にすっかりへきえきしていれば、必要なことは何でもするといったやる気につながるかもしれません。問題回避型のモチベーションです。誰でも時には、ある状況にうんざりして状況を変えたいという経験をお持ちでしょう。「今すぐに状況を変えたいほど現状にうんざりしていますか。それとも状況が悪化するまで待ちましょうか」

目的志向型アプローチは、その人が仕事でやる気を持ち、充実感を味わっていた時にはどのような状態だったか、その時の要因を思い出してもらうアプローチです。しかし、このためにはまず本人が充溢(じゅういつ)しており、余裕があり、集中できる状態でなければなりません。いずれにしても、ここでお話しできること以上の情報が必要になるでしょう。しかし、本人が反映・分析型、全体型、オプション型の状態から、主体・行動型、詳細型、プロセス型へ移行する必要があることに変わりはありません（このやり方について、詳しくは第21章をご覧ください）。

全体型の傾向が強い場合は、適当な順番で話します。全体像を見ているのです。彼らはアイデアや事象の全体的な関係を見ているので、個々のアイデアや事象の繋がりを具体化することが、さほど重要だとは思いません。結果的に、話している内容がわかりにくいことも、多々あります。詳細型モードがとても強い状態の人は、たいていの人の許容範囲を超えた、非常に細かい内容を話す傾向があります。ＣＦＯ（最高財務責任者）が聴衆に向けてスピーチをした後で基調講演ができれば大変ラッキーです。ＣＦＯが話す内容は、ほとんどの聴衆がうんざりするほど詳細だからです。

人とコミュニケーションをしている最中に、自分が全体型すぎるかどうか、どうすればわかるでしょうか？　聞いている人の様子をよく観察してください。困惑した表情を浮かべていますか？　もっと話を聞きたそうにしていますか？　もっと情報が必要かどうかを直接聞いてみるのもいいですね。どの部分について知りたいのでしょう？　目の前の相手の反応に気付くことが大切です。もしあなたが全体型の傾向が強い場合には、質問に備えるために、ほかにどんなことが知りたいだろうかと想像してみてください。

もしあなたが過剰な情報を相手に伝える傾向がある場合は、「二文の原則」（Two Sentence Principle）が役立ちます。二文だけ話して、聞き手を観察し、反応に耳を傾け観察してください。（聞き手が一人であっても大勢であっても）相手はもっと話を聞きたがっていますか？　つまらなさそうですか？　心ここにあらずの状態になっているでしょうか？

POINT

スコープ

■詳細型
詳細な情報と物事の道筋を必要とする。全体像を見るのが苦手。

■全体型
物事の全体像・輪郭を見る。詳細な情報をあまり長く扱うのは苦手。

パターン別分布（コンテクストは仕事）

主に詳細型　一五パーセント
詳細型と全体型が半々　二五パーセント
主に全体型　六〇パーセント

（ロジャー・ベイリーの資料による）

質問
（特になし）

影響言語

■**詳細型**
厳密に　正確に　具体的に（詳細を与える）

■**全体型**
全体像　不可欠なことは　ポイントは　一般的に

第10章

関係性——内向型／外向型

他人の発する言葉以外の反応(ノンバーバルな)に敏感ですか？
それとも、自分の内側の世界にこもったままですか？

このカテゴリーでは、周りの人のボディ・ランゲージや声のトーンなどを無意識のうちに感じ取って反応するかどうか、またいつするのかが、明らかになります。パターンは次の二つです。

内向型

内向型の状態に入っているときにも感情は当然ありますが、あまり表に出すことはありません。時には、外からの刺激を受けてから反応を起こすまでに時間がかかる場合もあります。内向型は、いつも自分の理性が下す判断に基づいて行動し、相手の声のトーンやボディ・ランゲージや信頼関係（ラポール）には関わりなく、話された内容にだけ反応します。相手のボディ・ランゲージなどに気づかずに多くのメッセージを見落としてしまうため、なかなか深い人間関係を築き上げることができません。

周りの人の言葉以外の（ノンバーバルな）表現に無頓着なのです。コミュニケーションがうまくいっているかどうかの判断も自分の感覚だけで下すため、なかなかうまく人との関係を築き上げることができません。内向型は、人とのコミュニケーションがさほど必要とされない技術的専門職で力を発揮します。

外向型

外向型の状態にある人は無意識のうちに周りの人の身振り手振りに反応します。（同じ文化圏の他のパターンの人と比較して）非常にエネルギッシュで、周りの人の表情の変化や体の動き、声のトーンの変化に敏感に反応します。周りの人を意識的に、または無意識のうちに観察し、その反応を見てコミュニケーションがうまくいっているかどうかを判断します。外向型は、非常に巧みに他人と信頼関係を築き、維持します。もちろん、それは他のカテ

パターン別分布（コンテクストは仕事）

内向型	外向型
7%	93%

（ロジャー・ベイリーの資料による）

ゴリーのパターンも適切であればの話ですが……。

ロジャー・ベイリーの調査結果が一般的な職場環境にもあてはまるとすると、あなたが職場で出会う一四人に一人は、仕事の場面で主に内向型だということになります。私の経験から言えば、多くの人が、内向型と外向型の中間あたりに位置しています。

パターンを見分けるには

内向型・外向型のパターンを識別するのに特別な質問はありません。ボディ・ランゲージなど、言葉以外の情報に表れるからです。パターンを見分けるとき、私は偶然を装って、わざとペンを落としてみます。外向型の場合、ペンが落ちたのを見ると（あるいは落ちた音を聞くと）、とっさにかがんで拾ってくれます。また、電話で話しているときに、くしゃみをしたり咳をしたりして、相手の反応を確認することもあります。「大丈夫？」など、あなたの身体を心配する言葉が返ってくるでしょうか？　それとも何事もなかったかのように話し続けるでしょうか？

会話中のしぐさなどでもパターンを知ることができます。

内向型の行動の特徴

- 相手の言葉に対して、「うんうん」と相づちを打つなどの反応がない
- 言葉にされた内容にのみ反応する
- ペンが落ちても拾わない
- 声のトーンの変化に気がつかず、反応もしない
- 顔の表情や声の調子がほとんど、あるいは、まったく変化しない

外向型の行動の特徴

- 話の内容にも、言葉以外の表現にも反応する
- 受け答えの際にうなずいたり、聞いていることを身体全体で表現したり、相づちを打ったりする

・（同じ文化圏内の基準からすると）快活である

内向型には言葉で文字どおり伝える

たとえば私が、肩を落として唇をとがらせ、不機嫌そうな声で「今とっても幸せ」と内向型に言ったとしても、相手は「この人は本当に幸せなんだ」と思うことでしょう。こういった場合には、「私は本当に不愉快だし、イライラしているんだ」とはっきり言わないかぎりわかってもらえません。このパターンを持つ人と話すときには、言葉以外のメッセージや皮肉は何の役にも立たないのです。

職場では約七パーセントが内向型であるとされていますが、内向型と外向型の中間に位置している人、つまり、両者を兼ね備えた人というのはもっと多いはずです。ペンを落としてみるとわかります。ペンを見て、次にあなたを見て、またペンを見て、ようやく拾うようであれば、無意識に身体が動いて反応しているわけではありません。反応というのは、意識的に行う動作ではないからです。自分が話をするとき言葉以外の表現（顔の表情、ジェスチャー、声の抑揚など）があまりなくても、話し相手のそれに気づいて反応するようであれば、中間であると言えます。

内向型と外向型は、言葉で見分けることができません。行動を観察してはじめてわかります。

関係性について語るとき、ジュネーブにある欧州原子核研究機構（CERN）で数日間「コミュニケーションと問題解決セミナー」を行っていた際、受講者の中に強い内向型のエンジニアがいたことが思い出されます。ほかの参加者がかなりイライラしているにもかかわらず、彼はたびたびセミナーを遮って、セミナーの中で使われているさまざまな用語の定義づけを求めてきました。話の内容を彼なりに理解したかったのです。そして、「対峙テクニック」を実際に試してみるため、グループに分かれて練習するよう受講者に指示したときのことです。それぞれの人が順番にロールプレイをしているあいだ、一人の人がそこで起こっていることを観察しフィードバックするという内容でした。私が彼のグループに様子を見に行くと、彼は今にも泣き出しそうでした。観察しなくてはならないと頭ではわかっていても、いくら目を凝らし、耳をそばだてても、何が起こっているのか皆目見当がつかなかったのです。私はすぐにカウンセリングを行い、その時点で彼にできることを実行してもらいました。

ホスピタリティとは、相手（ゲスト）が望んでいることを、相手より先に察知することです。たとえば、招かれて行った家で、サラダのフォークがなかったとします。あなたが依頼しなくても、家人は気づいてフォークを差し出してくれるでしょうか？　内向型の場合、あなたがフォークを探していることにすら気づいてくれないので、あなたはフォークを持ってきてもらうよう依頼しなければなりません。

外向型と内向型のコミュニケーション

内向型が強い人は、社会生活のさまざまな場面で居心地の悪さを感じるのでしょうか、という質問を受けたことがあります。内向型の場合、普段どのようにしてコミュニケーションがうまくいっているかどうかを確認するのでしょうか？　このパターンが関心を示すのは言われた内容と、その内容に対して自分がどう感じたかということだけです。他人の言葉以外の表現には一向に気づきませんので、かえって気楽なくらいです。一方、外向型は無意識に相手のちょっとしたしぐさや声のトーンから、会話がうまくいっているのかどうかを判断します。外向型が内向型とコミュニケーションをとる場面では、内向型からは言葉以外の反応がないために、外向型が居心地の悪さを感じることがしばしばあります。

外向型が会話をするときには、その人と築き上げた信頼関係（ラポール）の深さが、話している内容と同じくらい大切になります。内向型の状態に入っている場合には信頼関係がどうかということに無頓着なので、話の内容や主張は、すべて言葉にしてはっきりと伝えなければなりません。

仕事の向き不向き

信頼関係（ラポール）を築きあげ、維持する能力が求められる仕事は、通常、内向型には向いていません。カスタマー・サービスや苦情処理などは難しいでしょう。内向型は専門の知識や技術が必要とされる分野で力を発揮します。

外向型で、かつ、ストレス反応のカテゴリー〔訳注／第11章を参照〕でチョイス型のパターンを持つ人であれば、他人に感情移入することも得意なはずです。

内向型はつねに内向型なのか？

さまざまな状況で内向型を示す人もいれば、ある特定の状況下でのみ内向型を示す人もいます。

あるご婦人に、「うちの夫は周りで何が起こっていても気づいたためしがない」とこぼされたことがあります。「つねにはっきり言わないとわかってもらえない」とのことでした。

人によってはメールを打つのに夢中になってしまうと、自分の周りで起こっていることに気がつかない状態になることもあります。そんなとき、その人は内向型の状態に入っているのです。

状況に応じて変化することもあるので、内向型を持つ人はどんな場面でも内向型だと決めつけて接するよりも、状況ごとに確認する態度で臨んだほうが、より確実でしょう。

影響言語

相手とのあいだに築き上げた信頼関係の深さを意識しつつ、あなたの言いたいことが理にかなっていることを確認して下さい。

内向型

・内容に重点を置いて話す。

・本人の価値基準、知覚チャンネル（第15章）、納得モード（第16章）に合わせる。

外向型

・相手との信頼関係の深さにより影響される。

内向型に使える特別な影響言語はありません。相手と自分との人間関係は重要視しないので、あなたの話す内容に重点を置いてください。含みのある言葉や曖昧な表現は避け、きちんと明確に伝えてください。内向型かつ問題回避型の場合、あなたの発言を、自分の理屈に合うまで一つ一つ分析しようとするかもしれませんが、これを当てつけや嫌がらせと受け取らないことです。単に情報を理解するための、その人なりの反応の仕方なのです。

仕事において内向型のパターンを持っている場合、仕事に集中していると、他人の声のトーンや顔の表情には気がつかないかもしれません。また、気づいていたとしても、相手の気持ちを間違って解釈している可能性があります。人が内向型のパターンの状態に入っている時には、比較的無表情で声の抑揚もなく、言葉以外のメッセージを受け取りにくいので、周りの人があなたの真意を間違って解釈することもあるでしょう。内向型のパターンが強い人は、仕事の内容に集中し、極めたいと考えます。そのような状態のときには、仲のいい同僚に、あなたが重要なことを見逃しそうだと思ったら、思っていることを言葉で伝えてもらうように頼んでおくのもいいかもしれません。

内向型と自閉症スペクトラム

内向型の行動特性は、自閉症スペクトラムの身振り手振りをしない、視線を合わせない、表情が乏しい、声のトーンが変わらないなどの典型的な特徴と重なる部分があります。だからといって、内向型の状態である人が必ずしも自閉症スペクトラムだというわけではありません。ただ、内向型の状態にあるというだけです。

POINT

関係性

■**内向型**

自分の経験の範囲内に留まる。

言葉以外の動き(ノンバーバルな)や声のトーンには気づかない。

■**外向型**

他人の言葉以外の動きに自然と反応する。

パターン別分布(コンテクストは仕事)

内向型　七パーセント

外向型　九三パーセント

(ロジャー・ベイリーの資料による)

質問

（特になし）

影響言語

■**内向型**

内容に重点を置いて話す。価値基準、知覚チャンネル、納得モードに合わせる。

■**外向型**

相手との信頼関係（ラポール）の深さに影響される。

第11章

ストレス反応——感情型／チョイス型／冷静型

働いているとき、ストレスに対してどのように反応を示しますか？
ストレス度の高い仕事をこなせる人なのかどうかを、
五分以内で見極めることができる方法があるなら、
試してみたいとは思いませんか？

このカテゴリーでは、職場やその他の場面でしばしば遭遇するプレッシャーに対して、人がどのように反応するのかを確認していきます。人生において悲劇や修羅場に遭遇したときには誰しも非常に感情的になるものですが、ここで扱うのはそういう特別な出来事に対する反応ではなく、ごく日常的な出来事に対して人がどのように反応するかであり、その反応パターンは大きく次の三つに分けられます。

感情型

感情型が強い場合、職場でのごく日常的なストレスに対しても感情的に反応します。感情的になったまま、なかなかモードを切り替えることができないので、ストレスを感じる仕事を長時間続けることはできませんし、周りの人には、状況に対して過敏に反応しているように見えてしまいます。感情型は、感情をエネルギーとして発揮できる芸術的な仕事や創造的な仕事に向いています。営業職に就いている場合には、見込み客に買ってもらえないと落ち込んでしまうため、営業件数は目標を下回ってしまう傾向があります。

チョイス型

チョイス型が強い場合、職場での日常的なストレスに対して最初は感情的になりますが、しばらくすると冷静さを取り戻します。自分で選択することができるのです。自分自身も感情的になることがあるため、周りの人が抱いている感情に共感することもできますし、その感情から距離をおくこともできます。必要に応じて仕事の人間的な面を重視すること

パターン別分布（コンテクストは仕事）

感情型	チョイス型	冷静型
15%	70%	15%

（ロジャー・ベイリーの資料による）

もできれば、クールに割り切ることもできるので、人を管理する仕事で力を発揮します。

冷静型

冷静型が強い場合、日常レベルのストレスでは感情的になることはあまりありません。自身が感情的になることがないので、他人にもなかなか共感できないかもしれません。よほどのことがないかぎり、緊急時にもパニックになることはなく、落ち着いて対処できます。ストレス度の高い職場では頼もしい存在です。

パターンを見分けるには

質問

▽「〇〇（仕事など）で困ったときのことを話してもらえますか？」

仕事以外の状況を使う場合には、「仕事」という言葉を、ほかの言葉に置き換えてください。たとえば「物を買う際、困ったときのことを教えてください」といった具合です。この質問をするときには、「つねに困った状況になる」といった話にならないよう、気をつけてください。つまり、「お客様が私どものサービスにご満足いただけないときには、いつも不安になります」といったような答えが返ってこないよう、配慮してください。思い出すことができる、ある特定の厄介な事態（あまり大きな災害や災難についてではない）についての例をあげてもらうようにしましょう。そして、事態について話しているとき、感情的に反応しその状態が持続するのか、一時感情的な反応を示したあとで冷静になるのか、それともまったく何の感情的な反応も示さないのかを観察します。

言葉以外の手がかり（ノンバーバルな）

このカテゴリーでは、特に注意して聞く影響言語はありません。どのように振る舞い方が変化していくのか、言葉以外の手がかり（ノンバーバルな）を観察して見分けることが、パターンを認識するうえで重要です。困難な状況を思い出してもらう質問をする前後で、ふるまい方がどのように変化するかを比較してください。

感情型

- 直面した困難な問題について話しているあいだ、感情的になっていることが表情や声に表れる
- 次の四項目のうち、三つ以上について変化が見られる場合、感情的に揺れ動いている状態といえる

①姿勢、ジェスチャー
②顔の筋肉の張り具合
③視線が落ちる
④声の質、トーン、話すスピード、声量が変化する

- 話しているあいだ、ずっと感情的な状態にとどまっている

チョイス型

・最初は感情的になるが、一度は必ず冷静さを取り戻す

冷静型

・感情的にはならない

質問をするときの注意点

この質問をした相手が感情型の人であったり、とても大きな災難について語り始めたりすると、ネガティブでときに痛みを伴う感情的な状態に陥ってしまう場合があります。そのため、ストレス反応の質問のあとで、「連携（第12章）」と「システム（第13章）」のカテゴリーの質問をするようにします。

「仕事で○○（肯定的な価値基準（クライテリア））を感じたときのことを教えてください。どんなところが良かったですか?」といった具合です。

相手をネガティブな状態のまま放っておかないことが肝要です。肯定的な価値基準を感じた状況を思い起こさせることで、より前向きな心の状態へと方向づけできるのです。そ

れでもまだ動揺した状態が見受けられるようであれば、ネガティブな状態から体感覚的に抜け出すという意味で、座っている位置を変えてみるのもよいでしょう。

ストレス反応は、影響言語から判断するのではなく、ここであげた非言語的な手がかりを観察し、見分けていくことでしか判断できません。

仕事とストレス反応

ストレス反応のパターンを知ることは、大変有意義です。職場にはさまざまなストレスがあり、それぞれのパターンに応じて、仕事で能力を発揮できるからです。

たとえば、冷静型はパイロットや航空管制官には最適なパターンでしょう。二〇〇九年にUSエアウェイズ一五四九便をハドソン川に着水させたサレンバーガー機長を覚えていらっしゃるでしょうか〔訳注／のちに『ハドソン川の奇跡』と呼ばれる飛行機事故で、サレンバーガー機長はバードストライクで操縦不能となった機体をニューヨークのハドソン川に着水させ、乗員乗客全員を無事生還させた。機長はその冷静な対応と高い操縦技術によって広く賞賛されている〕。もし感情型の強いパイロットが同じような状況に陥っていたらどうなっていたか、想像するだけでも恐ろしくなります。私が教えたことのある航空管制官によると、隣に座っている人が「危機的状況」に遭遇している場合、たいていわかるそうです。エネルギーがその人の身体からあふれ出ているのでしょう。

信頼関係（ラポール）を築いたり共感したりすることが大切な仕事の場合、チョイス型が適任でしょう。チョイス型は感情を持ちながらも、必要に応じてその状態から抜け出して、適切な方法で状況を把握したり行動を起こしたりすることもできます。自分も感情的になることがあるため、ほかの人もそのような状態になることもあるということが容易に理解できます。映画『恋人たちの予感』でハリーがサリーの感情に対して冷静型でしか反応できなかったとしたら、サリーにとって感情がどれだけ大切なのかハリーは気づくことができないでしょうし、その気持ちを理解することなど到底できないわけです。

芸術的な職業に就いている人の多くは強い感情型を持っています。芸術は、感情や心境、気持ちの発露であるからです。（特にヨーロッパの）一流料理店で働くスタッフにとって大切な仕事は、顧客サービスよりも、まずはシェフが楽しく幸せに仕事ができるための配慮なのだそうです。シェフの多くは強い感情型を持っています。そのため、シェフが気分を害するような事態になれば、大混乱に陥ってしまうわけです。

セールスの場面では、購入してもらえそうだった見込み客から、買わない意思を突然告げられることがあります。感情型の場合は、これを自分が拒絶されたと考える傾向があるため、途端に取り乱してがっかりしがちです。感情型はこうした事態が起こるとストレスを感じやすく、私の友人が言うところの「突発性不能状態」に陥る傾向があります。「突発性不能状態」は、たとえその人がどんなに素晴らしい才能を持っていたとしても、実際の才能とは無関係です。感情型がストレス下に置かれると、自分が無能であるという強い思い込みが表面化してしまうわけです。

したがって、どのような職業に就けばよいかという相談を持ちかけられたとき、私はその人のストレス反応がどのパターンに属しているのかに重点を置いて相談に乗ります。職業適性を診るには、どれくらいのストレスに対処できるかということが重要になってくるからです。

視点を変えると、感情型が強い場合は、仕事に対してストレス状態に陥りやすいという特性を持つ一方で、情熱を注ぐことができる仕事や熱意を持てる仕事を求めます。感情型とオプション型を併せ持ち、創造力を発揮できる人であれば、たえず新たな選択肢を求めることに情熱を注ぐでしょう。

感情の爆発

ベルリンでインテグラル・ファシリテーション（グループ運営のための禅的アプローチ）に関するワークショップに参加して、ふとしたことでワークショップを台無しにしてしまったことがあります。そのワークショップにはアメリカ人の進行役がいて、参加者には国際色豊かな面々が揃っていました。進行役の女性は、私たち参加者が、このアプローチを使って難しい課題にも対応できるようになることを望んでいました。私たちは小さいグループに分かれ、ドイツにおける移民問題を例にして物議を醸すことの多いこの問題について議論していました。

自分のグループがあまりにも和（なご）やかで互いの意見を尊重できる人たちの集まりだったので、インテグラル・アプローチがどういうものなのかを実感したくなった私は、甲高い声でグループに異議を唱えてみました。「移民を全員追い出して、二度と入ってこられないように門戸を閉じるべきだと思うわ」。進行役は私のこの意見を取り入れることなく、「移民への差別を撤廃する方法を見直す必要性がある」と言い換えて次に進もうとしました。私はこの出来事をやり過ごそうと考えていたのですが、他の参加者が私に賛同し、私の意見が尊重されていないと主張しました。グループワークが終わって全体で集まったとき、彼女は全体の進行役に向かって、自分のグループでは、ある意見が無視されていたと訴え、進行役が彼女に返答しようとすると、彼女は立ち上がって部屋を出ていきました。進行役にとっては明らかにストレスのたまる状況でした。

昼食後に部屋へ戻ると、その進行役は異議を唱えた女性を脇に呼び寄せ、グループ全員から丸見えのところで、延々と彼女に金切り声を浴びせ続けていました。一人の参加者が間に割って入りましたが、進行役は彼女の発言も許さず、状況は悪くなる一方でした。私は見かねて仲裁に入りました。声を張り上げて進行役の女性の注意を引き、当事者二人に聞く耳を持ってもらい、行き違った点を要約することでようやく事態は落ち着きました。

その夜、私は二人を落ち着かせようとしている間、出来事に対して自分自身がとても動揺していたことに気がつきました。次の日、私たちは大きなグループで集まり、その出来事について振り返りました。その進行役は、古くからのネガティブなホットボタン（激しい反応を呼ぶもの、デリケートな部分）を刺激されて反応してしまったと説明しましたが、私はその進行役が取り乱して参加者を罵倒したことについて憤慨がおさまらないことを伝えました。彼女の対応はプロの進行役として、特に禅的アプローチのお手本としてその場にいた者として、まったく受け入れがたいものだと感じたのです。自分の感情型のパターンを収めることができたのは数日後でした。

感情の爆発をうまくコントロールしたいと思っているのであれば、次の四つのステップを実践してみてください。まず、自分の典型的なネガティブなホットボタンが何なのかを確認してください。次に、感情が爆発している瞬間に、自分の反応を冷静に観察してください（大丈夫、あなたにも必ずできます）。そして、その状況からできるだけ誰にも気づかれないように抜け出してください。そうすれば、気持ちを落ち着かせるために必要なことができるようになります。もしその状況から抜け出せないようであれば、深呼吸をして微笑んでください。微笑みながら、状況をうまくコントロールできる心の準備が整えば、必ず後でできると信じて疑わないことが大切です。

私は最近、反応する前にまず相手のバスストップに赴くことで、特に夫、家族、仕事仲間に対して、これまで以上にいい人になるという目標を自分に課しました。有言実行です！　そのために、先ほどの四つのステップは大いに役立っています。

職場でのストレス・マネジメント

ロジャー・ベイリーによると、仕事の場面では、約七〇パーセントの人がチョイス型を使っているそうです。これは、仕事で何か厄介なことが起きたとき、まず見られるのが感情的な反応だということを示しています。管理職の立場としては、彼らが視点を変えて考えられるように、感情的な状態から距離を置けるよう働きかけることが大切です。これにはいくつか方法があります。「一年後に今回の件を振り返ったときには、事態をどう捉えているだろう?」と、時間軸を変化させてみる方法。「お客様は今回のことをさほど気にしないと思いますよ」と、視点を変えてみる方法。「今回のことが起きたときに、もしもあなたが壁にとまっている虫だったとしたら、どんなことに気づいただろう」と、まったく外部から全体像を見るよう促す方法などです。

感情型の反応に対しては、葛藤の解消や緩和するスキルが必要になってくるでしょう。彼らのやる気を保つには、情熱を感じられるような仕事や課題を与えなければなりません。疲れ過ぎていないか、過度の緊張状態が続き過ぎていないかなど働いている様子を注意深く見守ってください。感情型は、ほかのパターンよりもストレスを感じやすいことから、ストレス性の病気にかかりやすいのです。緊張状態や人間関係のもつれなどには特に過敏に反応するので、感情的な状態から自分の気持ちを切り離し、冷静になる方法を学べると非常に有益です。

アメリカのトランプ大統領は感情型のパターンを持っているようです。著名人から批判されたり、ないがしろにされたりすると、たちまちツイッターでその相手に反撃する傾向があるからです。「反応せずに放置する」ことは、彼にはできそうもありません。

部下が非常に感情的に反応したときには、相手が驚くようなことやポジティブなことを言いながら、感情的な部下と同じレベルにまで声のトーンを上げて信頼関係（ラポール）を築きましょう。「きみがそんなにカッカするようだと、なんだか僕までムカムカした気分になってくるな」といった具合です。びっくりするようなことを言われると彼らの注意はそがれ、エネルギーがより生産的で実りある方向へと向かうきっかけになります。

冷静型は、落ち着いて物事を考えなければいけない人材を必要とする場面ではとても重宝されます。いつも冷静なので、理性的に物事を処理する必要がある局面では、なくてはならない存在です。その反面、人に共感できるタイプではないため、冷静型が感情的な状態にいる人たちと信頼関係を築くのは至難の技です。しかしながら、特に冷静型に内的基準型が組み合わさると、周りが騒然としているときでさえ、平然と仕事をやってのけます。

PTSD（心的外傷後ストレス障害）は伝染する？

アメリカの科学技術雑誌「*Scientific American*」のサイトに掲載されていたある記事によると、ＰＴＳＤの患者の治療に携わるセラピストのうち一〇～二〇％は自身が直接トラウマを引き起こすような出来事に遭遇していないにもかかわらず、ＰＴＳＤの症状を起こすことがあるそうです。具体的な症状は、悪夢、フラッシュバック、イメージの発現などが含まれるようですが、すべてのセラピスト（または患者の家族や介護者）がこのような問題を抱えることになるわけではありません。その記事が引用している研究によれば、経過観察の段階において、セラピストや家族の中でも患者に強く共感する人が二次的なトラウマを経験する傾向があるそうです。[1]

感情の共感が、ダニエル・ゴールマンの定義のように「まるで感情が伝染するかのように物理的に他者に寄り添い同情する」ことだとすれば、ＬＡＢプロファイルのパターンのどれがあてはまるでしょうか？　おそらく、外的基準型（ＰＴＳＤを抱える人からの情報を自分に取り込みやすい）、問題回避型（うまくいっていないことに気づく）、外向型（他の人の非言語コミュニケーションに焦点をあてる）、感情型（ネガティブな心の状態に陥り、そこに留まり続ける）、システムの人間重視型（人、人間関係、感情を優先する）、知覚チャンネルの視覚型（納得するために視覚を通して情報を取り入れる）ではないでしょうか。これらのパターンの組み合わせ（コンビネーション）によって、自分と他人の境界線がなくなり、いとも簡単に「伝染してしまう」のです。これは素晴らしい研究テーマになるかもしれません。もし、この組み合わせ（コンビネーション）のLABプロファイルのパターンを持つセラピストが二次的にPTSDを引き起こす可能性が高いと思われるなら、PTSDを予防し治療するために、彼らに特化したプロセスを作ることができるかもしれないからです。

これまでにも、より効果的で新しいPTSDの治療法が開発され、それらは実証されつつあります。その一つにRTMプロトコルというものがあります。それによると、なんと九〇％以上ものアメリカの退役軍人が、五回以下の治療セッションを受けるだけで、二週間後、六週間後、一二カ月後の経過観察において、PTSDと診断されることなく症状も見られなくなったという驚異的な結果が出ているそうです。[2]

影響言語

パターンを的確に把握することで、劇的に気持ちの変化を促すことができます。

感情型
すごい　ワクワクする　度肝を抜く　素晴らしい

（何かに興奮した状態にさせる。感情的なものに集中させる）

チョイス型

感情的な状態に入り、そこから出ることもできるということを示す。

（例：「これってすごくワクワクするし、考えてみても理にかなっているしね」）

冷静型

現実的に　客観的に　合理的に考えると　統計的に

（論理的に事実を提示する）

言葉による感情表現と文化

非常に感情的な言葉を使うからといって、感情型であるとは限りません。自然な話し言葉として比較の最上級を多用する文化もあれば、極力最上級を避けようとする文化もあるからです。

たとえば、アメリカ人の文化と、英語を日常語とするカナダ人の文化とでは、最上級の使い方が異なります。ほかの英語圏の文化と比べると、アメリカ人は「とてつもなく最悪」から「驚くほど素晴らしい」まで、極端な語彙を好んで使うということを、あなたもご存じかもしれません。これはフランス人やケベック人にも見受けられる傾向です。英語を日常語とするカナダ人（経験からすると、ケベック州以外に住んでいるフランス語を日常語とするカナダ人も含めたほうがよいかと思います）は、もう少し中央に近い線で、「かなり悪い」と「かなり良い」あたりの表現をよく使います。

アメリカ人たちが、英語を日常語とするカナダ人を何かに没頭させたり、わくわくさせたりすることがどれほど難しいかを語っている場面に遭遇したことがあります。私からカナダ人へアドバイスするなら、アメリカ人が何かについて説明しているときには、「モンティ・パイソンの親指の法則」を応用して、「彼らが言うことは半分ならず、十分の一くらいで聞いておくといいわ」というところでしょうか。

対照的に、イギリス人（特に上流階級）になると、さらにぐっと控えめな表現になります。否定を強調する言葉は「良くない」、肯定的な表現は「悪くない」で精一杯といったところでしょう。ストレス反応の影響言語を使って誰かに影響を与えるときには、文化に応じて適切な言葉を選ぶことが大切です。

アメリカ人（フランス人、ケベック人）

（－）とてつもなく最悪
complete disaster

驚くほど素晴らしい（＋）
amazingly wonderful

英語を日常語とするカナダ人

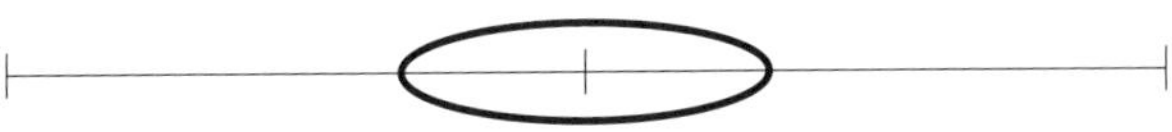

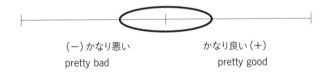

（－）かなり悪い
pretty bad

かなり良い（＋）
pretty good

イギリス人

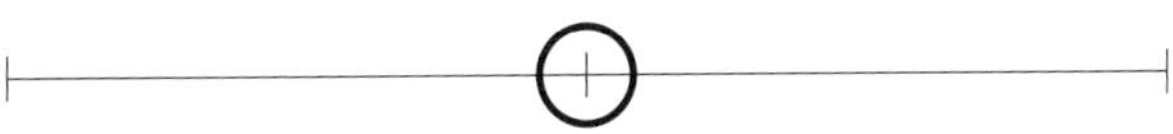

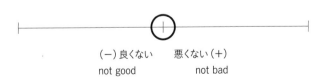

（－）良くない
not good

悪くない（＋）
not bad

POINT

ストレス反応

■感情型

日常のストレスに対して感情的に反応し、感情の中にとどまったままでいる。

■チョイス型

一時感情的に反応するが、冷静さを取り戻すことができる。他人に共感することもできる。

■冷静型

日常のストレスに対して感情的になることはない。他人に共感する能力が乏しい。ストレス度の高い仕事でも冷静さを保っていられる。

パターン別分布（コンテクストは仕事）

感情型　一五パーセント
チョイス型　七〇パーセント
冷静型　一五パーセント

（ロジャー・ベイリーの資料による）

質問

「○○（仕事など）で困ったときのことを話してもらえますか？」

影響言語

■**感情型**

すごい　ワクワクする　度肝を抜く　素晴らしい

■**チョイス型**

共感　適切な　いい感じ　しっくりくる

■**冷静型**

合理的に　論理的（ロジカル）に　客観的に　事態としては　現在の情勢は

統計的に

第12章

連携——個人型／近接型／チーム型

一人で働いているとき、周りに人がいるとき、みんなで一緒に働いているとき。
どの環境にいるときが一番能率的に働けますか？

このカテゴリーでは、どのような環境で仕事をすると最も力を発揮できるのか、人と協力して仕事をしたいのか、人と関わりを持ちながらも一人で仕事をしたいのか、すべて一人でしなければ気がすまないのか、以上についてのパターンが明らかになります。このカテゴリーでは、特に仕事という状況(コンテクスト)では、多くの人が二つ以上のパターンを持っていて、状況によって一方が支配的に、他方が二次的に働きます。パターンは次の三つです。

個人型

個人型が強い人は、職場では一人で仕事をし、すべての責任を自分で負うことを望みます。したがって、他人がそばにいたり責任を分担しなければならなかったりすると、生産性が極端に低下します。考えている途中で人に邪魔されると一から考えなければならなくなるため、オフィスでもドアを閉めて一人で仕事をすることを好みます。極端な場合には、他人に何の相談もせず（特に内的基準型を持ち合わせている場合）長時間人とまったく話さなくてもまったく意に介しません。「船頭多くして、船山に登る」ということわざは、おそらく個人型で行動する人が考え出したものでしょう。経営者が個人型であれば、仕事をほとんど自分ひとりでこなしてしまい、部下とうまく信頼関係（ラポール）を築くことはできません。

近接型

近接型が強い人は、責任の所在を明確にしながらも、他人と関わりを持ちながら仕事をすることを求めます。責任が明確でなかったり、仕事にほかの人が関わっていなかったりすると、やる気を持って能率良く仕事をこなすことができません。責任や権限の所在が明らかでない場合や、完全に一人で仕事をしなければならなくなると近接型は能率良く仕事ができなくなるのです。

三つのパターンの中で、人事とプロジェクトの管理部門に最も向いているのは近接型です。近接型は、それぞれのスタッフの責任の所在がみんなにわかるように説明できます。リーダーとしても実績を上げることができます。部下として働く場合には、仕事の領域を明確にしてもらうと生産性が上がります。

チーム型

チーム型が強い人は、他人と責任を分担して働くことを望みます。彼らにとって二たす二は五、つまり「全体」は「部分の総和」よりも大きな力を発揮するという「相乗効果」を信じています。個々人で仕事をしなければならなくなると、締め切りに間に合わず仕事が予定どおりに完成しないといった問題を抱えることになるかもしれません。責任の所在を明らかにする必要を感じないため、管理職がチーム型であった場合には、すべての仕事に部下が一丸となって取り組むことを望みます。こんなジョークがあります。「一つの電球を交換するのに何人のカリフォルニア人が必要？」「答えは六人。電球を交換するのに一人、その経験を共有するのに五人必要」。これは、チーム型の行動を揶揄(やゆ)したものです。

パターン別分布（コンテクストは仕事）

個人型	近接型	チーム型
20%	60%	20%

（ロジャー・ベイリーの資料による）

チーム型というのは、その言葉の響きから「協力的である」というようにも聞こえますが、必ずしもそうではありません。単にその人が仕事をするとき「誰かと一緒に作業をする必要がある」という意味なのです。私の長男のジェイソンが五歳の頃、レゴというおもちゃの積み木で一時間ほどかけて船を作って遊んでいました。そのとき二歳半だった下の息子のサミーが昼寝から起きてやって来ると、その船を蹴って崩してしまいました。ジェイソンはかなり怒っていましたが、サミーからすれば「全部ひとりでやっちゃうなんてずるい」といったところだったのでしょう。自分が起きてくるまで待っていてくれなかったことがサミーには我慢できなかったのです。サミーは普段から独りで遊ぶことはありませんでした。時々癇癪（かんしゃく）を起こして何もかも壊してしまいますが、彼には一緒に遊ぶ相手が必要だったのです。

パターンを見分けるには

質問

▽「仕事で〇〇（価値基準）を感じたときって、どんなときですか？」

▽（答えを聞いたあと）「そのとき、どんなところが良かったのですか？」

仕事以外の場合はコンテクストを変えて尋ねます。

▽「恋愛関係で〇〇（価値基準）を感じたときのことについて教えてください」

プロファイリングをするときには、その人の価値基準を満たしている具体例を一つ話してもらいます。話している内容に関して多くの価値基準があったなら、その中の一つについて尋ねていきます。すべての価値基準が同時に満たされる経験をしたことがない人もいるからです。

このカテゴリーでは、相手が話す内容によく耳を傾ける必要があります。最初の質問の答えをよく聞いてから、次の質問に移ります。自分一人で行った経験について話しているのか、他人がまわりにいる環境で自分にも責任があった経験について話しているのか、それとも誰かと一緒に行った経験について話しているのかに注意して聞いてください。

このパターンを見極めるには、最初の質問への答えをよく聞き取ってください。

個人型の言葉の特徴

- 私　私がやりました　私自身　私の責任で
- 他人の話が出てこない
- その人だけで行ったことが読み取れる活動

近接型の言葉の特徴

- 人は周りにいるが、「やったのは私です」と言う
- 他人の話が出るかどうかにかかわらず、活動自体に他人の存在が必要なもの（セールスや教育）について話す

チーム型の言葉の特徴

・私たち　私たちの仕事　一緒に

・他人が存在して責任を共有している

質問例

シェリー　「サラ、仕事で大切なことって何？」

サラ　「やりがいがあること」

シェリー　「仕事でやりがいを感じたときって、どんなとき？」

サラ　「実績を上げたときかな。あるグループの人たちがちゃんと実績を上げられているかどうか、疑問の声があがったの。たしかに実績は十分ではなくて、誰が責任者でどうすればよいのかを、私が明確にしないといけなかったの。部門別のデータ資料を集める必要があったけれど、解決策を見いだすことにはやりがいを感じたわ」

シェリー　「そのとき、どんなところが良かったのかしら？」

サラ　「工夫をしたところかな。刺激もあったし、とてもやりがいを感じたわ」

サラの話には、他人が関わっている表現があり、彼女は個人型ではないことが読み取れます。そして「私」と言っていて、誰がどの仕事に責任を持っているのかということを意識しているので、近接型です。

回答例

■個人型

「この最新版ソフトは私が作成して、アップデートしました」

■個人型かつ近接型

「この最新版ソフトは私が作成して、そのあと私とチームの仲間でアップデートしました」

■近接型

「この最新版ソフトは私とチームの仲間で作成して、アップデートしました」

■近接型かつチーム型

「この最新版ソフトは私とチームの仲間で作成して、そのあとみんなでアップデートしました」

■**チーム型**

「チームのみんなでこの最新版ソフトを作成してアップデートしました。共同作業の賜物です」

■**個人型かつチーム型**

「この最新版ソフトは私が作成して、そのあとチームの仲間みんなでアップデートしました」

その他の質問例

▽「職場でどれくらいの時間、誰にも会わず電話も使わず、仕事に没頭できますか?」

影響言語

まず、自分一人で理解して、ほかの人に使ってみてください。そうすれば、みんな一緒にうまくやっていけるでしょう。

個人型

単独で　一人だけで　一人っきりで　あなた一人で　誰にも邪魔されずに
責任と権限はすべてあなたにあります　ドアを閉めて電話も鳴らないようにして

近接型

担当者はあなた　ほかの人も関わるけれど、あなたの仕事です　指揮を取るのはあなた　あなたがチームを引っ張る　Xはあなたの責任で、Yは彼らの責任で

チーム型

私たち　一緒に　みんな　チーム　グループ　共同責任
一緒にする・やる　さぁ一緒に　私たちならできる
一人じゃない（問題回避型も持ち合わせている場合）

職場の空気

よく管理職や専門職募集の広告に、「チームプレーヤーを求む」と書かれていることがありますが、本当にそうでしょうか？　多くの管理職には、能力を組織に生かし、個々の仕事を一つにまとめ、部下たちに明確なビジョンを提示する能力が必要です。こうした活

動には、いくぶんチーム型の傾向を持ち、適度に近接型も持った人材が適任です。

あるポジションに何が求められているのかを理解するには、業務の内容とそれに必要な時間を割り出す必要があります。どの業務が個人型なのか（ポジションのプロファイリングについては第24章を参照）、どの業務がほかの人と関わりながらも目標に対して責任を負うものなのか、どの業務が目標達成に向けて仲間と一緒に働くものなのか。もしも、この三つすべてで高いレベルの能力を発揮する人材を求めているとしたら、理想の適任者を見つけることは難しく、そのポジション自体に再考の必要があるかもしれません。

何年も前、私はある国立の青少年育成機関で、人事課長のアシスタントとして働いていたことがあります。カナダ北西部全域に加え、マニトバ州、サスカチュワン州、アルバータ州を対象地域とする機関でした。その課長は仕事に関して主にチーム型で、私は個人型かつ近接型でした。課長はスタッフがすべてのことをみんなで一緒に決断することを求めましたが、私は自分一人で決断できる仕事を求めていました。仕事の中に、自分が責任を持って担当できる自分のテリトリーを求めていたのです。課長は仕事場での関係に満足していましたが、私には不満がたまっていました。

主に個人型は、自分だけの空間と時間を必要とします。周りで何が起こっていても気にせずに、一人でコツコツと励むことができる人が必要であれば、彼らが適任です。周囲を遮断することで、長時間集中することができるからです。一方、ほかの人たちとつねに話し合い、合意しながら進めることが不可欠な仕事では、力を発揮することができません。集中するには自分だけの空間が必要で、どんな音があっても邪魔になる。そんな人が一人や二人思い浮かぶでしょう。

仕事の場面では、約六〇パーセントの人たちが主に近接型ですから、仕事の多くは、個人に一定の職責を与えながらも周りの人と協調してやっていくことが必要とされるようにできていることがわかります。チーム型が職場を指揮している場合、個人の職責を口に出して言われることがほとんどないので、多くの従業員に混乱と不満をもたらします。

オープン・コンセプトに基づいてデザインされたオフィスがありますが、あれは、チーム型を持つ人が考案したものなのではないかと思います。最近では実験的にバーチャル・オフィスを採用している企業もあります。自分の仕事場と呼べる場所を持たないのです。仕事の内容に応じて、ただ場所を確保して作業を行うのですが、自分のスペースがなくても効率よく働ける人がどれほどいるかは、はなはだ疑問です（もちろん、デジタル遊牧民(ノマド)は例外です）。

一方、個人型がオフィス・デザインに関わっている場合には、従業員同士が関わってコミュニケーションをとっていくための導線が見落とされていることがあります。一人でひたすらソフト開発に取り組むプログラマーには理想的な職場環境かもしれません。しかし、これでは「左手は右手のしていることを知らない」といった、互いに誰が何をしているのかわからない状況が、従業員同士や部署間で起こってしまいます。

同僚と相談しながら物事を進める必要のある仕事では、周りの人と目を合わせることができるような低い仕切りのあるスペースで働くほうがうまくいくでしょう。

私は以前、グレート・ユニバーサル・ショッピング（GUS）というイギリスの大手カタログ小売販売企業から、お客様相談センターのスタッフの新規採用と離職防止をサポートする仕事の依頼を受けたことがあります。スタッフはみなパートタイムで働いており、主に女性で、画一化された台本にしたがって顧客に電話をかけ、注文の確認とより高額な商品を販売するセールスを行っていました。私は、彼女たちの働きぶりを観察しながら、その中でも業績が優秀な人たちをモデル化しました。現場のコールセンターへ足を踏み入れると、何百人もの人がおのおの机に向かって働いていました。驚いたことに、ほとんどの人が私に気づき（顔を上げ、目で合図するか手を振って挨拶し）、私に興味津々な様子でした。コールセンターの内装は、頭越しに全員を見渡せるような低い間仕切りのあるスペースが並んでいるものでした。これはまさに彼らが仕事で必要としている連携のスタイル、近接型を後押しするものでした。

働く人ややるべき仕事をサポートし、彼らが最高の気分で生産的に働けるよう職場のスペースや雰囲気を整えるにはどうすればいいでしょうか？

あなたの自宅のインテリアはどのようなものですか？　オープンスペース（チーム型）ですか？　それぞれの機能に応じて細かく仕切られていますか（近接型）？　ドアで閉じられプライバシーが守られるような個室がいくつもありますか（個人型）？　それとも、これらをすべてひっくるめたようなものですか？

連携のスタイルを正しく理解しておかないと、家族にとって長期休暇がストレスになることもあります。一人で過ごしたいですか？　家族と一緒に、それぞれが何らかの役割を担う（親と子、それぞれにまとめ役とまとめられる役、近接型）ような形がいいですか？　それとも、全員がただ一緒に行動する（チーム型）ような形がいいですか？　昔、プロファイルをしたある男性は、家族と過ごす休暇というコンテクストで個人型のパターンを持っていました。彼が家族とどのような休暇を過ごしたか想像してみてください！

パターンの組み合わせ（コンビネーション）

LABプロファイルにおいて、（カテゴリーの異なる）二つ以上のパターンのあいだに何らかの関連性あるかどうか、よく尋ねられます。たとえば、「内的基準型と個人型のあいだに何らかの関連性はありますか」と。しかし、パターン同士は必ずしもセットではありません。仕事をすべて一人でやりたくても、結果が伴っているかどうかが自分ではわからない場合に、個人型に外的基準型も持ち合わせた人であれば、「モーリン、今企画書ができたところなんだけど、どう思うか聞かせてくれない？」と他人に意見を求めるでしょう。また、個人型と内的基準型の組み合わせ（コンビネーション）を持った人であれば、企画書を発表し、わざわざ周りの人からのフィードバックをもらうまでもなく、よくできたと一人で納得するでしょう。ほとんどのパターンが、ほかのカテゴリーのどのパターンとも組み合わせ可能なのです。

二つ以上のパターンの組み合わせで重要なことは、パターンの組み合わせがどのような態度や行動に結びつくかを理解すれば、人の行動やその人が及ぼす影響力をより正確に予測することができるようになるということです。詳しくは、パターンの組み合わせに関する第18章をご覧ください。

蔓延する孤独

スマホを片時も手放さず、ひっきりなしにメッセージをやり取りし、いつでも電話に出られるようにスタンバイして（周りに人がいるような状況であっても）、物理的にモバイル機器が手放せない暮らしを送る人がますます増えています。自宅またはシェアオフィスやカフェの一角で一人でもくもくと働いている人や、他人と日常的に関わる機会がほとんどない老人の一人暮らしも多くなっています。また、ほとんどの時間をネットに費やし、ネットから離れて「オフライン」状態で現実の生活をおくることに消極的な若者も大勢います。

こうした例の一つ一つが、まさに個人型のモードにいることを表しています。すべて一人です。メールをするのも、電話をするのも、テレビ番組を長時間一気見するのも、ゲームをするのも、その他もろもろ、ほかの人と一緒にするようなものではありません。ある男性がカフェで仕事をしていた時のことを話してくれましたが、彼は近くにいて気になる女性に勇気を振り絞って話しかけるのに、なんと三〇分以上かかったそうです。全国規模の調査によると、半数近くのアメリカ人が孤独や疎外感を感じているそうです。また、他人と有意義な会話を交わせていると答えた人は五三%しかいませんでした。Z世代〔訳注／ジェネレーション・ゼット、一九九六年から二〇一二年までに生まれ、小さい時から携帯電話やインターネットに囲まれて育った世代をさす〕が最も孤独で、健康状態が悪い世代だということです。[1]

このような統計データのすべてが正しいものではないとしても、世界規模の健康に大きな影響を与える流行であることに間違いはありません。職場において、個人型のパターンを有している人はたった二〇%です。他のコンテクストではわかりませんが、周知のとおり、人間関係が私たちの生産性や幸福度に影響を与えているのは明白です。私たちには、一緒に〔チーム型〕またはお互いに近い距離で〔近接型〕、暮らしたり、働いたり、遊んだりできるコミュニティーを必要としているのです。あるイベント会場で会話を交わしたスポンサーは、カナダで国立のシニア向け住宅や介護施設を提供している企業から来ていました。彼は訴えていました。私たちはみな、おばあちゃん、おじいちゃん、年配の人たちが、面倒見の良い地域社会の中でたくさんの魅力的な人や活動に囲まれて楽しい日々を送っていることがよくわかっていたのに、自分のおばあちゃんに向かっては、誰にも頼らず自分の家で一人で暮らすほうが幸せだよと諭していたのだと。年配の人のコミュニティーを支援することは、高齢者の医療費を削減し、生活の質を向上させるのに素晴らしい方法だと言えるでしょう。

POINT

連携

■**個人型**

個人で全責任を持って単独で働くことを好む。

■**近接型**

人と関わりながらも自分のテリトリーを求める。

■**チーム型**

他人と責任を分かち合うことで効率よく働く。

パターン別分布（コンテクストは仕事）

個人型　二〇パーセント
近接型　六〇パーセント
チーム型　二〇パーセント

（ロジャー・ベイリーの資料による）

質問

「仕事で○○（価値基準）を感じたときって、どんなときですか？」
「そのとき、どんなところが良かったのですか？」

影響言語

■**個人型**
あなた一人で　単独で　すべてあなたの責任で

■**近接型**
あなたの担当は　ほかの人と関わりながら　あなたが指揮を取って
あなたがリードして

■**チーム型**
私たち　みんなで一緒に　共同責任で　さぁ、一緒にやろう

第13章

システム——人間重視型／物質・タスク重視型

仕事について考えたとき、気持ちや感情に関心が向いていますか？
それとも、アイデアやシステム、ツールやタスクに関心が向いていますか？

このカテゴリーでは、人が何に焦点をあてて仕事をするかということについて取り上げます。人の感情に重きを置くのでしょうか。それとも、仕事を完遂することに主眼を置くのでしょうか。パターンは次の二つです。

人間重視型

人間重視型が強い人は、自分や相手の気持ち・感情に注意を払いながら仕事をします。気持ちを大切にするあまり、気を遣うこと自体がタスクになってしまうことさえあります。

パターン別分布（コンテクストは仕事）

主に人間重視型	人間重視型と物質・タスク重視型が半々	主に物質・タスク重視型
15%	30%	55%

（ロジャー・ベイリーの資料による）

人との関係や自分の感情を重視して、仕事をオーガナイズします。人と信頼関係（ラポール）を築くのが得意です。

物質・タスク重視型

物質・タスク重視型が強い人は、結果やアイデア、ツール、タスク、システム（物）に焦点をおいて仕事をします。人間やアイデアを物として捉え、仕事場には感情など存在しないと考えています。仕事を完遂することに主眼を置き、仕事志向であるのも彼らの特徴です。

パターンを見分けるには

仕事の場面では、五五パーセントの人が主に物質・タスク重視型なので、このパターンを使っている人たちのやり取りは、よく耳にするはずです。ただし、職種によっては特定のパターンが好まれる場合もあります（福祉サービスで働く人たちの多くは人間重視型であるというように）。

このパターンを知るための質問は「連携」で提示したものと同じです。つまり、次の質問をすれば、「連携」と「組織」の答えを同時に得ることができるのです。

このパターンを見極めるには、二つ目の質問「そのとき、どんなところが良かったのですか？」への答えをよく聞き取ってください。

質問

▽「仕事で○○（価値基準［クライテリア］）を感じたときって、どんなときですか？」

▽（答えを聞いたあと）「そのとき、どんなところが良かったのですか？」

人間重視型の言葉の特徴

- 人、感情、気分についてよく話す
- 固有名詞、呼称を使用する
- 人が話の中心になっている

物質・タスク重視型の言葉の特徴

・プロセス、システム、ツール、アイデア、タスク、目標、結果などについて話す
・「彼ら」や「あなたたち」といった代名詞以外には、人についてあまり言及しない
・人間は物であり、プロセスの一部となる

回答例

■人間重視型

「リックラー部長が私の報告書を絶賛してくださって、私自身もとても嬉しかったです」

■主に人間重視型

「リックラー部長が私の報告書を絶賛してくださって、私自身も会社の業績アップに貢献できてとても嬉しかったです」

■人間重視型と物質・タスク重視型が半々

「リックラー部長が私の報告書を絶賛してくださって、会社の業績アップにも貢献できました」

■主に物質・タスク重視型

「私の報告書は会社の業績アップにとても役立ち、上司もそれを認めてくださいました」

■物質・タスク重視型

「私の報告書は会社の業績アップにとても役立ちました」

その他の質問例

はっきりとパターンを見極めることができないときには、次の質問が役立ちます。

▽「あなたが三〇分以内に仕上げなければならない、とても重要な仕事を必死になってやっているとしましょう。そんなところへ、あなたと仲が良くて尊敬もしている同僚が、とても取り乱した様子で、すぐに話したい大切な話があると言ってきたらどうしますか？」

仕事をやり終えることを選ぶ人もいれば（物質・タスク重視型）、友人のためにすべてを投げだす人もいれば（人間重視型）、どちらにするか決めかねる人もいるでしょう（物質・タスク重視型と人間重視型が半々)。

そのほか、次のように質問することもできます。

▽「仕事で、これ以上ないいくらい素晴らしい日というのは、どんな日でしょうか」

タスクや出来事について話し始める人もいるでしょうし、人間関係や感情について語る人もいるでしょう。

ここで、人間重視型と物質・タスク重視型が半々の例をみてみましょう。

シェリー「サイモン、どういうわけで、彼が問題を解決するのを助けたの?」

サイモン「問題点がはっきりしているし、彼のことも大切だからね」

サイモンは、問題を解決することと、話題に上っている人の両方に注意を払っています。誰かに価値基準を満たす仕事環境について話してくれるように言ったうえで、それのどこが気に入っているのかを尋ねると、たいていの場合、その人にとって最も重要な意味をもっていることについて語ってくれます。ただし、質問される側にLABプロファイルの知識があって、あなたが何を聞き出そうとしているかを知っている場合、話は別です。もっとも、多くの場合、そういう心配はありませんが。

影響言語

その場に合った言葉を使うことがどれだけ素晴らしいかを身をもって理解できると、目標もより達成しやすくなります。

人間重視型

人の名前や人称代名詞　気持ちや考えを表す言葉　体験　気分いい
あなたのために　他人（ひと）のために　人々　うちのチーム　私たちのグループ

物質・タスク重視型

非人称代名詞　物質やシステムを表す言葉　目的　タスク　目標　プロセス（過程）
仕事を終わらせる　目の前のタスクに集中する　ゴール　結果

人間重視型が良くて、物質・タスク重視型は悪いか？

人間重視型であるかどうかが、人の良し悪しの基準になるわけではありません。たとえば、ある人の携わっている仕事が他人をだますことで成り立っているとしたら、おそらくそれは、人間の感情に焦点をあてているといえるからです。そういった人は、クモの巣をはりめぐらせつつ獲物の匂いを嗅ぎ分け、他人の感情を操作していきます。

気取ったレストランでは、給仕長は、顧客を席へと案内しながら次のサービスの指示も出すように、顧客を対象物のように扱いがちです。しかし、そうでありながらも、顧客を確実に満足させなければなりません。こうした物質・タスク重視型の典型例は、飛行機の客室で見られます。客室乗務員二人が一台のワゴンを前後ではさんで通路を進みながら、プライベートな会話をしています。「あの人、ほかにもいろいろあって……」。そうしていたかと思うと、今度は接客スマイルを浮かべて、じっと席に座っている接客対象の前でかがみながら尋ねます。「コーヒーはいかがでしょうか？」。そして、あなたがコーヒーを受け取り仕事が一段落すると、またもやプライベートな会話が始まるのです。

政治家もまた、人間を対象物のように扱います。彼らはよく有権者について話しますが、そもそも有権者とは何でしょうか？　それはあなたであり、私であり、つまり人々です。ところが、一部の政治家にとって、有権者は対象物、ソーシャルメディア上で追跡され踊らされるモノにすぎません。二〇一六年のアメリカ大統領選では、ケンブリッジ・アナリティカ（イギリスの選挙コンサルティング会社）がフェイスブックのデータを使って有権者の性格特性を割り出し、大量のメールを送って支持を広げたり、一部の有権者層を立候補者から遠ざけたりしていました。

金融・銀行業界でもクライアントをモノ扱いする風潮が一般的で、「ウォレット・シェア」「シェア・オブ・ウォレット」〔訳注／ウォレットは「財布」の意〕という言葉を使って顧客一人が購入している自社商品の割合について話したりするのです。

人間重視型は感情に縛られがち

仕事場では、ほとんどの場合、任務を遂行できるように組織ができあがっている関係で、主に物質・タスク重視型が必要とされます。しかし最近は、人事担当者のあいだで、相手の感情にも配慮しながら信頼関係を築き、問題を解決することのできる人材を求める傾向が強くなってきました。

また、仕事の内容によっては、人間重視型の傾向が必要になります。カスタマー・サービスや受付などが好例です。こういった仕事では顧客の気持ちが一番大切なので、外的基準型も持ち合わせた人が必要になります。私が以前フランスの研修会社で働いていたときの総務部の人は非常に人間重視型の傾向が強く、私のことも気に入ってくれていました。私が何か頼みごとをすれば、やっていることをすべて投げ出してすぐに駆けつけてくれました。彼女にはつねに、「急を要するものではないし、来週に回してもいいから」と言っておく必要があったくらいでした。一方で、気に入らない人の仕事は、すぐにしようとはしませんでした。相手に対する感情が彼女を動かしていたのです。

人間重視型のセールス・パーソンは、商談を終わらせるのが苦手です。見込み客との会話を楽しむことはできますが、最後に「契約」へ焦点を合わせて会話を終わらせることには抵抗を感じるのです。人間重視型の経営者や管理職は、会議の場で、「それを聞くと、あの頃のことを思い出すなぁ……」などと自分の過去の経験談を語り始め、会議を長々と中断させてしまったりします。物質・タスク重視型の経営者や管理職は、ときには感情には頓着せずに人を傷つけたり、ばつの悪い思いをさせたりしてしまいます。「感情など仕事には必要ない」と。

気の置けない人たちの集まる場では、人間重視型が強い人はすぐにわかります。帰りたいと思っている人に長々と話しかけたりするからです。信頼関係が壊れたり、友人が帰ってしまうのが嫌なのでしょう。

他人の感情を深く考える人は、結果として多くがカウンセリングやソーシャルワークといった道を選びます。しかし、ときに、自分たちの仕事が人を自立させ次のステップへ導くものだということを忘れてしまいます。人間重視型が強い場合は、クライアントの感情やクライアントとの人間関係に過度に捉われて、燃え尽きてしまうこともあります（多くの人がそういう経験をしますが、特に問題回避型で感情型のストレス反応が組み合わさった場合にはこの傾向が強くなります）。身体的にも精神的にも長期的に健康でいるためには、専門家としてクライアントとのあいだに境界線をひく一方で、クライアントの感情を無視することなく、今取り組むべき課題に焦点を絞ることが必要です。

ある人が企業の研修で私にこんなことを言ったとしましょう。「新しい内容なので、なんだか不安です」。私は目の前のタスクに焦点を絞るほうなので、心の中ではたいていこうつぶやきます。「あなたに心地良く感じてもらうために、会社はお金を払っているのかしら？」。とはいえ、私もプロですから、次のように答えるようにしています。「不安や戸惑いって、いい感情ですよね。どうしてかと言うと、それはあなたが今成長しようとしていることの証（あかし）なわけですから。今までにやったことのないことをするとき、人は不安を感じるものなのです。大丈夫ですよね？」。私（主に物質・タスク重視型）は、人々を安心させるということも、研修の目的を果たすうえで手段の一つだと考えています。

リーダーシップとマネジメントのスタイルは、往々にしてタスクと人間関係のどちらにどれだけ焦点をあてるか、どのタイミングでどちらに軸足を置くかによって決まってきます。権威型、コンサル型、コーチングスタイルなどさまざまな名前が付けられていますが、どのようなマネジメントスタイルであっても、おそらく人間重視型と物質・タスク重視型の間のどこかに位置することになるでしょう。

男性の多い職場環境で女性が働くのはまだ厳しいものです。女性は今でも感情的になるきらいがあると思われています。男性陣（そして女性陣！）の中には、特に女性が人間重視型の言語を使うのを聞き、人間重視型の行動をとるのを目にすると、だから甘いのだと吐き捨てるように言う人もいます。一方で、女性が物質・タスク重視型の言葉を使うと、信頼感は高まりますが、「厳しすぎる」と思われることも少なくありません。そんなこともあって、私は女性のリーダーや管理職に向けた上級ビジネス影響力講座を開催するに至っています。

物質・タスク重視型と人間重視型のあいだでは、単純なことで誤解が生じることがあります。パリで行われたＮＬＰのセミナーに出席し、友人と昼食をとっていたときのことです。私が昔あったちょっとした事件について話していたとき、友人のスザンナは私の話を遮って「そうなの、で、そのときどんな気持ちだったの？」と訊いてきました。私は「まぁ、大丈夫だったけど……」と答えて、話を続けました。

彼女はその事件自体には何も反応せず、代わりに「でも、その人たちも、いったいどんな気持ちだったのかしらね」と、興味深げです。私は内心少しいらつきながら、「彼らの気持ちなんてわからないわ」と答えます。「でも、それってその人たちがやったことなんでしょ？」。二人のおしゃべりは続きました。「あなた、大変だったでしょう……」「そうね、でもそのときに起こったことはね……」

また、友人の夫が新車を入れて写真を撮ってほしいと彼女に頼んできたときのことを事細かに話してくれたこともあります。彼女はご主人にピントを合わせて写真を撮ったのですが、ご主人はピントがずれたクルマの写真を見てがっかりしていたそうです。みなさんにはこの話から、両者のパターンがおわかりになるでしょう。

セールスの場面で

人間重視型にとっては、商品を買うことでどのような感情が得られるか、ということがとても大切です。したがって、ヘアカラーなど、コスメティック関連の製品やサービスの販売では、こんなフレーズがよく使われます。「あなたにはその価値があるから」（化粧品会社ロレアルより）。

必要なものをすべて手に入れた人には体験が何よりの贈り物です。私の姪は、家族が一緒に料理のレッスンを受けられる体験をプレゼントしてくれました。私たちは家族七人揃ってメニューを選び、プロのシェフから料理を習って夜のひとときを過ごしました。出来上がった料理を一緒に楽しんだことは言うまでもありません！

一方、物質・タスク重視型は、製品やサービスがどのような利益をもたらすのかということに注意を向けます。

あなたの周りにいる、常に最新の機器を持っていなければ気がすまないハイテク好きの人を思い浮かべてみてください。ビジネスパートナーのアンドレア・プリエネッガーと私は、営業用プラットフォーム向けのデジタルＬＡＢプロファイルを開発しました。アンドレアは、営業で人間重視型と物質・タスク重視型を使い分ける最善の方法は見込み客に好みを聞き出す質問をして、人とモノのどちらについて語るかに耳を傾けることだと気づいたようです。

あなたが会社のウェブサイト、商品、サービス、名刺を作成するなら、ターゲット市場の好みに合わせて人間重視型と物質・タスク重視型、どちらかを反映させたデザインにすることをお勧めします。ターゲット市場が思いやりあふれる、思いを分かち合うことができる人々の集まりならば、サイトには丸みを帯びた親しみやすい画像を使い、文字の書体は型破りで一風変わったデザインが良いでしょう。ターゲット市場が事実だけを重んじるような人々であれば、サンセリフ(ゴシック体)のようなきっちりとした文字の書体と直線的な角ばったデザインを使ってください。あなたの名刺はどんなデザインになっているでしょうか?

POINT

システム

■人間重視型

感情や思いに焦点をあてる。それが仕事となる。

■物質・タスク重視型

アイデア、ツール、タスク、システムに焦点をあてる。仕事を完了させることが重要だと考えている。

パターン別分布（コンテクストは仕事）

主に人間重視型　一五パーセント
人間重視型と物質・タスク重視型が半々　三〇パーセント
主に物質・タスク重視型　五五パーセント

（ロジャー・ベイリーの資料による）

質問

「仕事で○○（価値基準）を感じたときって、どんなときですか？」
「そのとき、どんなところが良かったのですか？」

影響言語

■**人間重視型**

人の名前や人称代名詞　気持ちや考えを表す言葉　～な人

■**物質・タスク重視型**

物質やシステムを表す言葉　目標　プロセス（過程）　タスク　非人称代名詞

第14章

ルール——自分型／無関心型／迎合型／寛容型

自分や他人に適用する、行動上のルールは何ですか？

このカテゴリーでは、自分自身や他人をマネジメントする能力や、どのようにマネジメントしたいかということについてお話しします。パターンは次の四つです。

自分型

自分型は、あるコンテクストで自分の考え方を自分にも他人にもあてはめます。相手も自分と同じ考えを持っているという前提で他人と話をします。人は多かれ少なかれ同じであると考えており、自分にとって良いことはほかの人にもあてはまると考えているのです。

「もし私があなただったら～すると思う」といった表現もよく使います。職場でも、そのほかの場面でも、多くの人がこのパターンに属しています。

無関心型

無関心型は、自分のルールを持っていますが、他人には関心を示しません。他人に悪意を抱いているわけではなく、単に他人のことは眼中になく、関心がないのです。結果として他人のことを顧みず、しばしば自分が必要だと思うことだけをどんどんやってしまいます。他人のことを考えないという理由で自己中心的だと言われることもあります。

パリのアパルトマンの六階に住んでいたとき、無関心型を持つ人たちのおかげで、夜中によく起こされたものです。大半が眠りについている住宅街だというのに、深夜二時ごろに大騒ぎを繰り返していたのです。

迎合型

迎合型は、物事に対する自分自身のルールを持っていないか、明確でありません。しか

パターン別分布（コンテクストは仕事）

自分型	無関心型	迎合型	寛容型
75%	3%	7%	15%

（ロジャー・ベイリーの資料による）

し、ひとたびルールが与えられると、他人にもそれに従うことを求めます。結果として、自分で方向を決めたり意思決定したりすることが難しくなります。自分で何かを決めなければならないとき、行き詰まってどうしたらよいのかわからなくなってしまう可能性があります。

寛容型

寛容型は、仕事で自分が従うべきルールやポリシーを持っていますが、それを他人に伝えることには、ためらいや抵抗感があります。「人にはそれぞれのやり方がある」という立場で行動するのです。人はみな違っており、他人に対して「これこれをすべきだ」などと言うことは傲慢であると考えます。結果として、何を考えているか、はっきりわからないと思われることもあります。

また、討論のときなど、どちらかの意見を主張している人から見ればどっちつかずで、目障りな存在になったりもしますが、両方の立場を理解することができる存在でもあります。

パターンを見分けるには

質問

次の二つの質問をして、回答者が質問の両方ともに答えるか、一方にしか答えないのかに注目してください。

▽「あなたが○○（仕事など）でもっと実績をあげるのに良い方法って何ですか？」……①

▽「（答えを聞いたあと）ほかの人が○○（仕事など）でもっと実績をあげるのに良い方法って何ですか？」……②

四つのパターンを見分けるには、質問に対する答えを比較する必要があります。答えにくい場合、相手は長時間考えたり、確信がなさそうな口調で答えたりします。

自分型の言葉の特徴

・質問の両方に同じように答える
・（質問①と質問②で内容が異なる場合でも、）どちらの質問にもいとも簡単に答える

無関心型の言葉の特徴

・質問①には明確に答え、質問②には興味を示さない

迎合型の言葉の特徴

・質問①には答えられないが、質問②については答えがわかっている

寛容型の言葉の特徴

・質問①には自分の考えを持っているが、質問②については答えがわからないか、答える立場にないと考える

回答例

■自分型

質問①「もっと一生懸命働く。もっと計画を立てる」

質問②「万全の準備を整える。望むものを明確にする。もっと一生懸命働く」

■無関心型

質問①「もっと計画を立てる」

質問②「私には関係ない」

■迎合型

質問①「うーん、よくわからない」

質問②「計画を立てる」

■寛容型

質問①「もっと一生懸命働く。もっと計画を立てる」

質問②「人によって違うと思う」

影響言語

私があなたなら、相手の行動にひたすら注意を払うでしょう。結局、人はそれぞれですからね。それぞれのパターンの人に使えるフレーズをいくつかご紹介しておきましょう。

自分型

「もしあなたが彼だったら、そうしますか?」「あなたは自分が必要としていることも、人がどうすればよいかもわかっていますね」「あなたは自分の考えを周りの人にはっきりと伝えることができますね」（その人が自分のことも他人のこともみずからの判断で決めることを反映したフレーズ）

無関心型

（内的基準型の言葉を工夫して使うことをお勧めします）「あなたはそのことについてよくわかっておられますが、他人（ひと）のことはあまり気にしておられませんね」「これがあなたにとって最善かもしれません」「彼らが何を考えているかは気にしないでください」

迎合型

「どうすればよいかわかったのだから、他人（ひと）へも伝えていけますね」「上司の連絡を待って、みんなに知らせてください」「掲載されているガイドラインをあなたからグループのみんなに伝えてもらえますか？」「ジョージならどうするでしょう？」

寛容型

「自分がすべきことはわかっているけど、他人がどうするかについては、本人に任せたいんですね」「あなたにはあなた独自のやり方があるけれど、人はそれぞれ違うということも理解されていますね」「人それぞれですね」

管理職向きなのは自分型？

自分型は、ほかに必要とされるパターン（主体・行動型と反映・分析型、主に内的基準型、主に全体型、外向型、チョイス型など）を持ち合わせていれば（もちろん知識とスキルもあるという前提ですが）人材管理のポジションに向いています。自分型は、ほかの従業員に対して期待することをはっきりと言うことができますし、自分自身がどんなルールに基づいて行動しているのかも理解しています。専門知識を教えるには、自分型はもってこいです。ほかの人に何をすべきかを明確に伝える必要がありますから。

管理職が極端な自分型で、特に内的基準型との組み合わせの場合には、チーム内で摩擦が生じることがあります。かつて私のトレーニング・プログラムを開催したことのある団体の役員は、職員全員に同じプログラムをビデオ受講するよう指示しました。自分にとって効果があったから、職員たちにも同じ効果があるだろうと踏んだわけです。私には、（そのレベルの）トレーニングを受講するには、時期尚早と思われる職員の方もかなりいたように思われましたが……。

管理職が寛容型の場合、自分の思いをはっきり伝えないために、特にチームのメンバーが経験不足だったりするとメンバーが不安な思いになることがあります。やるべきことがわかっているチームであれば、寛容型の上司が最適でしょう。

相手の価値基準、価値観、目標を探り出し、仕事をすることが重要な場合には、寛容型が役に立ちます。寛容型は、中立なまとめ役としての立場を維持しながら、それぞれのグループのものの見方を理解することができるので、仲介者や交渉人として素晴らしい働きをします。今日、カウンセラーやコーチ、ファシリテーター、トレーナー、セラピストたちを対象にした傾聴や質問技法のトレーニングは、寛容型のパターンを養成するためのものといってもよいでしょう。

セールスでは、自分型を持ったセールス・パーソンが、ほかに必要なパターン（主体・行動型、少々外的基準型、主にプロセス型、チョイス型、近接型など）を持ち合わせていれば、業績を上げることができるでしょう。自然に顧客が買うように持っていくことができるのです。ただし、自分型が強すぎると、押しつけがましく説得口調になってしまう可能性があります。一方、寛容型のセールス・パーソンは、顧客に商品を勧めたり、提案をしたりすることには気が進まないかもしれません。

どうして中間管理職はつぶれてしまうのか？

大規模な組織の中間管理職には、迎合型が多く見られます。迎合型の管理職は、みずからルールを作ることはありませんが、ひとたびルールが設定されると、それに従うよう部下に求めます。

一九九〇年代初頭の経済破綻から始まって、二〇〇〇年のＩＴバブル崩壊、二〇〇八年の金融危機、二〇一六年の石油価格の暴落などなど、企業はさまざまな辛苦を味わってきました。人員削減、業務プロセスの「抜本的な見直し」、組織再編、階級制の廃止、そしてそのたびに中間管理職が排除されてきました。中間管理職は、単に会社のポリシーと手順を伝達する役割にすぎないと見なされ、現場でその価値が認められなかったのです（かなり物質・タスク重視型が反映された世界観に思えます)。

人員削減の流れの中で、中間管理職が人材活性化や人材開発において果たす役割は過小評価されてきました。

結果的に、迎合型のパターンを持った人たちの多くが、突然仕事を探さなければならなくなりました。人生における初めての経験だった人たちもいたことでしょう。仕事探しが至難の技であったことは容易に想像がつきます。新たな一歩を踏み出すといっても、今まで自分で自分のルールを作ることをしてこなかったわけですから。

幸運なことに、今はさまざまな就職サイトや人と人をつなぐビジネスSNS(LinkedInやXingなど)があるので、そういったものが彼らの助けとなるでしょう。

自分を他人として考えてみる

以前、迎合型を持ったクライアントにキャリア・カウンセリングをしたことがあります。「物事を決めるのが難しいことがありますか?」と尋ねると、「ええ、そうなんです!特に、自分自身のことになると」と答えます。私は彼女に、別の椅子にもうひとりの自分が座っているところを想像してもらい、その「自分」にどうすべきかを話してもらうように言いました。これによって、多くの問題が解決しました。このクライアントの場合、他人に「こうしてほしい」と言うときには何の問題も感じないのですが、自分が職場でどうすべきかを決めることが難しかったのです。一つのコンテクストで外的基準型、オプション型、迎合型が混在している場合、自分に関して物事を決めるのが難しい傾向は一層強くなるようです。

無関心型の場合、誰かの要求に応じて仕事をするのではなく、自分がすべき仕事に集中できる状況で実力を発揮します。企業の多くは、従業員同士でコミュニケーションを図ってほしいと考え、また調和して働ける人材を望んでいるので、単独で行う仕事はますます見つけにくくなっています。無関心型は、えてして「これが自分のやり方であり、最高のやり方である」というアプローチをとります。加えて主体・行動型で内的基準型であれば、周りで何が起こっていようとも、自分のやり方を押し通そうとするでしょう。

以前、小さな環境保護の会社で仕事をしたことがありますが、そこのオーナーがまさにこのパターンの組み合わせを持った人でした。彼のもとで、多くの従業員は、仕事が終われば解雇通知が待っているのではないかと思えるほどビクつきながら仕事をしていました。

状況（コンテクスト）によってパターンを切り替える

仕事では自分型であっても、交友関係では寛容型のパターンを使っていることもあります。たとえば、寛容型の場合、普段は結婚相手に対して何も言わなくても、ときには自分型で、パートナーに望むこと望まないことをはっきり伝えることも有益かもしれません。ずっと寛容型の状態のまま、パートナーに自分の好き嫌いをきちんと伝えていなければ、長期間にわたってお互いにわだかまりを抱えたまま過ごすことになります。私の知っているカップルは、成人した子供たちが困った状況にあるときにどうやって手を差し伸べるか、それともまったく手を差し伸べないのか、家計や定年退職の計画など家族として大切なことをまったく話し合ってきませんでした。なぜ夫婦として大切なことを話し合わないのかと彼らに尋ねると、困惑した表情を浮かべて私を見るだけでした。同じように、結婚生活のほとんどの時間を自分型で過ごしている人は、ときには寛容型で、パートナーがどのように状況を捉えているかを感じてみるのもよいでしょう。

異なったパターンを知ることで、時と場合によって、最もふさわしいパターンを選ぶことができるようになるのです。

子供にどのパターンで接するか

子育てをするとき、子供の性格や子供が望んでいることを本当に理解したうえで、あなたがしてほしいことを伝えるようにしていますか？　しつけの段階では、自分型のほうがよい場合が多いのですが、ときには、寛容型が必要な場合もあります。子育ての目的には、子供の発育と成長を助けるということもありますから。

ヘリコプター・ペアレンティング（過干渉な子育て）とは、誕生から青年期に至るまで、親が子供を監視し、指図し、コーチのように指導し、コントロールし、失敗や他のネガティブな経験をしないよう先回りする育児のしかたで、親であるというコンテクストにおいて内的基準型とプロセス型が混在している自分型の究極の一例と言えるでしょう（「私にはわが子がすべきことについて正しい方法がわかっている」と考えているのです）。このヘリコプター・ペアレンティングはますます増加傾向にあり、それは精神上の問題を抱えた大学生の増加と比例しているように思われます。[1] 第12章でお話しした孤独の要因を考えあわせれば、スマホと子育てメソッドは子供が健やかに成長して大人になるためにはまったく役立っていないようです。

ニューヨーク・タイムズ紙で引用された研究[2]によれば、人並みの創造力を持つ子どもの親が子供としていた約束事は平均六つで、とびぬけて創造力のある子供との約束事は一つ未満だったそうです。ルールの数を最小限に抑えて子供にすべきこととやり方を伝えることで、より創造力の豊かな子供に育つのでしょう。言うは易しですが……。

POINT

ルール

■**自分型**

自分のルールが相手にも適用できると考える。期待することを他人に伝えることができる。

■**無関心型**

自分には自分のルールがあるが、他人には関心がない。

■**迎合型**

自分の考えはないが、与えられると相手にそれを適用する。中間管理職に多いパターン。

■**寛容型**

自分には自分の、相手には相手のルールが適用される。人に意見することに、ためらいを感じる。

パターン別分布（コンテクストは仕事）

自分型　七五パーセント
無関心型　三パーセント
迎合型　七パーセント
寛容型　一五パーセント

（ロジャー・ベイリーの資料による）

質問

「あなたが○○（仕事など）でもっと実績をあげるのに良い方法って何ですか？」

「ほかの人が、○○（仕事など）でもっと実績をあげるのに良い方法って何ですか？」

影響言語

■自分型

「もしあなたが彼だったら、そうしますか？」「あなたは自分が必要としていることも、人がどうすればよいかもわかっていますね」「あなたは自分の考えを周りの人にはっきりと伝えることができますね」（その人が自分のことも他人のこともみずからの判断で決めることを反映したフレーズ）

■**無関心型**

（内的基準型の言葉を工夫して使うことをお勧めします）「あなたはそのことについてよくわかっておられますが、他人のことはあまり気にしておられませんね」「これがあなたにとって最善かもしれません」「彼らが何を考えているかは気にしないでください」

■**迎合型**

「どうすればよいかわかったのだから、他人（ひと）へも伝えていけますね」「上司の連絡を待って、みんなに知らせてください」「掲載されているガイドラインをあなたからグループのみんなに伝えてもらえますか？」「ジョージならどうするでしょう？」

■**寛容型**

「自分がすべきことはわかっているけど、他人がどうするかについては、本人に任せたいんですね」「あなたにはあなた独自のやり方があるけれど、人はそれぞれ違うということも理解されていますね」「人それぞれですね」

第15章

知覚チャンネル——視覚型／聴覚型／読解型／体感覚型

物事を納得するとき、どの知覚チャンネルから情報を集めますか？

ＬＡＢプロファイルのカテゴリーも、残すところあと二つとなりました。これからお話しする二つのカテゴリーは、セールスの仕事をされている方には特に大切です。知覚チャンネルと次の納得モードでは、人がどのような過程を経て意思決定するのかについて説明します。私たちは通常、納得するまで行動を起こしません。物事について本当に納得してから、製品やサービスを購入したり、目の前の仕事をやり遂げる気になるのです。「どのように納得するか」は人それぞれですが、これには、二つの段階があります。まず知覚チャンネルを通して情報を集め、得た情報を特定の方法で処理するのです。

パターン別分布（コンテクストは仕事）

視覚型	聴覚型	読解型	体感覚型
55%	30%	3%	12%

（ロジャー・ベイリーの資料による）

知覚チャンネルのパターン

視覚型
製品やサービス、アイデアを見る必要がある

聴覚型
発表を聞いたり、情報を聞いたりする必要がある

読解型
書かれたものを読む必要がある

体感覚型
身体を使って作業する必要がある

パターンを見分けるには

質問

▽「ある人が○○（仕事など）ですごいって、どのようにしてわかりますか？」

▽「ある○○（クルマなど）が買う価値があるって、どのようにしてわかりますか？」

視覚型の言葉の特徴

・証拠を見るとわかる

聴覚型の言葉の特徴

・誰かが、その人やものについて話しているのを聞いてわかる

読解型の言葉の特徴

・その人が書いた報告書などを読むとわかる

体感覚型の言葉の特徴

・その人と一緒に作業をしてみるとわかる

回答例

■視覚型

「ただ見るだけで」

■聴覚型

「彼らが結論に至った説明を聞くと、その人の論拠や思考プロセスを判断できる」

■読解型

「報告書を読んで」

■体感覚型

「彼らがどのように仕事をするか、一緒に仕事をしてみる必要がある」

この質問には、複数の回答が返ってくることがあるかもしれません。たとえば、視覚型と聴覚型の両方の情報が必要な場合もあるでしょう。

相手の知覚チャンネルに合わせて話す

たとえばセールスや仕事の割り当てのとき、誰かに何かを納得してもらいたければ、相手の知覚チャンネルに合わせて話をするようにします。必要とされている情報がどの知覚チャンネルのものなのかがわかっていれば、その形で情報を与えるだけでよいのです。好ましい知覚チャンネルがわからない場合は、視覚型を使ってください。私たちの文化では画像や映像が多用されています。LABプロファイルを教えるとき、私はいつも「影響と説得の原理」をみなさんにお伝えします。

「相手に動いてもらうためには、あなたが望む場所に相手がいるとは仮定せず、まず自分がその人のいるところまで行くことが大切です」

時間がたつと大半の人はこの原則を忘れてしまいますが、相手がいる場所を象徴するバスストップのイメージは数十年たっても記憶に残っています。相手のバスストップへみずからが赴くという本来の趣旨は、このイメージとともに記憶されるのです。

具体例

■**知覚型**

「商品のサンプルをご覧に入れましょう」

■**聴覚型**

「お聞きいただければ、おわかりいただけるはずです。ほかに話しておきたいことはございませんか？」

■読解型

「報告書の数字が物語っていますね」

■体感覚型

「決断なさる前に、ご自身で少しお試しになってみてはいかがでしょうか」

影響言語

相手の使っている知覚チャンネルを使えば、実際にやってみたような実感を伴ってまるで行間を読んでいるかのように、あなたが言いたいことを相手にわかってもらえるでしょう。パターンごとの影響言語をあげておきましょう。

視覚型

見る　示す　観点（展望）　イメージ　明らかに　明らかにする　明るい　暗い
輝かしい　色とりどりの　思い浮かべる　ライトアップする　曖昧な
ぼんやりした　視界　ぱっとした　〜に視線をやる　思い描く
動いているのを見る　じっと見る

聴覚型

聞こえる　話す　聞く　驚嘆する　言う　質問する　尋ねる　会話　ベルが鳴る

雑音　リズム　調子が合って　調和して　音楽の　音色　不協和音

シンフォニーのような　叫ぶ　話し合う　〜について詳しく聞く　言い聞かせる

読解型

報告書を読む　資料に目を通す　ページをざっとみる　通読する　精読する

体感覚型

感じる　触る　把握する　集める　〜と接触する　結ぶ　具体的な

プレッシャーをかける　繊細な　確固たる　打ち解けた　やわらかい　つながる

熱い　冷たい　温かい　やってみる　取り組む　試してみる　試用する

テストしてみる

POINT

知覚チャンネル

■視覚型
証拠を見る必要がある。

■聴覚型
口頭でのプレゼンテーション、あるいは何かを聞く必要がある。

■読解型
書かれたものを読む必要がある。

■体感覚型
作業をしてみる必要がある。

パターン別分布（**コンテクストは仕事**）

視覚型　五五パーセント
聴覚型　三〇パーセント

読解型　　三パーセント
体感覚型　一二パーセント

（ロジャー・ベイリーの資料による）

質問

「ある人が○○（仕事など）ですごいって、どのようにしてわかりますか？」

（または）

「ある○○（クルマなど）が買う価値があるって、どのようにしてわかりますか？」

影響言語

知覚チャンネルに合わせる。

第16章

納得モード——回数重視型／直感重視型／疑心型／期間重視型

納得して決断するために、集められた情報をどのように処理しますか？

人が物事を納得するには、特定の知覚チャンネルを通して集めた情報を、何らかの方法で処理する必要があります。この処理方法を「納得モード」と呼び、パターンは四つに分けられます。

回数重視型

回数重視型が何かを納得したり習得したりするためには、情報を一定回数確認する必要があります。

パターン別分布（コンテクストは仕事）

回数重視型	直感重視型	疑心型	期間重視型
52%	8%	15%	25%

（ロジャー・ベイリーの資料による）

直感重視型

直感重視型は、限られた情報をもとに見当をつけて、直感的・自動的に素早く決断を下します。結論を一気に出し、一度決断するとなかなか変えません。「どうかな」と思うことは、良い方向へ解釈する傾向があります。

疑心型

理解しがたいかもしれませんが、疑心型は、完全に納得するということがありません。毎日が新しい日で、毎回、情報や事態を評価・確認しなければなりません。私はこれを「明日は明日の風が吹く」パターンと呼んでいます。

期間重視型

期間重視型は、納得して決断するまでに一定期間情報を集める必要があります。

パターンを見分けるには

質問

▽「その人がすごいって、どのくらい（見ると・聞くと・読むと・一緒に働くと）納得しますか？」

回数重視型の言葉の特徴

・はっきりと回数を示す

直感重視型の言葉の特徴

・一つの例をあげる、もしくは、基本的に人間は善良だと考える
・「どうかな」と思うことは、自分に都合よく解釈する

疑心型の言葉の特徴

・完全には納得せず、そのつど考えて判断する

期間重視型の言葉の特徴

・必要だと思われる期間について話す

前ページの質問に対する答えから、パターンを類推することが可能です。

回答例

■**回数重視型**

「二、三回でわかります」

■**直感重視型**

「すぐにわかります」

■**疑心型**

「その人の仕事を一つ一つ確認しなければわかりません」

■**期間重視型**

「何カ月かたてばわかります」

プロファイリング

パターンを確認するのにどのように質問すればよいのか、具体例をあげておきましょう。

シェリー　「ギリアン、あなたはどのようにして、同僚がその仕事に向いているかどうかわかりますか？」

ギリアン　「一瞬見たり、聞いたりすればわかります」

シェリー　「一瞬で？」

ギリアン　「そう、すぐ、わかっちゃうんですよ」

興味深いことに、知覚チャンネルについて質問をしたとき、知覚チャンネルと納得モードの両方の答えが出てくることがあります。ギリアンは「見て、聞く」ことが必要な、直感重視型であることがわかります。

シェリー　「ジム、あなたはどのようにして、同僚がその仕事に向いているかどうかかわかりますか？」

ジム　「やった仕事を見せてもらったり、仕事がほかの人に高く評価されているのを聞いたりするとわかります」

シェリー　「仕事を何回くらい見たり聞いたりすると、納得できますか？」

ジム　「二～三回です」シェリー（解釈が正しいか、確認してみましょう）「二回見聞きすると、その人が仕事に向いているかどうか納得できるのですね？」

ジム　「たぶん」

シェリー　「それなら、三回見聞きすれば完全に納得するのですね？」

ジム　「（うなずきながら）はい」

ジムは視覚型と聴覚型で、回数重視型（三回）ということになります。

シェリー　「ナターシャ、あなたはどのようにして、あなた以外の誰かがその仕事に向いているかどうかわかりますか？」

ナターシャ　「しばらく一緒に働いてみたいかな」

シェリー　「何回くらい一緒に働いたらわかるの？」

ナターシャ　「うーん、わからないわ。それって、どのくらいの期間てことかしら?」

ナターシャの知覚チャンネルは体感覚型です。彼女が使っているパターンが期間重視型であることは、最初の質問への答えにも少し出てきますし、二番目の質問に対する答えを聞くとはっきりします。さて次に、彼女が納得するにはどのくらいの期間がかかるのかを明らかにする必要があります。

シェリー　「どのくらい(の期間)一緒に働くと、その人が仕事に向いているかどうか納得しますか?」
ナターシャ　「二週間ぐらいです」
シェリー　「ではその人と二週間一緒に働くと、あなたは納得するのですね?」
ナターシャ　「はい」
シェリー　「アダム、あなたは、同僚が今携わっている仕事に向いているかどうかってどのようにしてわかるの?」
アダム　「その人が書いた月々の報告書を読めばわかります」

シェリー　「何回くらい報告書を読むと、その人が仕事に向いているかどうか納得できるの？」

アダム　「えーっと、報告書は一つ一つ違うから。今回の報告書は出来映えが良くても、次の報告書が必ずしも良いとは限らないし……。毎回、読まないとわからないかな」

アダムは読解型のチャンネルを使っていて、意思決定の仕方は疑心型ですね。一度で完全に理解することは決してありません。

仕事の場面で多いパターン

（たとえば、仕事の場面で言えば）回数重視型が大きな割合（五二パーセント）を占めています。つまり、納得するためには過半数の人が、データを一定の回数見聞きすることが必要だということです。広告は、「与えられた時間の中でメッセージを六回繰り返せば、ほとんどの人がそのメッセージを理解し、そのメッセージに基づいて行動する」という理論にのっとっています。

オンライン広告主もまた、大量の広告を見込み客へ送信し、彼らが見るページを追いかけます。同じ商品やサービスの広告を繰り返し表示すれば、結果的に根負けして商品を購入してもらえると信じているようです。そして、オンライン広告の第一人者は、「これさえ手に入れば……」と、消費者に自分たちの商品を買ってもらうための魔法の方程式を使います。

今では偽りだということが証明されていますが、自己啓発分野には、二一日あれば習慣を変えることができるという通説がありました。変えようとしている習慣がどのようなものなのかにもよりますが、LABプロファイル的見地から興味深いのは、習慣を変えるためのこのフレーズは、回数重視型ではなく期間重視型にのみあてはまるものだということです。

子供の納得モード

教育の現場について考えてみましょう。ある子供が学校で足し算・引き算を習い、「わかった！」と納得するためには、一二回繰り返す必要があるとします。当然、「自分は足し算や引き算ができる」と納得するのに必要な数の問題を、授業中に解かせてもらえることはありません。授業は普通、ある限られた回数、スキルを反復練習するだけだからです。しかし、もし教師が、なかなか計算問題のできない生徒がどのようにしたら「自分は足し算の仕方がわかった」と納得できるのかを見抜くことができれば、その子に必要なだけ反復練習するよう促すこともできるでしょう。

こうした情報は、学校での勉強を家庭でサポートする親にも役立ちます。

親「あなたはお友達が本の朗読がじょうずだって、どういうことでわかる？」

子「全部の文章がすぐにちゃんと読めたら、じょうずだなって思うよ」（読解型）

親「何回くらい全部の文章をすぐにちゃんと読めたら、じょうずだって納得するの？」

子「うーん、何回も」

親「何回も？　三回すぐにちゃんと読めたら、本読みがじょうずだって納得する？」

子「うーん、わからない」

親「じゃあ、もし、五回すぐに全部の文章をちゃんと読めたら、納得する？」

子「うん、もちろん！」

ここで親は、子供が朗読の練習をしている段階で、文章をちゃんと読むのに五回まで回数を数えていることがわかります。いったん自分にとって大切な〝確証〟（ここでは、五回練習すれば読めるようになること）が得られれば、子供は「自分はじょうずに読めるんだ」という確信を持って本が読めるようになるのです。

あなたは、自分の子供が自信を持つにはどのような確信を持つことが必要なのかを、ときには一緒に話し合う必要があるでしょう。もし、「文章がすべて」ちゃんと読めて「いつも正しい答えを出す」ことが現実的でないようであれば、子供がより確実に確証を持てるように助けてあげてもよいでしょう。

子供が学習において疑心型（決して完全には納得しない）であれば、その子は学習のたびに「今回の内容は理解できた」と納得する必要があるはずです。その場合には、「以前もちゃんとできたんだから、今回もきっとできるはず」と励ますと効果的です。

かなり手ごわい疑心型

直感重視型は、少し情報をもらっただけで残りの部分は憶測で補い、すばやく決断する傾向があります。つまり、他の部分は都合よく解釈して決定を下すのです。彼らは一気に結論を出し、すばやく決断を下します。直感重視型に何かを納得させようと話し始めても、一旦「いいえ」と言われたら、再び納得させようとしても、まず成功することはありません。彼らが心変わりすることはほとんどないのです。

疑心型の人はどんなことも確認しなければ気がすみません。問題回避型と疑心型が組み合わさると、間違いをチェックする仕事や品質管理の職務に理想的なパターンになります。そんな仕事に携わる人が「彼はいつもよくやってくれているから、確認なんて不要だな」などと考えると大変なことになりますからね。

顧客としては、疑心型を持った人が一番厄介だといえるでしょう。毎回一から信用を得る努力をする必要があるからです。今日はあなたの接し方が気に入っても、次のときには気に入らないと癇癪（かんしゃく）を起こし、その次の日にはまたまた気に入ったりという具合になるからです。いつも懐疑的で完全に納得することがないのです。そんな時は、「内的基準型」で行動している人に使ったのと同じ影響言語を、知覚チャンネルに注意しながら使ってみましょう。「お決めになる前に、お試しになるのはいかがでしょうか」（体感覚型、疑心型）「まず、ざっとお目通しいただいて、ご感想をいただけるとありがたいです」（視覚型、疑心型）。

また、このパターンで行動する人たちは、一度買ったものを返品したり、交渉などで一度同意したことを変えたりする傾向があります。

以前、月に一度、製薬会社のマーケティング部門と仕事をしていたことがあります。LABプロファイルを教えたり、営業担当や営業の対象になる医者に合わせたマーケティング戦略を策定するのが主な仕事でした。セミナー初日、タミーという女性が部屋に入ってきましたが、いかにも憂鬱そうで、手に持っていたファイルを机の上にドスンと置き、椅子にドカッと腰掛け、やることは山ほどあるのにこんなところに居るのは時間の無駄だとブツブツ文句を言っていました。しかし、セミナーが終わるころには、LABプロファイルがとても気に入ったようで、ワークや用途を熱心に学んでいました。

ところが、一カ月後、二回目のセミナーのときにも彼女は憂鬱そうに部屋に入ってきて、ファイルを机の上にドスンと置き、ブツブツ文句を言いだしました。「奇妙だな」と私は思いました。なぜなら、前回の終盤では、彼女がこのセミナーに納得がいったように記憶していたからです。しかし、再びその日が終わるまでに、彼女はやる気を盛り返していました。三回目のセミナーで同じことが起こったとき、私は彼女が疑心型の納得モードを持っているのだと確信しました。毎回信頼関係(ラポール)を築き、信用してもらう必要があったのです。私たちは今でも連絡を取り合っています。彼女はどこで働いていても、ことあるごとに私に声をかけてくれて、私は彼女のチームの相談に乗ったりしています。

期間重視型が納得するには、一定の期間、必要な情報を受け取る必要があります。購入を決意するまでに、あなたが販売している商品について二カ月ほど話をする必要がある場合（聴覚型）もあるでしょう。その場合には、顧客が必要だと言っていた期間待ってもよいですし、何週間後かにその顧客に電話をして、「忙しかったもので、もう二カ月たったような気がしました」などと言うこともできるでしょう。

私のLABプロファイルのコンサルタント・トレーナー向け認定セミナーにこのパターンを持つ参加者が数名いました。セミナーが始まって数日間、彼らは寡黙でワークにも遠慮がちに参加し、懐疑的で自分たちの周りに目には見えない壁を作っているようでした。しばらくすると、突如積極的にセミナーに参加し始め、期間重視型の納得モードについての説明が始まると、まさに自分のことだと大笑いするほどになっていました。

ある中小企業経営者のところで仕事をしていたときのことです。彼は会社が扱っている、高度な技術を必要とする仕事をこなせる社員を採用できずに苦戦していました。候補者に課題を与えて試用期間を設けるというプロセスは良かったのですが、期間重視型の納得モードがネックになっているようでした。彼は、候補者が提出した仕事の内容に満足がいかなくても、三～六カ月もの猶予を与えて候補者に課題に取り組んでもらっていたのです。期間重視型という納得モードのパターンについて話しあった結果、彼は短い期間で候補者の仕事の内容を吟味した後に採用の可否を決定し、同時に二人以上の候補者を選考することに合意しました。こうして、彼はよりスピーディーに仕事ができない候補者を見極め、求める人材を見つけられるようになりました。

影響言語

誰かといっしょにいるときにはいつでも、まずはその人が善良な人だと考えて、何かを決断するのに必要なだけの時間を、少なくとも二、三回は与えてください。

回数重視型
（回数を示す）数回　三回目　次回

直感重視型
すぐおわかりのように　直感的に　すぐに決める（即決で）　今すぐ

疑心型
試してみる　使ってみる　毎回　前回同様　ご自身でお確かめください

期間重視型

（期間をマッチさせる）二、三週間　一時間ほど　十日間

POINT

納得モード

■**回数重視型**

納得するためには、一定の回数、データが示される必要がある。

■**直感重視型**

情報量は少なくても直感的に決断でき、一度決めたことを変えることはめったにない。

■**疑心型**

完全には納得しない。日が変わるたびに検証し納得し直す必要がある。

■**期間重視型**

納得するまでに、一定の期間が必要。

パターン別分布（コンテクストは仕事）

回数重視型　五二パーセント

直感重視型　八パーセント
疑心型　一五パーセント
期間重視型　二五パーセント

（ロジャー・ベイリーの資料による）

質問

「その人がすごいって、どのくらい（見ると・聞くと・読むと・一緒に働くと）納得しますか？」

影響言語

■**回数重視型**

（回数を示す）

■**直感重視型**

直感的に

■**疑心型**

試してみる　使ってみる　毎日　毎回　内的基準型の影響言語を使う

■**期間重視型**

（期間をマッチさせる）

ＬＡＢプロファイル・ワークシート（内的処理の特徴）

次のページに「内的処理の特徴」のプロファイリング用ワークシートがありますので、お役立てください。各パターンのキーワードも加えてあります。パターン認識の参考にしてください。

「動機づけの特徴」と「内的処理の特徴」の両方を含むワークシートは、巻末にあります。

LABプロファイル　ワークシート（内的処理の特徴）

クライアント氏名 ＿＿＿＿＿＿　所属 ＿＿＿＿＿＿

担当 ＿＿＿＿＿＿　コンテクスト ＿＿＿＿＿＿

年月日 ＿＿＿＿＿＿　プロファイラー氏名 ＿＿＿＿＿＿

質問	カテゴリー	パターン：特徴
（質問なし）	**スコープ**	
	＿＿＿＿	詳細型：正確には、厳密には、（情報を順序正しく）
	＿＿＿＿	全体型：概要、大枠としては、（情報をバラバラに）
	関係性	
	＿＿＿＿	内向型：短く単調な反応
	＿＿＿＿	外向型：快活な、表現豊かな、無意識に相手に反応
○○（例：仕事）で困ったときのことを話してもらえますか？	**ストレス反応**	
	＿＿＿＿	感情型：ある感情にとどまったままの状態が続く
	＿＿＿＿	チョイス型：一時感情的になるが、冷静さを取り戻せる
	＿＿＿＿	冷静型：感情的にはならない

○○（例：仕事）で ○○（価値基準にあたるもの）を 感じたときって、どんなときですか？ （回答を待つ） そのとき、どんなところが 良かったのですか？	**連携** ＿＿＿＿ 個人型：個人で、私が、全責任を負って ＿＿＿＿ 近接型：この部分は〜の責任で、周りに囲まれて ＿＿＿＿ チーム型：われわれ、チーム、共同責任で **システム** ＿＿＿＿ 人間重視型：人々、感情、共感 ＿＿＿＿ 物質・タスク重視型：ツール、タスク、アイデア
あなたが○○（例：仕事）で もっと実績をあげるのに 良い方法って何ですか？ ほかの人が○○（例：仕事）で もっと実績をあげるのに 良い方法って何ですか？	**ルール** ＿＿＿＿ 自分型：自分のルールを自分にも相手にも適用 ＿＿＿＿ 無関心型：自分は自分のルール／他人には関心なし ＿＿＿＿ 迎合型：与えられたルールを自分にも相手にも適用 ＿＿＿＿ 寛容型：自分は自分のルール／相手は相手のルール
ある人が○○（例：仕事）ですごいって、 どのようにしてわかりますか？ その人がすごいって、どのくらい （見ると・聞くと・読むと・一緒に働くと） 納得しますか？	**知覚チャンネル** ＿＿＿＿ 視覚型 ＿＿＿＿ 聴覚型 ＿＿＿＿ 読解型 ＿＿＿＿ 体感覚型 **納得モード** ＿＿＿＿ 回数重視型：回数を示す ＿＿＿＿ 直感重視型：都合よく解釈する傾向 ＿＿＿＿ 疑心型：完全には納得しない ＿＿＿＿ 期間重視型：期間を示す

第4部

LABプロファイルを応用する

ここからは、ＬＡＢプロファイルがどのような場面で使えるかということについて解説します。取り上げるテーマは次のとおりです。

・ＬＡＢプロファイルの実践
・組み合わせ（コンビネーション）パターン
・影響を与える戦略とテクニック
・対立におけるＬＡＢプロファイル
・ＬＡＢプロファイルを使ったカンバセーショナル・コーチング
・キャリア・カウンセリングとプロファイリング
・企業風土と変化の診断
・有能な人材採用
・パフォーマンスの高いチームづくり
・交渉と駆け引き
・ターゲット市場の分析
・教育と学習
・デフォルト・パターン

第17章

LABプロファイルの実践

LABプロファイルを完成させるには、二つの段階があります。

一　質問をする

二　推量と検証（推量が正しいかどうかの見極め）を行う

質問をする

ここでは、LABプロファイルで決められた質問をして、パターンを表す特徴を見たり聞いたりするたびにチェックマークをつけ、いくつチェックがつくかを確認します。相手の答えを書き留める必要はありません。価値基準(クライテリア)の質問に対する答えだけは相手が言ったことをそのまま書き留めてください。「内容」ではなく「どのように言うか」を聞き取ることが大切です。

手順

①氏名、所属などを記入する。コンテクストを書き留めておく。質問をするたびにコンテクストから始め、常に最初に決めたコンテクストについて答えてもらうようにする(例:「プロジェクトマネジャーをしているときに、なぜそれが重要なのですか?」)。

②質問をして、パターンの特徴を表す答えを見聞きしたときにはチェックマークをつける。結果的にオプション型に三つチェックがついて、プロセス型に一つチェックがつくこともあります。

③主体・行動型と反映・分析型、全体型と詳細型、内向型と外向型には、特定の質問はありません。これらのパターンを分析するには、相手の非言語のサインをよく観察してください。

推量と検証を行う

推量と検証を行うことで、相手の回答を正しく理解しているかどうかを確認し、自分の先入観でどちらか一方に偏ることなく、より正確で客観的なプロファイルを行うことができます。一連の質問をしてチェックマークもつけ終えたところで相手にフィードバックを返して反応を見ることで、自分の判断が正しかったかどうかを確認します。

手順

①まず、ＬＡＢプロファイルのそれぞれのパターンの特徴を、正確に言えるようにしてください。すらすらと楽に言えるようになるまで、何度も繰り返し練習することが大切です（例：「目的志向型――目的志向型が強い状態であれば、目標を達成することに焦点をあてる傾向があります。目標がなければ、やる気が出なかったり、物事にとりかかるのが困難だったりします。また、問題に対処することには興味が持てません」）。

②フィードバックをするときにはいつでも、コンテクストを述べることから始めてください。チェックをつけたパターンの行動特性を言い切る形で述べて、相手の反応をよく観察

してください。相手はあなたが言っていることに本能的に同意したり、内容を訂正したりするでしょう。相槌を打ったり、困惑したり、否定したりといった反応によって、予想していたパターンが合っていたかどうかを確認することが可能です。それでも確信が持てない場合には、相手に例を挙げてもらって、その言葉の中にパターンを特徴づける文言がないかどうかを聞き取ってください。

■例

「プロジェクトマネジャーの仕事をしているとき（コンテクスト）、あなたは、目的志向型というパターンが強い傾向があります。つまり、目標を達成することに焦点をあてる傾向があるということです。目標がなければやる気が出なかったり、物事にとりかかるのが困難だったりします。また、問題に対処することには興味は持てませんね」

毎回コンテクストを述べたうえで、推量と検証を行ってください。そうしなければ、訊かれている人が異なるコンテクストで答えてしまい、現れるパターンが違ってくるかもしれません。推量と検証の際には、疑問形ではなく、しっかりと言い切る形で話してください。伝える内容が言い切る形で構成されていれば、質問調で話しても構いません。

■例

「あなたがプロジェクトマネジャーの仕事をしているときには（コンテクストを念押しする）、問題が起きるのを防ぐことを好みますね（問題回避型）」

推測と検証を行う際に質問調にならない会話の始め方には、次のようなものがあります。

▽〇〇というコンテクストでは、あなたは〇〇がお好きなようです。
▽〇〇というコンテクストでは、あなたが〇〇だという印象を受けます。
▽〇〇というコンテクストでは、あなたは〇〇を好まれるでしょう。
▽〇〇というコンテクストでは、あなたがやる気になるのは、〇〇です。

*検証の結果をもとに、必要に応じてチェックマークを変更して確定します。

第18章

組み合わせ（コンビネーション）パターン

本書の初版を出版して以来、世界中の人々が自分や他人のモチベーションを理解するためにLABプロファイルを活用しています。私も多くの企業と関わり、クライアントの無意識のモチベーション・パターンやトリガーを特定してきました。また、コーチやトレーナー、組織のリーダーを対象にLABプロファイルを活用するためのトレーニングを実施し、コミュニケーション力の向上や説得力の強化、「ふさわしい」人材の採用についての学びを提供しています。

LABプロファイル基本編では、一度に一つのパターンにのみ着目する方法をお伝えしました。しかしながら、幸か不幸か、人間はそれほど単純なものではありません。人の行動の源泉やモチベーションを刺激するものを理解するには、刻々と変化する状況に応じてLABプロファイルのパターンが複雑にからみあって出現することを考慮に入れておかねばなりません。

ある人が職場で内的基準型の傾向が強いことを知っておくことは役に立つかもしれませんが、行動を理解したり、予測したり、影響を与えたりするためにはそれだけでは不十分です。誰に対して内的基準型なのでしょうか？　どんな価値基準（クライテリア）でやる気になるのでしょう。その人はプロセスに従うことを大切にしているのでしょうか。それとも選択肢を広げることに重きを置いているのでしょうか（プロセス型とオプション型）。仕事においてタスクそのものと人間関係のどちらに焦点をあてているのでしょう（物質・タスク重視型と人間重視型）。その人が内的基準型に加えて、オプション型と物質・タスク重視型を併せ持っていれば、柔軟性が求められる仕事を好むでしょう。内的基準型とオプション型と物質・タスク重視型に加えて、主体・行動型と目的志向型を併せ持っていれば、後先を考えず、一度にそんなにたくさんのことを始めるのは非効率だという周りのアドバイスに耳を傾けることもないまま、一気に多くのことを手がけてしまうでしょう。

ＢｔｏＢで法人向けの商品やサービスを提供している企業で、見込み客がたどる購買サイクルのそれぞれのステップにおける複数パターンの組み合わせ（コンビネーション）を解読するサポートを行ったことがあります。分析を基に、購入の各段階でお客様に寄り添えるように、それぞれのステップごとに適切なマーケティング言語を作り出し、購買プロセスを特定したのです。

この取り組みから、たとえ多人数のグループであっても、集団ごとに有効な、特定の複数パターンの組み合わせが実際に存在することが判明したのは大きな収穫でした。共通点がわかれば、その組み合わせに沿うようにコミュニケーションを工夫することが可能になるからです。

また、見込み客の集団がどのようなパターンを組み合わせて持っているかがわかれば、売上高を伸ばし、販売までにかかる時間を短縮することが可能になります。私のクライアントの投資信託会社では、富裕層に向けて投資戦略を販売しています。その会社のある顧客グループは、最初は損失を避けるために自分でさまざまな選択肢を評価し（内的基準型、オプション型、問題回避型）、選択肢を自分で調べ上げたうえで、目標を達成するためにはどのように進めていったらよいかについてのアドバイスを求めるという行動を取っていました（外的基準型、プロセス型、目的志向型）。一連の流れの中で異なる二つのコンテクストを持っており、それぞれのコンテクストにおいて異なる複数パターンの組み合わせを持っていたのです。

複数パターンの組み合わせ（コンビネーション）を理解するには、ある人の特定のコンテクストにおけるＬＡＢプロファイルを理解したうえで、次の手順に従ってどのパターンとどのパターンが相互に作用してその人の行動や態度を生み出しているかを特定する必要があります。

一　それぞれのパターンの行動特性を確認する
二　それぞれのパターンが別のパターンの行動の特徴を増幅するのか、軽減するのかを考える
三　最終的にすべてのパターンが組み合わされてどのような行動になりそうかを考える

■例——目的志向型と内的基準型の組み合わせ（コンビネーション）

目的志向型：行動を起こすために目標が必要、目標に焦点をあてる
内的基準型：自分で判断する、自分が重要だと思うことを基準にする

この二つのパターンが組み合わさると、自分が求めているものは明確に理解していますが、他人からの説得にはなかなか応じません。

■**例――問題回避型、外的基準型、外向型、感情型、人間重視型の組み合わせ（コンビネーション）**

問題回避型：今起きている問題やこれから起こりそうな問題に目を向ける
外的基準型：他人からのフィードバックを必要とする、他人の考えや行動に影響を受ける
外向型：他人から発せられる非言語のサインに気づいて反応する
感情型：問題が起こると動揺し、長時間ネガティブな感情の状態にとどまる
人間重視型：人、感情、経験に気を配ることに時間を割く

この五つのパターンが組み合わさると、ほかの人が動揺したり問題を抱えていたりすることを敏感に察知し、それによって自分も動揺して、その感情を引きずります。

ここで、パターンの組み合わせによっては行動の特徴が軽減されることも理解しておきましょう。人間重視型を物質・タスク重視型に置き換えてみます。

物質・タスク重視型：課題そのものに焦点をあて、仕事を完遂することを重視する

人間重視型が物質・タスク重視型に置き換わることで、ほかの人のネガティブな感情に引きずられずにすむかもしれません。他人の感情に引きずられて自分まで動揺するのではなく、問題そのものに焦点をあて、解決策を見つけて解決することに意識を向けることになるでしょう。

プロファイルから組み合わせ（コンビネーション）パターンを読み解く

特に採用の場面で応募者のパターンの組み合わせを確認できれば、実際に採用した場合の働きぶりを予測する一助となるかもしれません。またパターンの組み合わせを知っていれば、その人に影響を与えやすくなります。

次ページは、ある営業部長の仕事におけるＬＡＢプロファイルの結果です。

この営業部長のパターンの組み合わせからは、次のような行動が予想されます。

主に主体・行動型、目的志向型、内的基準型、プロセス型、進展重視型、物質・タスク重視型

内的処理の特徴

スコープ

√ ＿＿＿＿ 詳細型：正確には、厳密には、（情報を順序正しく）
√√ ＿＿＿＿ 全体型：概要、大枠としては、（情報をバラバラに）

関係性

＿＿＿＿ 内向型：短く単調な反応
√ ＿＿＿＿ 外向型：快活な、表現豊かな、無意識に相手に反応

ストレス反応

＿＿＿＿ 感情型：ある感情にとどまったままの状態が続く
√ ＿＿＿＿ チョイス型：一時感情的になるが、冷静さを取り戻せる
＿＿＿＿ 冷静型：感情的にはならない

連携

√ ＿＿＿＿ 個人型：個人で、私が、全責任を負って
√√ ＿＿＿＿ 近接型：この部分は〜の責任で、周りに囲まれて
＿＿＿＿ チーム型：われわれ、チーム、共同責任で

システム

＿＿＿＿ 人間重視型：人々、感情、共感
√√ ＿＿＿＿ 物質・タスク重視型：ツール、タスク、アイデア

ルール

√ ＿＿＿＿ 自分型：自分のルールを自分にも相手にも適用
＿＿＿＿ 無関心型：自分は自分のルール／他人には関心なし
＿＿＿＿ 迎合型：与えられたルールを自分にも相手にも適用
＿＿＿＿ 寛容型：自分は自分のルール／相手は相手のルール

知覚チャンネル		**納得モード**	
√	視覚型	3	回数重視型：回数を示す
	聴覚型		直感重視型：都合よく解釈する傾向
	読解型		疑心型：完全には納得しない
	体感覚型		期間重視型：期間を示す

動機づけの特徴

主体性

✓✓	主体・行動型：行動、する、やる、短く明快な表現
✓	反映・分析型：理解する、考える、非断定的な表現

価値基準

成功、結果、やり方を改善する、よりよい戦略を見つける

方向性

✓✓	目的志向型：達成する、獲得する、ゲットする
✓	問題回避型：避ける、取り除く、問題を認知する

判断基準

✓✓	内的基準型：自分の感覚でわかる
	外的基準型：人に言われてわかる、数字や情報でわかる

選択理由

✓	オプション型：価値基準、機会、可能性、多様性
✓✓	プロセス型：経緯、どのように、必要性、選んでいない

変化・相違対応

	同一性重視型：同じ、変わらない
✓	進展重視型：もっと、より～、比較
	相違重視型：変化、新しい、ユニーク、斬新
	進展・相違重視型：新しく、より～

この組み合わせを持っている場合、本人は正しいことをしていると確信しているので、周囲の意見には耳を貸さず、目的を達成するために即座に仕事に取りかかる傾向があります。また、目標に焦点を合わせてさっさと片付けてしまいたいと考えているので、物事が遅々として進まなかったり、障害があると苛立ってしまうかもしれません。この営業部長を説得してやる気を持ってもらうには、目指すゴールにより早くたどり着く（目的志向型＋物質・タスク重視型＋主体・行動型）方法（プロセス型＋物質・タスク重視型）を提案する（内的基準型に向けた提案言語）とうまくいきます。

「ニーズ分析を迅速に行い、信頼関係を構築するために（目的志向型＋物質・タスク重視型＋主体・行動型）、最初の顔合わせの段階で、部長の営業チームにＬＡＢプロファイルのプロファイリングを実施すること（プロセス型＋物質・タスク重視型）を検討されてはいかがでしょうか（内的基準型）」

次は、ある人事部長のＬＡＢプロファイルの結果です。

動機づけの特徴

主体性

✓ 主体・行動型：行動、する、やる、短く明快な表現
✓ 反映・分析型：理解する、考える、非断定的な表現

価値基準

業績をあげる企業風土をつくる、チームが使いやすいツールを見つける、人や企業を変革する

方向性

✓ 目的志向型：達成する、獲得する、ゲットする
✓✓ 問題回避型：避ける、取り除く、問題を認知する

判断基準

✓✓ 内的基準型：自分の感覚でわかる
✓ 外的基準型：人に言われてわかる、数字や情報でわかる

選択理由

✓✓ オプション型：価値基準、機会、可能性、多様性
✓ プロセス型：経緯、どのように、必要性、選んでいない

変化・相違対応

＿＿ 同一性重視型：同じ、変わらない
✓ 進展重視型：もっと、より～、比較
✓✓ 相違重視型：変化、新しい、ユニーク、斬新
＿＿ 進展・相違重視型：新しく、より～

内的処理の特徴

スコープ

√	詳細型：正確には、厳密には、(情報を順序正しく)
√√	全体型：概要、大枠としては、(情報をバラバラに)

関係性

	内向型：短く単調な反応
√	外向型：快活な、表現豊かな、無意識に相手に反応

ストレス反応

	感情型：ある感情にとどまったままの状態が続く
√	チョイス型：一時感情的になるが、冷静さを取り戻せる
	冷静型：感情的にはならない

連携

	個人型：個人で、私が、全責任を負って
√√	近接型：この部分は～の責任で、周りに囲まれて
	チーム型：われわれ、チーム、共同責任で

システム

√	人間重視型：人々、感情、共感
√	物質・タスク重視型：ツール、タスク、アイデア

ルール

√	自分型：自分のルールを自分にも相手にも適用
	無関心型：自分は自分のルール／他人には関心なし
	迎合型：与えられたルールを自分にも相手にも適用
	寛容型：自分は自分のルール／相手は相手のルール

知覚チャンネル		納得モード	
√	視覚型	2	回数重視型：回数を示す
√	聴覚型		直感重視型：都合よく解釈する傾向
	読解型		疑心型：完全には納得しない
	体感覚型		期間重視型：期間を示す

この人事部長を理解し、行動を予測し、影響を与えるための一助となりそうなパターンの組み合わせは次のとおりです。

主に問題回避型、主に内的基準型、オプション型、相違重視型

この組み合わせを持っている場合、課題や問題があると、意欲的に変化を起こす行動につながることがあります。また、興味深い組み合わせには、次のようなものもあります。

主体・行動型／反映・分析型、主に内的基準型、近接型、人間重視型／物質・タスク重視型

この組み合わせを持っている場合、決断する前に周りの人に相談することがあるかもしれません。近接型の代わりに個人型を持っていれば、相談する確率は低くなるでしょう。

ここに挙げた組み合わせを持つ人を説得するときには、問題を避けたり、事前に防いだり、課題を解決したり（問題回避型）、変化を起こす（相違重視型）ための選択肢（オプション型）を提案（内的基準型に向けた提案言語）してください。

「もしあなたが結果（物質・タスク重視型）と、結果によって影響を受ける相手（人間重視型）を変えたい（相違重視型）とお考えであれば、これらの選択肢（オプション型）は避けたい（問題回避型）とお考えになるかもしれません（内的基準型に向けた提案言語）」

組み合わせ（コンビネーション）パターンから行動特性を読み解く

ＬＡＢプロファイルの複数パターンの組み合わせから、複雑な行動を理解し、影響を与えることも可能です。例を挙げてみましょう。

不正を働く人のプロファイル：フォルクスワーゲン社の排ガス不正疑惑

二〇一五年、フォルクスワーゲン社（以下ＶＷ社）が、同社のディーゼルエンジン車において、通常の運転時にはアメリカの汚染基準に違反する量の排ガスが排出されているにも関わらず、審査や検査では良い結果が出るように排ガス制御ソフトを改ざんしていたというニュースが報じられました。

調査によると、不正を行うことは早くも二〇〇五年には決定されていたそうです。ニューヨークタイムズの記事[1]では、VW社の幹部が、社内で不正をする決断に至った経緯を次のように述べています。

- アメリカにおけるVW社の野望とアメリカの大気環境基準が相反していた（「野望」という価値基準は、目的志向型と内的基準型）
- 「二〇〇七年、VW社の幹部は世界最大の自動車メーカーとしてトヨタを追い抜く決意を表明し、他の追随を許さない競争力の強化を求めることになった」（価値基準（クライテリア）、内的基準型、目的志向型）
- どの排ガス技術を使用するかについて激しい社内議論が交わされた（内的基準型とオプション型）
- 違反行為を容認（オプション型）
- 「過ちの連鎖を放置」（内的基準型とプロセス型。決定が下されたら最後までそれに従うことを容認する）

もしこの説明が正確であれば、不正を犯す人のプロファイルは次のようになるでしょう。

価値基準（クライテリア）：野望、世界最大の自動車メーカーとしてトヨタを凌駕したい

目的志向型（目標に向かう点において）
内的基準型（自分たちにとって重要なことを基準として決断を下す点において）
オプション型（ルールを破る点において）
プロセス型（ルールを破るという以前に決めた決定を遂行する点において）

これは多くの不正を働く人にあてはまるプロファイルかもしれません。いかなる犠牲を払っても成功して勝利を収めようとする価値基準（クライテリア）を持ち、同時に目的志向型（目標に焦点をあて、自分が行っていることの問題点には意識が向かない）、内的基準型（自分の中に判断基準を持って、自分で納得する）、オプション型（進んでルールを破る）、そして最後にプロセス型（一つずつ着実に物事を遂行する）を兼ね備えているのです。この複数パターンの組み合わせ（コンビネーション）を持っている人が不正を働くというわけではありません。同じような内的基準型とプロセス型の傾向を持っていても、別の価値基準（クライテリア）を持つ人と比べて、不正を行う傾向が強いということを示しているにすぎません。

尖鋭化に傾きがちなプロファイル

人が通常の状態で「尖鋭化」することは稀ですが、周りの環境や内面に、ある条件が生じることで、尖鋭化することがあります。どのような条件で尖鋭化するのか、ＬＡＢプロファイルのパターンにあてはめて解読してみましょう。デイビット・ブルックス〔訳注／アメリカのコメンテーター〕はニューヨーク・タイムズ紙の論説記事[2]でエリック・ホッファー〔訳注／アメリカの哲学者〕の古典的著書『*The True Believer: Thoughts on the Nature of Mass Movements*（大衆運動）』について考察しています。ホッファーは、大衆運動の主な目的は、個人に自己犠牲を強いることであり、この自己犠牲は、伝統的で強固な社会構造が音を立てて崩壊し、そのために不安を抱えた人々が、夢はおろか「普通の」望みさえ叶えられず、成功できるのだという確信が持てなくなって不満を募らせているときに起こる可能性が高いと述べています。

その後、成功を収めた大衆運動の中で、人々は、個人の不満の原因が外から来ていると確信します。過去は栄光の輝きを帯び、目に映る現実は色あせ、やがて、現実よりも現実味を帯びた、鮮やかに描写される未来の理想郷となるために、急進的な変化が必要だという思いが社会の中で膨らんでいきます。完全無欠なリーダーによって実現される世界では、リーダーがすべてを決断し、個人の現実感は薄れていきます。ホッファーは次のように述べています。「大きな変化に身を投ずる条件として、人は、現場には大いに不満を抱いているが、貧窮しているわけではなく、揺るぎない信念、完全無欠なリーダー、新しいテクニックを手に入れることで圧倒的な力を手に入れることができるという感覚を持つ必要がある。また、彼らは将来に対する見通しと可能性について、とてつもなく大きな構想を持っていなければならない。最後に、彼らは、それだけの仕事に伴う困難についてまったく無知でなければならない。経験はマイナス要素なのである」

もしこの描写が正しいとすれば、LABプロファイルでいう「コンテクスト」は、崩れかかっている社会秩序（壊れたプロセス型と同一性重視型）であり、責任はほかの人にあり（外的基準型と反映・分析型）、リーダーがすべてを刷新し（リーダーに対して外的基準型、相違重視型）、輝かしい過去と未来に焦点をあてる状態であると解読することができます。

個人は現状に大いに不満を抱いており（反映・分析型、問題回避型、感情型）、今では人々にとって過去のものになってしまった、既に機能していない社会構造があり（プロセス型、同一性重視型、人間重視型、物質・タスク重視型）、解決策は自分の中には見つからない（外的基準型）。この組み合わせ（反映・分析型、問題回避型、感情型、外的基準型）を持ち、プロセス型と同一性重視型を必要とするときに、人は正しい答えをもたらしてくれる外的基準型の解決策や人物の登場を切望します。このような人々は、ひとたび希望を持てるリーダーやイデオロギーが出現すると、いとも簡単につけ込まれて利用されてしまうのです。

ただし、右に述べたパターンの組み合わせ（コンビネーション）があれば、人が大義のために喜んで命を投げ出すわけではありません。なぜならば、彼らはリーダーに対して外的基準型ではありますが、まだ反映・分析型の状態にいるからです。客観的な技術を用いてＬＡＢプロファイルのパターン分析を行うことができれば、「尖鋭的な」人によって使われる言葉を分析することで、彼らの言語が行動を起こす準備ができているという言語に切り替わった瞬間を見極めることができるかもしれません。

習慣を変えるための組み合わせ（コンビネーション）パターン

多くの人が、習慣を変えることは難しいと思い込んでいます。そうかもしれませんし、そうではないかもしれません。習慣、つまりくせになっている行動には、プロセス型、同一性重視型、内的基準型が反映されています。同じことを、同じ方法で、繰り返し行うと自分で決めているからです。習慣を変えるためには何をすべきでしょうか？　習慣にある複数パターンの組み合わせ（コンビネーション）を考えると、これまでの習慣を変えようとするよりも新しい習慣を作り出すほうが容易かもしれません。

アメリカの科学専門誌「*Scientific American*」のサイトで引用された研究[3]によると、飲酒量の多い一八〜二五歳の人が、週末の前後に、アルコールの摂取量を減らすための自分専用プログラムを思い出させてくれるメールを受け取った場合、受け取らなかった人に比べて、はるかに飲酒量が減ったそうです。この研究結果から、少なくとも最初の段階においては、外的基準型の対策が新しい習慣を身に付ける一助になりそうです。人が新しい習慣を身につけることができないのは、外部のサポート（外的基準型）を受けられず、系統立ったプロセス（プロセス型と同一性重視型）に従わない結果だといえるでしょう。プロセスがないということは、新しい習慣に積極的に取り組む覚悟ができていないということです。

ほかにも、ジムに入会してもらい、通い続けてもらうために二つの戦略を用いた興味深い研究[4]があります。最初の四週間、参加者は最高で週三回まで、ジムに一回行くたびに一〇ドルを支給されます。四週間が経過すると一〇ドルの支給はなくなりますが、参加者の一部は自分のお金を一旦預けておき、次の二カ月間定期的にジムに通った場合にはそれが返金されるものの、通わなかった場合は寄付に回されるという「約束の契約」を提示されます。この三カ月にわたる実験が終了して三年経った時点で、この契約をした人は、しなかった人に比べて、定期的に運動をする確率が二〇％上がっていたということです。

LABプロファイルの用語でいえば、当初のモチベーションは外的基準型と目的志向型が源泉になっています。自分が目的とする行動に対して対価が支払われていたからです。モチベーションを維持する段階では、目的志向型に内的基準型と外的基準型が加わりました。自分でお金を一旦預けることを決め、その後、外部の人が、自分が目的とする行動を完遂したと判断すれば、そのお金を受け取ることができたのです。もしそこに、プロセス型と同一性重視型を加えたとすれば、そしてそれがあなたのやりたいことやあなたが望む結果をもたらしてくれるものであったとすれば、新しい習慣を身につけることがどれほど容易になることでしょう。目的志向型と問題回避型の章にあったように、問題回避型のモチベーションは、現状にうんざりして(「ジーンズが縮んだ」というように)新しい方向へ進み始めるきっかけにはなりますが、長期間保てるものではありません。

自己啓発の「教祖」は、どのようにしてモノを買わせるのか

以前、「セックス、ダイエット、そして成功」というタイトルで基調講演をして、多くの肯定的な感想を頂いたことがあります。講演の内容は、人に物を買わせるために「成功を売る商人」によって用いられる一連のLABプロファイルの複数パターンの組み合わせ(コンビネーション)

を解読するものでした。同時に、多くの人が同じパターンに陥って失敗するように仕向けられ、自身を責め、新たな自己啓発の製品に「これこそが私にピッタリの商品だ」と希望を抱いて購入するにいたる仕組みについても解説しました。巨額の富や豪邸、高級車などを夢見るように誘われたとき、あなたは反映・分析型、オプション型、視覚型に誘導されています。そのパターンの組み合わせは夢を見るには素晴らしいのですが、物事を完遂することには向いていません。講演では、「成功を売る商人」とあなたを実際に助けることができるプロの「協力者」を見分ける方法もお伝えしています。[5]

第4部では、ＬＡＢプロファイルのコンテクストと複数パターンの組み合わせ(コンビネーション)を使って結果を予測したり、結果に影響を与えたり、問題を解決したり、業績を改善するサポートをしたりするほかの方法もご紹介します。また、実際の手順も具体的に説明しています。

さて、この文章の中にいくつのパターンが含まれているかおわかりになりますか？

第19章

影響を与える戦略とテクニック

ここまでお読みいただいたみなさんには、個々のＬＡＢプロファイルパターンを理解し、複数のパターンの組み合わせ（コンビネーション）がどのような行動に結びつくかをご理解いただけたかと思います。ここからは、ご自身の影響力を高めるために、具体的に影響を与える戦略とテクニックを習得していきましょう。本章では、これまでの章で解説したテクニックを振り返りつつ、影響を与える方法を列挙してその使い方をお伝えします。必要に応じてこの章を開き、テクニックを参考にしてひらめきを得ていただけたら幸いです。

バスストップ

「影響と説得の原理」は次のとおりです。

「相手に動いてもらうためには、あなたが望む場所に相手がいるとは仮定せず、まず自分がその人のいるところまで行くことが大切です。バスストップ〔訳注／バス停〕まで迎えに行って、バスに乗って行ってほしい所に向かうよう誘(いざな)ってください」

誰かのバスストップへ行くということは、相手の立場になって状況を把握し、その人がどのように周りの世界を経験しているかを追体験し、その状況下で相手のLABプロファイルのパターンで世界を体験することを意味しています。緊張や葛藤を抱えた状況下でその域に達するには、多少の時間と努力を要するかもしれません。

私は最近、反応する前にまず相手のバスストップに赴くことで、これまで以上に良い人になるという目標を自分に課しました。緊張感を伴う状況下では、落ち着いた洞察力に優れた状態に至るまでに、まず不愉快になり、拒絶された気分になり、相手がまったく理不尽だと考えるという一連の段階を経なければならないことに気づいたからです。それならば相手のバスストップに出向くほうが容易ではありませんか。

では、実際のところ、相手のバスストップへ赴くとはどういうことなのでしょう？　決まった手順（プロセス型）はあるのでしょうか？　相手に喜んであなたのバスに乗ってもらい、目的地に行ってもらうためには、相手がいるバスストップまで迎えに行かなければなりません。次の公式を参考にしてください。

マッチング、マッチング、マッチング、そしてリーディング

あなたが望む方向へと相手を導く前に、少なくとも三回は相手のパターンに合わせてください。たとえば、火曜日までにレポートを完成させてほしいと思っている相手のパターンが問題回避型と内的基準型の組み合わせ（コンビネーション）だった場合には、このような言葉がけが理想的でしょう。

「やり直すのは嫌なので（問題回避型）ミスを避けることが大切だと言ってらしたし（問題回避型と内的基準型）、あなたが締め切りに間に合わないとは考えられないので（問題回避型と内的基準型）、念のためレポートの提出期限をお伝えしておきます（外的基準型向け言語と目的志向型）」

「提案言語」対「命令言語」

相手が私に対して外的基準型の状態にあるという確固たる証拠がないかぎり、私はすべての人は私に対して内的基準型であると想定するようにしています。つまり、相手は、まだ私を信頼しておらず、私の言説を自分の価値観で評価し、私に指図されることは好まないのだと自分に言い聞かせるようにしているのです。一旦信頼を寄せてくれるようになると、相手は私の言うことを信じ、私に対してより外的基準型になって私の提案を受け入れ、私に信頼感を抱いていることを態度で示してくれます。

しかし、「〜すべき」という表現や「命令言語」を過度に使うと、彼らはいとも簡単に内的基準型に戻ってしまいます。提案言語を使い、自信のある声のトーンと身振り手振りを使って、彼らのバスストップへ行き、内的基準型の人に向けた言葉で話してください。実際に指示をする立場にいる場合や、相手があなたに全幅の信頼を寄せている場合を除いて、「あなたは、こうすべきです」といった命令言語を使うことは避けてください。

「提案モデル」

第6章でも述べましたが、「提案モデル」はあなたの考えを真剣に聞いてもらうために有効なテクニックです。内的基準型、問題回避型、目的志向型の言語を使い、最後に外的基準型に響く、相手の気持ちを励ますコメントで締めくくります。何かを勧めたいときには、ぜひこのテクニックを使ってみてください。聞いた人は抵抗感を感じることなく、あなたの提案の良い点を理解してすんなりと受け入れてくれるでしょう。やり方も簡単です。

「提案モデル」の四つの手順

一　提案をする（内的基準型に合う提案言語を使う）
二　それによって回避できる、または解決できる問題点を述べる（問題回避型）
三　それによって手に入る利点を述べる（目的志向型）
四　しめくくりとして、なぜそれが容易にできるかを伝える（外的基準型に響く）

■例

「このソフトウェアのこのバージョンは、現時点では最高のものだと考えています。他のソフトが抱える問題がなく、お使いの他のソフトとも整合性があります。インストールも簡単ですよ」

4MAT（フォーマット）システム

従来型のプレゼンテーションは次のように始まります。「まず私がこれから話すことをお伝えします。それから話をし、そして最後に今日お伝えしたことをまとめてお話ししましょう」。このような形でプレゼンテーションが始まると、私は一瞬にして退屈で死にそうになり、脱出態勢に入ります。現代のプレゼンの場は、講演者と聴衆のスマホ、PC、他の機器の間で、どちらが聴衆の注意を引くことに成功するか、五～一五秒ごとにせめぎあう場でもあります。聴衆は頻繁に内容を吟味し、面白いほうに軍配をあげるのです。したがって、講演者として聴衆に耳を傾けてもらいたいのであれば、この戦いに勝利しなければなりません。

私はバーニス・マッカーシーの研究[1]から4MAT（フォーマット）システムを取り入れました。4MAT

システムは、ＭＢＴＩ（マイヤーズ・ブリッグスタイプ指標）と同じユング派の類型論に基づいています。オーディエンスの注意を引きたいときや注意がそがれるのを阻止したいときに、この四つのステップを持つメソッドは大変有用です。４ＭＡＴの一つ一つのステップに、ＬＡＢプロファイルの異なるパターンが使われていることも大切なポイントです。四つのステップのどこかで提案言語を使えば、内的基準型の人にも響くプレゼンになるでしょう。

一　**なぜ**（Why）：あなたのトピックが聴衆にとって大切な理由（オプション型、問題回避型、および目的志向型）

二　**なに**（What）：トピック／内容の説明（物質・タスク重視型）

三　**どのように**（How）：活用するためのプロセスと手順（プロセス型）

四　**ほかにはどこで**（Where Else）：あなたのトピックが聴衆に役立つほかの応用例（オプション型）

■例

現代の人々は以前よりも懐疑的で、彼らの注意を引くのは容易ではありません（なぜ）

４ＭＡＴはプレゼンテーションや会話を始めるときのテクニックです（なに）

四つのステップがあります（どのように）

あなたが言おうとしていることに興味を持ってもらいたいときには、いつでも使えます（ほかにはどこで）

4ステップ・モチベーション・メソッド

これは、相手のLABプロファイルのパターンに応じてやる気を引き出す方法ですが、ほかの多くの場面でも使うことが可能です。このメソッドは先ほど紹介した4MATをベースにしていますが、新しい工夫を二つ加えています。一つは、このメソッドが、話している相手に合わせてカスタマイズされているところです。もう一つは、最後のステップに相手との関係性を改善するエッセンスが埋め込まれている点です。

一　**なぜ**――目的志向型または問題回避型のどちらか

二　**なに**――内的基準型または外的基準型の言語で

三　**どのように**――選択肢（オプション型）または手順（プロセス型）

四　**感謝**――なぜあなたのことが大好きで感謝しているか

■例――パートナーに話しかけるとき

あなたは、終日、家の修理をするのは避けたいと思っていたのよね（なぜ――問題回避型）それなら、どうしてもしなければならないことを終えることを優先してはどうかしら（なに――内的基準型に向けて）まず、さほど大切ではないことを除外することから始めましょう。次に……（どのように――プロセス型）話して段取りができて本当に良かったわ（感謝）

■例――マネジャーからチームメンバーへ

君は、プレゼンでクライアントに感銘を与えようと知恵を絞っていたね（なぜ――目的志向型）それなら、クライアントに何らかの解決策を提示できれば、相手は喜ぶだろうね（なに――クライアントに対して外的基準型）どんな選択肢があるかを探ってみよう（どのように――オプション型）今日のプレゼンがうまくいくように、君がアドバイスを受け入れてくれて、私はとても嬉しいよ（感謝）

内的基準型にものを売る方法

私のコーチングのクライアントであるブレンダは、ウェブデザインとオンライン広告のマネジメント会社のオーナーです。彼女は担当している見込み客のウェブ戦略を分析して貴重な情報をつまびらかにしましたが、プレゼンする方法を模索していました。相手が経営者で気難しいところがあり、他人から指図されるのが嫌いで、マッチョでもあったからです。ＬＡＢプロファイルの専門用語で言えば、内的基準型が強い傾向にありました。

プレゼンの準備をしているとき、多くの人が次に言うべきことばかり考えて行き詰まってしまいますが、見込み客の購買プロセスに合った方法でプレゼンしなければ、大切な情報であっても購入してもらうことはできません。

これからお伝えするプロセスは実行しやすく、特に内的基準型の傾向が強い見込み客に対応するときに役立ちます。

自然に前向きな気持ちになってもらえるので、購入してもらえる可能性も高まります。

ご存じのように、あなたのプレゼンが彼らの心の琴線に触れないかぎり、人はなかなか耳を傾けてはくれませんし、あなたから物を買ったり、あなたの考えを受け入れてくれないからです。

私が彼女に教えた公式は次のとおりです。

事実↓問題↓解決策↓利益↓ご存じのように……

非常に内的基準型の傾向が強い見込み客に有効なこの公式を紐解きましょう。あなたのクライアントにも使えるかもしれません。

事実

これまでに調査して得た情報、または一般的によく知られており、受け入れられている情報から始めましょう。ブレンダのケースでは次のとおりです。

「御社のウェブサイトのアクセス数を確認したところ、おっしゃっていたキーワードで検索された数は一カ月平均で一〇件でした」

（注意点：情報に評価・意見・判断などは加えず、ただシンプルに事実に基づく情報だということを強調します）

問題

この事実が相手にもたらす問題は何でしょう？

「つまり、御社のサービスを必要としている人が他の検索キーワードを使っているので、御社のウェブサイトが検索に引っかからず、御社は潜在的なビジネスチャンスを逃していることになります」

解決策

提案できる解決策は何でしょう？

「よろしければ（「～すべき」のような命令言語ではなく、内的基準型の傾向が強い人に向けた提案言語を使う）、御社が提供している商品を求めている企業が一番使っている、最も頻度の高い検索ワードを分析させていただきます」

利益

見込み客が解決策から期待できる好ましい結果は何でしょう？

「御社が提供するサービスを本当に必要としているより多くの人が御社のウェブサイトを

訪れるようになり、御社はビジネスを拡大させることができるでしょう」

ご存じのように

「ご存じのように」という言葉で、問題に関連する事柄を自分の判断基準に照らし合わせて検証するように誘(いざな)ってください。内的基準型の傾向が強いクライアントは自然にそうするでしょうし、解決しなければならない問題を思い出すきっかけにもなります(問題回避型)。

これは、最終的に「購入する」という行為につながるプロセスを始める最初のステップです。

「ご存じのように、ほとんどの人が検索画面で最初に出てきた上位の検索結果しかクリックしません。ですから、もし彼らが通常使っている検索ワードで検索したときに、御社のウェブサイトが上位に出てこなければ、御社を見つけてもらうことは非常に難しくなるでしょう」

マッチョテスト

すでに取り上げましたが、最もマッチョな人にもあなたの考えに耳を傾けてもらえるよう、ここでもう一度、判断基準の章でお話しした「マッチョテスト」について振り返ってみましょう。

執筆しているとき、プレゼンを準備しているとき、聴衆があなたの話に耳を傾けているかどうかを確認したいとき、無理強いせずに相手に真剣に話を聞いてもらいたいときには、まず原稿を用意してください。

その上で、次の内容が示唆されていないかどうかを確認してください。

一　彼らにはまだ知らないことがある。
二　私は彼らに何をするべきかを伝えている。
三　彼らは問題を抱えていて、自分にはその解決策がある。
四　彼らはある意味で完璧ではなく、そして
五　私はある意味で彼らよりも優れている。

もし右記項目のいずれかが示唆されているようであれば、マッチョ・テスト不合格です！　次のように言い換えてください。

一　「すでにご存じのように……」（その後、相手が知らないと思われる内容を述べる）

二　提案言語を使う。「○○を考えていただいてはいかがでしょう」

三　「他社ではこの問題に……のように対応されているようですが、御社ではどのようにこの問題を解決されたのですか？」（彼らがすでにすべての問題を解決したと考えていることを暗に伝える）

四　「この分野での経験と知識がおありなので……」

五　「ここでのあなたの役割は……で、私の役割は……です」（異なるが対等な役割を設定する）

悪いニュースのための公式

歌の一節に、「いつも望むものが手に入るわけじゃない」という言葉があります（訳注／ローリングストーンズの *You Can't Always Get What You Want*（無情の世界））。ときには相手の望みどおりにしてあげられないこともあります。しかし、聞く人の不快感を軽減する伝え方は可能です。比較的容易にできますし、良好な人間関係も維持できます。そんなときには、相手と十分に良いラポールを築いたうえで、悪いニュースのための公式を使ってください。ここでの良いニュースがなければ、何でもよいので適当につくってください。

悪いニュース　しかし　良いニュース　そして　良いニュース　そして　良いニュース

ースとは、相手にとっての良いニュースです。少なくとも最初の数回はこの公式を使う前に書き出してみることをお勧めします。

私はかつて、創業まもない成長著しいフリートマネジメント・ソフトウェア会社と提携を結び、経営陣がカスタマー哲学[2]を構築するサポートを行い、カリフォルニア、アトランタ、トロント、そしてニュージーランドなどで、顧客サービス戦略部門のチームメンバー全員にトレーニングを行ったことがあります。「Customer Dis-Service（カスタマーに不快感を与えるサービス）」というドキュメンタリーに出演していた私を見て声をかけてくれたのがきっかけでした。カナダのCBCテレビと海外向けのMSNBCを通して世界各国で放映された番組です。私が彼らの目にとまったのは、彼らが当時かなりの勢いで企業買収を行っており、多くの企業を統合することで、それまでの顧客へのサービスが影響を受けていたからです。

数ある戦略の中で私が彼らに教えたのは、顧客の期待に応えるのに役立つ、悪いニュースのための公式でした。トレーニングは無事に終了しましたが、任務を完了して三カ月経っても報酬が支払われていなかったため、トレーニングセッション時からの知り合いである経理部門のフィリップへ短いEメールを送ると、次のようなメールが返ってきました。

シェリー様
まだ御社へのお支払いができていないことは承知しています。今週、経理部長に会いますので、御社からの請求書を突きつけ、報酬が支払われることが確認でき次第お知らせいたします。

これを読んで「そうこなくっちゃ」と思った私は、数秒後ハタと気がついたのです。ちょっと待った！　私はすぐさまこう返信しました。「この公式を教えたのは私ですよね！」。彼からは笑顔の絵文字が返ってきました。悪いニュースのための公式を知っていても、このようにうまくいくのです。

3・2・1 問題回避型―目的志向型サンドイッチ

うまくいかないことしか考えられなかったり（問題回避型と反映・分析型）、みじめな気分なのにマンネリから抜け出すエネルギーやモチベーションを見つけられなかったりと、不幸せのマンネリにはまって抜け出せない人がいます。不幸せではないにしても、問題ばかりをあげつらったり、見つけたりすることを好む人（問題回避型）もいます。ドイツでは、「Das geht nicht（訳注／それはうまくいきません）」、つまり「ドイツではこれは通用しない」という言葉に、このパターンが反映されているように思います。ドイツ在住の私の友人の中には、嬉々として私のプロジェクトのどこが悪いのかを私に語ってくれる人もいます。「マッチング、マッチング、マッチング、そしてリーディング」という公式を応用して、三、二、一で問題回避型で目的志向型をはさみこむという公式は、まず相手のバスストップに行くことから始まり、相手のやる気を引き出して前向きに進んでもらうのに効果的です。

公式は次のとおりです。

三つの問題回避型の発言
セグエ〔訳注／イタリア語で「スムーズな移行」〕
二つの目的志向型の発言
リンク
一つの問題回避型の発言（相手を安心させる）

■**例——不幸なマンネリから抜け出せないクライアントに対して**
あなたは今、自分の人生の何もかもに嫌気がさしていて、仕事を辞めたいし、一日中一人きりでいることにも飽き飽きしているのですね（三つの問題回避型）。
それならば（セグエ）、
一緒にあなたの本当にやりたいことを見つけましょう。そうして実現に向けて計画を実行できるようにするのです（二つの目的志向型）。
そうすれば（リンク）、
今のこの状況に居続ける必要はなくなりますから（一つの問題回避型）。

■例——チームのプロジェクトの欠点ばかりが見える人に対して

あなたは問題のある箇所と、課題が引き起こすマイナスの結果、そして我々がそれらを避けたほうが良い理由を挙げてくれました（三つの問題回避型）。

だからこそ（セグエ）、

我々の具体的な目的はどのようなものであるべきか、そして目的を達成することでどんな結果が得られるのかも、チームの皆に考えてもらいたいのです（二つの目的志向型）。

そうでなければ（リンク）、

うまくいかないことが浮き彫りになるだけで終わってしまうからです（一つの問題回避型）。

この戦略とテクニックは、異なる人や状況に対しても応用が容易です。手順どおりにすればよいので、準備をする時間がさほどなくても難なく使っていただけます。

第20章

対立におけるＬＡＢプロファイル

私のコンサルティング業務では、複雑に入り組んだコミュニケーションの問題をクライアントがみずから解読して解決する戦略を構築するお手伝いをします。ビジネス、組織、家族、そして当然ながら国家間には往々にして「それぞれの歴史」、矛盾する要求、異なるＬＡＢプロファイルパターンが絡み合った複雑な相互関係が存在します。ＬＡＢプロファイルはこれらの衝突を解決するための適切なコミュニケーションのとり方を理解するのに役立ちます。

対立関係にある二者は、相手方に対して内的基準型と問題回避型が強くなります。これは人の性格によるものではなく、対立というコンテクストから生じるものです。それぞれ

が自分には善悪の区別ができていると考え、相手から発せられる言葉の中で反感をおぼえるものだけに耳を傾けがちです。誰かと対立したときのことを思い出してください。自分が正しくて相手が間違っていると確信していませんでしたか？

この組み合わせ以外にも、異なるタイプの対立があります。組織では往々にして、オプション型対プロセス型、全体型対詳細型、主体・行動型と目的志向型対反映・分析型と問題回避型、物質・タスク重視型対人間重視型といった反対のパターンを持つ人同士で争いが起こります。あなたならどう対処しますか？

まず初めに、冷静なときに話し合う時間を設けてください。リラックスした雰囲気を作り、内的基準型と問題回避型の言葉を使って会話する状態を整えたら、この問題について相手が重要だと思うことを尋ねてください。そうすれば、相手はこの状況におけるみずからの価値基準（クライテリア）を説明してくれるでしょう。

「次の段階については意見が異なるようですが、それについて話し合う機会があれば、これ以上の問題が生じるのを防げるかもしれないと考えています（問題回避型の言葉で始める）。どう思われますか？（内的基準型に響く言葉）」

「次の段階について、あなたにとって大切なことは何ですか？」（価値基準（クライテリア）の質問）

相手が使ったキーワードやフレーズをそのまま使ったり、例を挙げたりして、あなたが理解しているということをわかりやすく示してください。

「あなたには時間と資源（リソース）を無駄にしないことや、今週末までに予算を決定することも含めて、すべてをできるかぎり早く終わらせることが大切なのですね？」

次に、あなたが大切だと思うことについて話をして、相手と一緒にお互いのニーズを満たせる戦略を考えてください。大切なのは、まず相手のバスストップへ行って、内的基準型と問題回避型に響く提案言語を使いながら、話し合いの場を整えることです。

第21章

LABプロファイルを使ったカンバセーショナル・コーチング

コーチングやメンタリングとは、人がなれる自分、なりたい自分になるための手段を見つける手助けをすることです。自分らしさとは何なのかを定義するのはクライアント自身です。多くのメソッドがありますが、私が焦点をあてるのは、クライアントのＬＡＢプロファイルパターンを理解することで、彼らがみずからの成功戦略を解明して問題を解決する手助けをすることです。そのために、私は「カンバセーショナル・コーチング」という理論とデモンストレーション付きのＭＰ３音声を開発しました。

カンバセーショナル・コーチングプロセスのエッセンスは、アインシュタインが言ったとされる有名な引用文を言い換えると理解しやすいかもしれません。「いかなる問題も、それを作り出したときと同じパターンによって解決することはできない」。つまり、人が行き詰まっているときの典型的なＬＡＢプロファイルのパターンと、解決しているときのパターンは異なるものだということです。

もしコーチがクライアントのモチベーションを無意識に上げるものが何なのかを理解できていれば、クライアントがより早く目標に到達するための手助けをすることができるでしょう。ＬＡＢプロファイルの分析によって、仕事をしているときに目標があることでモチベーションが上がる人は約四〇％しかいないことはすでに判明しています。コーチングを受けるコンテクストではその割合はもっと少なくなるでしょう。なぜならば、多くの人がコーチを求めるきっかけは通常、追い求める目標があるからではなく、解決したり防いだりしたい課題や問題があるからです。

コーチを探している人は往々にして自分の目標には考えが及びません。不満に感じている課題や問題で頭がいっぱいだからです。ですから、コーチングするときは、このモチベーションを理解して尊重することが大切です。ＬＡＢプロファイルを使えば、相手のやる気を引き出す言葉が理解できるようになります。

コーチングの多くは、正式な「コーチングセッション」以外のところで行われます。たとえば廊下や電話、会議の終わったあとの、「ところでね……」という言葉で始まったりするという具合です。問題解決のサポートをするうえで、砕けた雰囲気でコーチングを行う術を持っておくと大変便利です。そんなときに使えるのが、このカンバセーショナル・コーチングです。

LABプロファイル（とNLP）がコーチングとメンタリングに応用されると、クライアントのパターンを理解して活用できるようになります。

カンバセーショナル・コーチングの手順

一　ステートに入る
二　フレームを整え、ラポールと信頼性を構築する
三　許可を得て、リソースにアンカーをかける
四　問題とアウトカム（望ましい結果）に同意する
五　LABプロファイルのパターンで、現状と望ましい状態を聞き取る
六　介入
七　エコロジーチェックとサニティー（健全性）チェック

八　フューチャーペーシング

このステップが通常のＮＬＰの介入と似ていることにお気づきでしょう。

通常のＮＬＰの介入

一　ラポールと信頼性
二　リソースにアンカーをかける
三　問題とアウトカム（成果）に同意する
四　介入（事態を改善できるさまざまな技法を使用する）
五　エコロジーチェック
六　フューチャーペーシング、コミットメントと達成の容易さを確認する

しかし、これら二つの手法には明らかな違いがあります。

一　ステートに入る

カンバセーショナル・コーチングは、形式張らない非公式のコーチングの一種で、砕け

た会話を交わしながらも、他人を援助できる研ぎ澄まされた状態にあることが特に重要です（私の持論：多くの人は改まったコーチングの場よりも砕けた会話中のほうがリラックスして話せるので、役立つ情報をすすんで取り入れることができるように思います）。

私は「コーチング・シェリー」と呼んでいるアンカー[1]を持っています。目標としているのは実際のコーチングを始める前に次のような状態になることです。

- 心が落ち着いた状態
- 他人に対する穏やかな思いやりを持てる状態（過剰に相手の問題や解決策に入り込まない）
- いつでも素早く対応できるスキのない状態
- 地に足のついた状態

私はこの状態を「優雅なステート」と呼んでいます。この状態にあれば、私は相手の言葉にしっかり耳を傾け、相手と心を通わせ、すべきことを即座に実行にうつして相手を援助することができるのです。

二　フレームを整え、ラポールと信頼性を構築する

二つ目のステップは、フレームを整え（なぜ我々がここにいるのかを理解する）、ラポールと信頼性を構築することです。会話の最初の段階で、クライアント本人に解決策があると信じてもらうこと、その解決策は実行可能で、あなたになら解決に向けてサポートしてもらえると信じてもらうことが大切です。

私はこのステップを「信頼を生み出すステップ」と呼んでいます。なぜなら、まだ解決策の片鱗（へんりん）も見えていないからです。そんなとき、私なら次のような言葉をかけるかもしれません。「来てくださって本当に嬉しいです。今の状態をこれ以上続けることに意味はないですものね」（解決策があることを前提とする言葉がけ）

三　許可を得て、リソースにアンカーをかける

クライアントが本当に助けを必要としているかどうかを確認するステップです。（表向きは、ただ単に愚痴を言っているように見えても）クライアントから、その問題を共に解決する同意を得、あるいは提案を行ってください。たとえば、「あなたは本当に解決したいと思っていらっしゃいますか？」といったような問いかけも良いかもしれません。それから、クラ

イアントが問題解決に向けてリソースに満ちた状態になるようサポートしてください。オープンマインドな状態がオススメです。

クライアントの中には対応が難しい人もいますし、行き詰まった状態からなかなか抜け出せない人もいるでしょう。無気力は強い力を持っています。人は無気力になると後ろ向きの状況から抜け出すために頑張る欲求もエネルギーも失せてしまい、問題を抱えている状況や不幸せな状態にすっかり馴染んでしまいます。

また、あなたのクライアントが悲観的であったり、懐疑的であれば、新しい戦略を探ったり開発したりする必要性を理解している意欲的な人に比べると、コーチングとメンタリングにはより長い時間がかかるでしょう。そんなときに私が行うのは、懐疑的な人にアイデアを提示するためのメソッドです。

まず、解決策があるかもしれないという可能性についてクライアントが考えそうな反論を、あなたのこれまでの経験から推測しつつ、クライアントが言い出しそうな反論を先取りします。そして、クライアントの先手を打ってこちらから言うのです。

「問題がかなり長引いているので、解決するのは難しいと思われるかもしれません」

次に、コーチングをすれば、あるいはその特定の問題が、前向きな良い結果を生む可能性があることをほのめかしてください。

「この問題には、解決策があるかもしれません」

クライアントがみずからの経験から確認することができるような例、あなたが言っていることを自分の中で照らし合わせて確認できるような例を挙げてください。これは、あなたの信頼性を確立することにも役立ち、クライアントが自分自身の問題をみずから解決することができると信じる気持ちも後押しします。一つ例を挙げましょう。

「人はあることについて一旦確信すると、ほかの選択肢を考えるのが難しくなることに気がつかれたことはありますか（ここで一旦言葉を切り、クライアントが今の発言を受け取り、内省する時間を取ります）。また、可能性や希望があると思い始めると、解決策を見つけやすくなることや、自分の望むものがわからなければ、求めるものは手に入らないことに気がつかれたことはありますか？」

同意するもしないも聞いている人に委ねられており、内容を支持するか否定するかを自分なりに考えるよう促される文になっていることがおわかりでしょう。

この問いかけでクライアントは自分が理解してもらえたと感じることができるようになります。なぜなら、あなたは望みがあることを伝えるとともに、なぜそれが困難だったのかを理解していることを伝えているからです。その結果、彼らは解放されて前に進み、問題解決に向けて高い能力を発揮することができるようになります。ここで覚えておいてほしいのは、相手とはラポールを保ちつつ、彼らの問題とは距離を置くことです。クライアントと一緒に落とし穴にはまってはいけません。あなたの役割はクライアントが穴から這い出すことができるように、はしごを提供することなのですから。

他人に指図されるのを好まない人（内的基準型）は、よりリソースに満ちた状態になるようにサポートを受けたり、セッション中にコーチがあまりにも張り切っていたり、断定的に言い切られたりすると、激しい拒否反応を示すことがあります。懐疑的なクライアントや、コーチの言うことに反発するようなクライアントに対しては、その人は周りからの指示やフィードバックに頼らずに自分で決断することを大切にする人なのだと認識しておくことが大切です。内的基準型の状態にいるクライアントに対しては、あなたの信頼性を確立することがラポールよりも重要なのです。

そのような相手には、提案言語を使ってください。

- 決めることができるのはあなただけです
- ご検討いただけそうな提案はこちらです
- ご検討いただけそうなことを申し上げてよろしいですか
- ○○についてどう思われますか？

コーチの多くはすでにクライアントにこの種の提案言語を使われているでしょう。しかし、こうした言葉を外的基準型の状態にいる人に同じように使うと、混乱を招くだけかもしれません。この種の言葉は外的基準型の人にはまったく響きません。彼らは、今自分がしていることが正しいのかどうかを知るために周りからの指示やフィードバックが必要なのです。そのようなクライアントには、次のようなフレーズを使ってください。

- ○○（人の名前）はきっと感謝するでしょう

・そうすれば、ほかの人も気がつくでしょう
・結果を見ればおわかりになるでしょう

たとえば、非常に外的基準型が強い人があなたに全幅の信頼をよせている場合には、あなたは単に彼らにすべきことを伝えるだけでよいのです（コーチングとメンタリングの本来のゴールから逸脱しているかもしれませんが）。

コーチングにおいて、クライアントが内的基準型と外的基準型のどちらの状態にいるのかがわかることはなぜ重要なのでしょう？　それは、相手が内的基準型の状態であれば、あなたの信頼性を確立することが何より重要になるからです。そうして初めて効果的に成果を上げることができるようになるのです。信頼性が構築できていなければ、あなたの提案や助言も彼らの耳には届きません。

今までに関わったクライアントの中で最も難しかった人を思い浮かべてください。もしかすると、それは最も近しい家族の誰かかもしれません。

相手があなたに対して外的基準型の状態であれば、何を言っても、おそらくあなたを信頼して言われたことを受け入れ、あなたのやり方に従うでしょう。彼らには信頼性よりもラポールが大切なのですから。

四　問題とアウトカム（望ましい結果）に同意する

次のページにあるＮＬＰのアウトカム・ストラテジー（ＮＬＰを使った望ましい結果を出すための戦略）の質問を使うと、望ましい結果と現状、問題がどのようなもので、解決策があればどのような状態になるのか、その両方を聞き取ることが可能です。

注意深く耳を傾ければ、人が問題や課題を抱えているときにはどのＬＡＢプロファイルのパターンを使っていて、「望ましい状態」について語っているときにはどのパターンを使っているのかが聞こえてくるようになります。

五　ＬＡＢプロファイルのパターンで、現状と望ましい状況を聞き取る

このページをめくると、カンバセーショナル・コーチングで使用するワークシートがあります。これは、基本的には、相手の話を聞きながら、これまで悩んできた事柄が、どのように変化することを望んでいるのかを発話の中のパターンから聞き取る手法ですが、このプロセスにはスキルと練習が必要です。

クライアントが問題に直面している現状と、解決策がある時の望ましい状態、それぞれにおけるＬＡＢプロファイルの違いを確認することができれば、クライアントが望ましい

NLPのアウトカム・ストラテジー

質問	整合性のあるアウトカムのための条件
あなたが望むものは何ですか?	**前向きに答える** 望んでいないことではなく、 望んでいることを述べる
誰と?　いつ?　どこで?	**具体的なコンテクスト** 検証：明確な一つのイメージがある
それを手に入れたということは どうやってわかりますか?	**検証可能** その時、あなたには何が見えて、聞こえて、 感じられるかを言うことができる
あなたの目標達成は誰に依存していますか? 目標達成を可能にする どのようなリソースをお持ちですか? 今起こっていることは、あなたが今できることを、 どのように示唆していますか	**達成可能** みずからの意思で始めることができて、 自分の力で維持できる目標であること
あなたの目標で大切なことって何ですか? その目標には、なりたい自分がどのように 反映されていますか	**頑張り甲斐がある** あなたを実際に突き動かすだけの魅力を 持った目標であること
これはあなたが本当に望むものですか?	あなたの価値観を 尊重したものであること
もしあなたが望むものを手に入れたら、 何が起こると思いますか?	**エコロジー** あなたの目標が、あなたの周りの環境を 尊重したものであること
あなたは現状の中で保持したいと思っている ものから、何を得ることができますか どのようなものを失うリスクがあるでしょうか あなたが望ましいものを手に入れることで、 周り(同僚、部署、家族、仕事、未来など)には どのような影響があるでしょうか	あなたの目標が現状の中にある、 好ましい点を保持できること

カンバセーショナル・コーチング

	現状（問題）	望ましい状態（アウトカム）
問題　— アウトカム		
価値基準（クライテリア）		
LABプロファイル パターン		
その他		

状態になるようサポートすることができます。そうすることでクライアントがより容易に解決策を見つけ、ひらめきを得て、目の前にある問題をより容易に解決できるようになるのです。

「八方塞がり」

人は問題を解決できないと動こうにも動けない状態になり、そこから抜け出せずに同じ場所を何度も行ったり来たりすることになります。長年ＬＡＢプロファイルを活用する中で、私は人が行き詰まった状態にいるときには典型的なパターンの組み合わせ（コンビネーション）があることを発見しました。

・反映・分析型：行動を起こさず思いをめぐらす
・問題回避型：問題やネガティブな結果についてくよくよ考える
・オプション型（ときどき）：有り余るほど多くの選択肢を持ち、前に進むプロセスがわからない
・感情型：ネガティブな感情的にとらわれて、抜け出すことが難しい状態にある

クライアントが話しているときにこのパターンが聞こえてきたら、その人は行き詰まった状態にいるのかもしれません。解決策が見つかったときのパターンを特定することができれば、穴に落ちて身動きが取れなくなってしまった状態から抜け出すための大きな力になることでしょう。

六　介入

カンバセーショナル・コーチングモデルにおける介入では、現状で活用している言葉のパターンに、望ましい状態のときに使っている言葉のパターンを重ね合わせて（オーバーラッピングさせて）いきます。これは数回繰り返す必要があるかもしれません。このスキルをこなすには、ＬＡＢプロファイルの影響言語に精通する必要があります。

「ということは、あなたは、自分の力の及ばないところで（外的基準型）自分の身に降りかかってきたように思える（反映・分析型）さまざまな事柄について（オプション型）、どれほどその状態が嫌で逃れたいか（問題回避型）をずっと考えてきたわけですね。けれど少し考えてみると（引き続き反映・分析型）、ご自分でもおわかりかもしれませんが（少し内的基準型）、まずは（プロセス型の始まり）、ご自分で二択のどちらかを決断して（より内的基準型で少しオプション型）、次にご自分にとって大切なことがわかれば、進め方はおおよその見当がつくでしょう（内的基準型とプロセス型）。最終的には、自分がやりたいことを取りあえず考え始めましょう。きっとさほど難しくはないはずです（主体・行動型、プロセス型、少し問題回避型）」

このとても短い台詞に凝縮された言葉によるパターンオーバーラッピングでは、問題がある現状で使われているパターンの言語（反映・分析型、問題回避型、外的基準型、オプション型）から始めて、事前に明らかになっていた望ましい状態で使われているパターンの言語をオーバーラッピングさせています（主体・行動型、内的基準型、プロセス型）。ここで大切なのは、単にパターンの言語を使うだけで、具体的な解決策を提案しないことです。なぜなら、その人物が望ましい状態で使っているパターンの言語で考えているかぎり、おそらく自分で解決策を見つけ出すことができるからです。

あなたがパターンをオーバーラッピングしていくと、相手が困惑した表情を浮かべることがよくあります。情報を処理して自問し、リフレーミングして整理しているのです。そんなときには静かに待ってあげてください。次に口を開くときには、新たなひらめきや解決策、問題を修復する方法をみずから語ってくれるかもしれません。あなたが解決策を提示するのではなく、その人が解決モードのときに持っているパターンにシフトできるよう促してください。

もう一つ、例を紹介しましょう。問題を抱えている状態の時には反映・分析型、問題回避型、内的基準型のパターンを持っていて、解決している状態の時にはより外的基準型になるクライアントであれば、私なら次のように声をかけるでしょう。

「ということは、あなたは自分に起きていることは（反映・分析型）自分にとって好ましいものではないことが（内的基準型と問題回避型）わかっていて（内的基準型）、うんざりしていることも（問題回避型）はっきりと自分で自覚されていますし（反映・分析型と内的基準型）、同時に少しずつ気がつき始めているのは（引き続きいくらか反映・分析型）、ほかの人がやっていることにも（少し外的基準型）うまくいくように思えることがあるということで（引き続き少し反映・分析型と内的基準型)、だからこそ、こういった状況で役立つフィードバックや助言(外的基準型)を受けたり、あなたがこれからしていく必要があることに(反映・分析型と主体・行動型)順応するのに役立つ(外的基準型)周りからの反応(外的基準型)もわかり始めているのかもしれません」

クライアントにあなたの話を聞いたうえでしっかり考えてもらってから、彼らの思いを確認してください。はたしてパターンを変化させることで解決策を見つけることはできたのでしょうか。望ましい状態について語っているときに外的基準型のパターンを使っていた私のクライアントは、介入の後で次のように語ってくれました。

「考えてみれば、私一人の頭の中にすべてのアイデアが詰まっているわけではありません。これまでにうまくいかないことを試してきましたが、弟のマイケルならきっと手伝ってくれます。彼はこの手のことには非常に長(た)けているので、私は彼の意見を尊重しています。彼に意見を聞いてみましょう」

■選択肢は多ければ多いほどいいのか？

多くの場合、コーチやメンターは、クライアントが人生でなるべく多くの選択肢を持てるよう懸命にサポートします。これは、クライアントの動機づけのパターンによっては、有益であることもあれば、選択肢の多さに圧倒されるように感じられる場合もあります。私はよく「オプション型のジレンマ」の話をします。選択肢が多すぎて、決定に至るプロセスがない場合に生じるジレンマで、圧倒されるような感覚を伴います。心理学者のバリー・シュワルツ氏はこの点について著書『*The Paradox of Choice*（選択のパラドックス）』で次のように語っています。「パラドックス（矛盾）は、大切にすべき自由と好機の中核に選択肢があるにもかかわらず、私たちは毎日直面する選択肢の多さに圧倒されてしまっているということである」

■プロセス型とオプション型

クライアントが圧倒されるような感覚で苦しんでいる場合には、さまざまな可能性を探ったり、選択肢の幅を広げる必要があると考え続けるよりも、そこから抜け出す段階を追った手順が必要でしょう。もし彼らが明らかに前進するための手順を必要としているのにオプション型の状態にいる場合には、従うべき手順がないまま選択肢を持ち過ぎる（クライアントが抱えている問題にマッチングする）弊害について語ることで彼らを助けることになるでしょう。それから、徐々にステップ一、ステップ二、ステップ三といった、よりプロセス型に近い言語を使うように移行していき、クライアントが自分に必要な手順を見つけられるようにサポートしてください。ここで重要なのは、完成を見ないまま別の方向へ逸脱したりせず、物事を最後まで終わらせ、完遂できるように導くことです。クライアントがプロセス型の状態になれば、一旦始めたことは終えて、完成させたいと思うようになるでしょう。

オプション型の状態から抜け出せないクライアントは、一旦始めたことを終わらせたり完成させたりせずに、ほかのことを始める傾向があります。これは人生においても大きな課題となりうるかもしれませんし、彼らがあなたをコーチまたはメンターとして探し求めた理由もそこにあるのかもしれません。また、創造力豊かな人の多くに共通の課題でもあります。彼らはアイデアを生み出したり、課題を解決する独創的な方法を考え出す才能には恵まれていますが、一旦始めた物事を完遂し、そこから恩恵を受けるまで頑張る持久力やモチベーションを維持する強靭さは不足しているようです。

七　エコロジーチェックとサニティー（健全性）チェック

その後、彼らが思いついた解決策についてその「エコロジー」をチェックしてください。その解決策がネガティブな結果をもたらす可能性はあるでしょうか？　サニティー（健全性）チェックでは、たとえ結果がネガティブではないにしても、この解決策は良いアイデアなのか、現実に即したものなのかを確認してください。

八　フューチャーペーシング

典型的なNLPの介入にあるように、相手に将来を想像して起こりそうなことを確認してもらうことで、解決策が実際に機能するかどうか、また実践可能かどうかを検証してください。

■「DONE（完了）」フレーム

フューチャーペーシングをしているとき、クライアントが実際に現実世界に戻って、すると言ったことを実践するかどうかを知ることができれば非常に有益でしょう。特定のLABプロファイルパターンの組み合わせ（コンビネーション）で、クライアントが課題をすっかり解決して、問題への取り組みを終えることができたのかどうかを確認することが可能です。この組み合わせが言葉に反映されていれば、クライアントが考えた解決法を実践することがわかるのです。耳を傾けるべきＬＡＢプロファイルパターンは次のとおりです。

- 主体・行動型
- 目的志向型
- 内的基準型
- プロセス型

言い換えると、この組み合わせがあれば、この人物はみずからの目標に向かって確実に行動を起こし（主体・行動型、目的志向型）、自分が求めているものがしっかり認識できていて（内的基準型）、自分がすると決めたことを完遂するための手順を持っている（プロセス型）ということです。クライアントからこのパターンの言葉が聞こえてきたら、高い確率で彼らは最後までやり通し、望む結果を手に入れることができるでしょう。

コーチングの手法やメソッドは日進月歩です。異なるタイプの人や状況に対応できるよう、複数のコーチング法をマスターしておけばとても役立ちます。カンバセーショナル・コーチングのプロセスは対面式でも離れていてもうまくいくスキルです。クライアントのためだけではなく、コーチングをどのように行ったか、クライアントのLABプロファイルパターンの組み合わせをどのように取り上げて扱ったかを復習できるように、セッションを録音しておかれるのも良いかもしれません。

第22章 キャリア・カウンセリングとプロファイリング

私のところへキャリア・カウンセリングに来られる方に対しては、通常、ＬＡＢプロファイルを使って話を進めます。従業員の長所と弱点をプロファイリングしてほしいと言って来られる管理職の方もいらっしゃいます。結果を、現在行っている業務の改善や将来の昇進や異動に反映させるのです。

プロファイリングするときには、必ずコンテクストを明確にするようにしてください。クライアントはＬＡＢプロファイルのことをよく知らない場合が多いので、プロファイリングの結果を見せるときにはたいていＬＡＢプロファイルについての簡単な説明を付け加えています（巻末にも掲載しています）。

それでは、キャリア・カウンセリングの事例を二つご紹介しましょう。

ビルの場合(コンテクストは仕事)

動機づけの特徴

ビルがやる気を出し、維持していくのに必要なパターンは次のとおりです。

■主体性――主に反映・分析型+少し主体・行動型

ビルは、即座に行動を起こすのではなく、まずじっくり考える傾向にあります。事情を理解して分析し、じっくり考えられる状況であれば、モチベーションは上がります。また、ほかの人が主導権を取ってくれるのを待ち、それに追随したいと考えます。

■価値基準

ビルが仕事でやる気を起こすきっかけになるような言葉は次のとおりです。ここにある単語やフレーズを使って考えたり、聞いたりするとモチベーションが上がります。

「やりがいと仕事上の満足感」「目的意識」「情熱」「刺激」「達成感」「大きな力が働い

ている」「人生に目標を設定する」「人や組織に自分が力を与えているという意識」

■方向性――主に問題回避型

最悪の事態を回避しなければならない状況になると、やる気に火がつきます。特に、解決しなければならない問題があったり、問題を回避したり、取り除いたり、あるいは起こらないようにしなければならい状況になると、やる気が高まります。根っからのトラブルシューターなのです。ですから、横道にそれないようにときどき目標を確認して、軌道修正をする必要があります。

■判断基準――主に外的基準型

状況に迫られれば決断を下すことはできますが、あえてみずから決断を下すポジションに身を置きたいとは考えません。周りの人や結果から何らかのフィードバックが得られるような状況であればモチベーションが上がりますが、フィードバックがなければやる気を失ってしまいます。情報を受け取ると、それを自分に対しての指示として受け取る傾向があります。

■選択理由――主にオプション型

新しい選択肢や代替手段を考え、別の可能性を見いだすことでモチベーションが上がります。与えられた手順に従うのは得意ではありませんが、新たな手順を考えるのはお手の物です。一定の手順に従うことを強要されると、手順を見直し始めます。既存のルールに縛られないことが何よりも大切なのです。

■**変化・相違対応——進展・相違重視型**

変化に富んだ状況で働きたいと考えます。仕事の内容を理解すると、二、三年はそこで働きたいと思います。五～七年ほどかけて仕事をしたいと考える場合もありますが、二年で新しい仕事をしたいと思うこともあります。だいたい、三年ほどで次の仕事に移ります。

内的処理の特徴

次に、ビルにとって適切な職場環境や職務、そして、彼がストレスに対してどう反応し、物事にどのように納得するかについてのパターンを示します。

■**スコープ——主に全体型**

通常、概観や全体像で物事を把握し、大枠を意識しながら仕事をしたいと考えますが、必要に応じて一定期間、詳細な流れで業務を進めることもできます。

■**関係性——外向型**

感性豊かに周りの人とコミュニケーションをとります。周りの人のしぐさや表情に無意識に反応するため、周りとの人間関係は良好です。ノンバーバルな反応によって、周りとの関係を理解するのです。

■連携――近接型＋少し個人型

普段は、周りの人と関わりながら一緒に仕事をしたいと考えます。自分自身の責任の所在がはっきりしていると効率良く仕事が片付きますが、仕事の内容によっては、他人と関わることなく一人で仕事をするほうが良い場合もあります。

■システム――物質・タスク重視型＋少し人間重視型

仕事では、自分に課せられた業務に集中します。周りの人の感情も認識することができますが、仕事を完遂することを優先させます。

■ストレス反応――チョイス型＋少し感情型

仕事上のストレスに対して、最初は感情的に反応して、ときに必要以上にその感情を引きずってしまうこともありますが、ほとんどの場合、うまく対処して自分が正しいと思う信念に基づいて行動することができます。クライアントの感情に共感することが大切だとされている仕事に最適なパターンです。

■**ルール——自分型**

自分と同じようなやり方で、周りの人にも仕事をしてほしいと考えます。職場では、自分が求めることを躊躇(ちゅうちょ)なく相手に伝えることができます。人事管理の仕事に適しています。

■**知覚チャンネル——視覚型＋聴覚型＋体感覚型**

プロジェクトやアイデアが与えられると、その証拠を見たり、製品やプロセスを吟味したりすることで納得していきます。また、対象となるものについて、話を聞いたり議論したりすることも納得するうえで大切なプロセスです。完全に納得するには「腑(ふ)に落ちた」という感覚も必要とします。

■**納得モード——回数重視型**

意思決定をするにはデータを三、四回確認する必要があります。三、四回、見たり、聞いたり、感じたりして初めて納得するのです。回数が少ないと、釈然とせず納得できません。

望ましい職場環境

ビルにとって望ましい職場環境として、次の点があげられます。

- 考え、分析し、理解するための時間があるが、ときには率先して取り組まねばならないこともある。
- 問題解決やトラブルシューティングが必要とされる。
- 結果や決定権を持っている人から、フィードバックが得られる。
- 新しい選択肢や手順を考えることができ、あまり決められた手順に従わなくてもよい。
- 進展と改革が感じられる。業務は多岐にわたり、三年ごとに大きな変化がある。
- 詳細な内容に注意を払うより全体像を捉えられることが好ましい。
- 周りの人と関わりながらも自分自身の責任範囲を明確にし、ときに単独で仕事をすることもできる。
- 基本的に、アイデア、タスク、システムに集中するが、ときに職場の人同士の交流もある。
- 強いストレスを感じる仕事は避ける。

留意点

ビルは、定期的に自分の目標を再確認する必要があります。そうすることで、自分が取り組んでいる業務をこのまま進めていけば目標を達成できるのか、そして、それが自分の本当の価値観に見合ったものなのかを判断できるからです。

新たな選択肢を考えたり、全体像をざっくり捉えたりする傾向があるので、自分のアイデアを実践レベルのものにするには、自分よりも主体・行動型の傾向が強く、かつプロセス型で詳細型を持つ人とチームを組んで仕事をするのが望ましいでしょう。目標を成就するには、やるべきことに段階を追って取り組んでいく必要があります。

強いストレスを感じる仕事、たとえば締め切りに追われるような仕事は、長い目で見ると彼にとっては好ましい仕事ではありません。

クライアントがあとで選択肢を確認するときに使えるよう、レポートの最後にはチェックリストと提案を記載しています。

プロファイリングの結果に応じて、さまざまな選択肢を提案したり、取るべきプロセスを段階的に指し示すなど、クライアントが仕事を探したり新たなキャリアを築くにあたっての提案を適宜行ってください。

それではもう一つ、現在のパートタイムの仕事からフルタイムの仕事へと転職を考えているクライアントの例を紹介します。

クラウディアの場合（コンテクストは現在及び未来の仕事）

動機づけの特徴

クラウディアのやる気を引き出し、維持していくのに必要なパターンは、次のとおりです。

■主体性──主体・行動型＋反映・分析型

クラウディアの場合、自分から主体的に行動する場合もあれば、周りの人が主体的に行動しくれるのを待つ場合もあります。どちらも簡単にできますから、率先して行動を起こさずにじっくりと物事を考える状況でも、やる気を出すことができます。彼女にとっては、事情を理解することも、行動を起こすことと同じくらい大切なのです。したがって、どちらともできる状況が彼女にとっては望ましい環境になります。彼女が新たにビジネスを始め、軌道に乗せていくには、主体・行動型の部分を積極的に生かす必要があるでしょう。

■価値基準

クラウディアが仕事をするとき、彼女のやる気のスイッチを入れてくれるのは次のような言葉です。

「つねに学ぶべき事柄がある」「会話や言葉を使って働く」「外の世界とつながっている」「チームワーク」「充分な報酬がある」

こうした言葉で表されたことが実際に体験できる仕事を、クラウディアは望んでいるのです。

■方向性――目的志向型

クラウディアは、自分が目標に向かっているとやる気が出ます。目標を設定することでモチベーションが上がるのです。目標を達成し、成し遂げ、獲得したいと考えます。ただ、目標に関心を置くあまり、今起こっている、あるいは潜在的な問題を見過ごしてしまうことがあります。問題を認識できる人に協力してもらいながら計画を立てていくと物事がうまく進みます。

■判断基準――主に内的基準型＋少し外的基準型

普段は、自分で決断し、決断を迫られる場面でやる気を出します。仕事がうまくいっているかどうかは自分自身の価値基準と照らし合わせて判断するため、周りからのフィードバックはさほど必要ではありません。周りからのフィードバックは情報として利用し、自分で物事を判断する機会を得られるような環境が理想の職場です。

■選択理由――主にオプション型＋少しプロセス型

新たな選択肢を考えたり、今までのやり方に替わる別のやり方を考えたりすることでモチベーションが上がります。創造力が豊かで、新たなやり方を工夫する仕事にはやる気を持って取り組めますが、従来の手順どおりに物事を進めて完遂するのは大の苦手です。起業する場合には、手順がうまく進んでいることを確認すること、そして、新しいプロジェクトを始める前には、アイデアが具体的かつ論理的な結論を導き出すよう組み立てられていることを確認することが大切です。

■変化・相違対応――進展重視型

状況が徐々に変化し改善されていく環境を好みます。五～七年ほど同じ業務に携わることを希望し、さほど大きくない変化であれば一年に一度くらいの変化は許容範囲です。これは、ビジネスを立ち上げるには最適のパターンです。やりがいを感じられる内容であれば、事業を立ち上げてうまく軌道に乗せるまで頑張れるからです。

内的処理の特徴

次に、クラウディアにとって適切な職場環境や職務、そして、彼女がストレスに対してどう反応し、物事にどのように納得するかについてのパターンを示します。

■スコープ――主に全体型＋詳細型

仕事の全体像を捉えることを好みますが、一定期間であれば、具体的で詳細な内容について考えることも可能です。管理職やコーディネーターとして仕事をする場合、全体像を把握しながらも、関係する人たちが個々の業務に段階を追って取り組めるよう配慮することが大切です。彼女は概観を把握しながら、詳細な内容を手掛けることもできます。

■関係性――外向型

相手の声のトーンや顔の表情、ボディランゲージといったノンバーバルな部分に注意を払います。周りの人のノンバーバルな働きかけに無意識に反応します。ノンバーバルな反応によって、周りとの関係を理解するのです。

■ストレス反応――感情型＋少しチョイス型

仕事上のストレスに対して、最初は感情的に反応して、ときに必要以上にその感情を引きずってしまうこともありますが、ほとんどの場合、うまく対処して自分が正しいと思う信念に基づいて行動することができます。クライアントの感情に共感することが大切だとされている仕事に最適なパターンです。

■**連携——近接型**

周りの人と関わりながら仕事をしたいと考えます。自分自身の責任と権限が明確であれば、自分がリーダーになることもできますし、リーダーに従うこともできます。まったく単独で働かなければならない環境や、周りの人と責任を分担しなければならないような環境では、仕事は遅々としてはかどりません。

■**システム——主に人間重視型＋少し物質・タスク重視型**

職場においては、周りの人が何を必要としているかということを重要視します。クライアントや上司の感情に敏感です。タスクそのものに焦点をあてて仕事をすることもできますが、周りの人の感情に配慮するあまり、何か頼まれると、自分の仕事を後回しにしてしまうこともあります。このような場合には、目標を再確認して優先順位を決めることが必要ですが、それができる技量も持ち合わせています。

■**ルール——自分型**

自分と同じようなやり方で、周りの人にも仕事をしてほしいと考えます。職場にはルールや明文化されていない規則が存在することを理解しており、周りの人にそうしたルールについて説明するのが得意です。管理能力が必要とされる仕事に打ってつけのパターンです。

■知覚チャンネル――視覚型＋聴覚型

物事に納得するには、証拠を見たり聞いたりする必要があります。実際に製品を使用したり、一緒に仕事をしたりして情報を得る必要はありません。

■納得モード――期間重視型

納得して意思決定するには、六カ月間ほどの時間をかけて見たり聞いたりする必要があります。この期間が短いと、釈然とせず納得できません。

望ましい職場環境

クラウディアにとっての望ましい職場環境として、次の点があげられます。

- 率先して取り組まなければならない仕事もあれば、反映、分析、理解するための時間もある。
- 目指すべき目標がある（具体的で明確な目標が必要、それがなければやる気を失ってしまう）。

・周りの人からの情報を得ながら、自分自身で判断を下せるような仕事。
・システム、手順、アイデアをさらに改善・発展させることができる機会がある。
・五～七年くらいの割合で徐々に進展があり、個人的な成長も見込める。
・多少詳細について考える機会もあるが、全体像を把握できる業務内容。
・周りの人と関わりながら個人の責任と権限が明確である。
・周りの人との信頼関係や共感。

留意点

クラウディア自身がビジネスを展開するうえで留意すべきことは、次の点です。

・クライアントを獲得するために、積極的に行動すること。
・計画している段階で、潜在的及び予測される問題を容易に認識できる人に手伝ってもらうこと。その際には、その人の役割を明確に伝えること。
・ビジネスを成功に導くのに必要な事柄がきちんと順を追って整理されていることを確認すること。
・ビジネスプランを正確に評価し、各プランがきちんと遂行されていることを確認すること。

・仕事が確実に成長し、ステップアップするシステムを折り込むように計画すること。

個人をプロファイリングする際のキーポイント

一　コンテクストとプロファイリングの目的を明確にする。

二　質問をコンテクストに合わせる。

三　クライアントにフィードバックする場合は、わかりやすい言葉を使ってパターン分析を説明する。

四　結果から予測される内容をフィードバックに反映させること。たとえば、問題回避型と人間重視型が合わさったクライアントは、何をしているときでも、周りの人のニーズに応えるために自分の仕事を中断してしまうことが予測できる。

五　確信が持てないときは、別の質問をして確認する。

独立して働く

雇われている状態から自営業、ノマドワーカー、起業、すでにある事業の買収といった飛躍を遂げる人はたくさんいます。そうすることを夢見ている人は数限りなくいるでしょう。二〇一七年の労働人口のうち自営業の割合は、アメリカでは六・三%、カナダでは八・三%、ドイツでは一〇・二%、イギリスでは一五・四%、メキシコでは何と三一・五%でした。[1]

カナダ統計局によれば、新規事業を始めた経営者が五年以上その事業を継続できる割合は半分以下であり、独立して五年以上経営を継続できる自営業者の割合は三〇%に満たないそうです。[2] 自営業で働くことは、雇われている状態とはまったく異なるため、必要とされるLABプロファイルパターンの組み合わせも異なります。独立する理由は人によってさまざまでしょうが、成功するためには習得すべきスキルがいくつかあります。

- 特定の価値基準や信念、姿勢をもっていること（例：行動重視、独立願望、自発性、創造力など）
- 対人コミュニケーションや人的ネットワークを含む「ソフト」なスキルを身につけていること（とはいえ、習得はハード〈困難〉なスキルです）。
- 自営に伴うリスクやベネフィットを現実的に認識していること
- 基本的なビジネススキルを習得していること（財務、人材管理、マーケットリサーチ）
- 自分が取り組むビジネスに高い専門性をもっていること

・関連のあるビジネス知識を持っていること（法制、税制、資金源など）[3]

成功に必要なこうしたスキルに対応するＬＡＢプロファイルパターンを特定するならば、次のようになるでしょう。

・主に主体・行動型
・価値基準（クライテリア）：成功、自分の目標を達成する（ほか、人それぞれの価値基準（クライテリア））
・主に目的志向型
・主に内的基準型
・問題解決と新しい解決策を開発するのにちょうどいい具合のオプション型を兼ね備えた、主にプロセス型
・進展重視型と相違重視型
・必要な時には詳細に焦点をあてる力を兼ね備えた、主に全体型
・外向型
・チョイス型
・ある程度の近接型を兼ね備えた、主に個人型

・ちょうどいい具合の人間重視型を兼ね備えた、主に物質・タスク重視型

・自分型

自営業を営む人は、頭で考えるだけでなく、行動を起こして物事を実現させる必要があります（主体・行動型、物質・タスク重視型、目的志向型）。自分の時間と労力をどこに費やすべきかを判断し、正しい戦略的判断を下さなければなりません（内的基準型、全体型）。成功できないタイプの人は、全体像や戦略を見失って優先順位の低い仕事でも一から十まで自分が関わろうとしてしまいます（詳細型、プロセス型）。成功するには、単にリストの上から順に優先度を考えずに仕事をするのではなく、やるべきことを正しく判断して、それに集中して完遂させることが必要です（プロセス型、主に全体型）。また、必要に応じて問題を回避する方法を見つけ、うまく方向転換することも求められます（オプション型、いくらか問題回避型）。人間関係においてもうまく折り合いをつけて円滑な関係を保つ必要があります（全体型、外向型、人間重視型、物質・タスク重視型、チョイス型）。そして、周りに誰もいない状態で長時間働くこともできなければなりません（個人型、物質・タスク重視型）。

すべての人がこうした柔軟性や優先順位をつけて判断を下す才能、人間関係を良好に保ち、多くの仕事を目の当たりにしても圧倒されることなく一人で働ける能力を持っている

わけではありません。

もちろん、自営業で成功を収めるための大きな秘訣の一つは、あなたが今取り組んでいることがとても大切なことで、何が何でも（たとえ、そのためには非常につまらないこともやらなければならなかったとしても）、やり通す意志を持っていることです。やろうとしていることが、あなたの上位にある価値基準（クライテリア）や価値観と一致していることです。

自営業の人が、仕事関係のトレーニングや研修に参加する割合が通常の人の半分しかないということも明らかになっています。もちろん、彼らもカジュアルな形で学ぶ機会を設けてはいるのでしょうが、私は、より良い方法や今よりもっと生産性の上がる考え方を学び続けることは何よりも大切だと考えています。もしもあなたが自営業または会社を経営しているのであれば、継続的に学びを得て成長するにはどうすればよいでしょうか。

思い切って独立を考える前に

もしあなたが今の仕事を辞めてフリーランスになることを考えているとしたら、次の八つの質問それぞれに、一～五点で点数をつけてみてください。

一　長時間一人で働くことができるだろうか

二　外に出かけていって行動することができるだろうか

三　自分の時間、エネルギー、資金をどこで使うか、正しい決断ができるだけ戦略に長けているだろうか

四　ほかの人のやる気を引き出したり、交渉を行ったりすることは得意だろうか

五　いったん始めたことをちゃんと完成させることができるだろうか

六　いろいろな問題を回避する方法を見いだせるだろうか

七　ほかの人からの意見を取り入れ、すばやくそれを生かすことができるだろうか

八　今抱えているプロジェクトは、その成功のためならどれほど嫌な仕事でも引き受けることができるほど重要だろうか

第23章

企業風土と変化の診断

とてもシンプルで、科学的とは言えない方法ではありますが、LABプロファイルで組織や企業の風土を理解する方法があります。そこで働く人々に尋ねてみるのです。自社の企業風土については、従業員と経営者の意見が同じで驚かされることも多々あります。これまで、チーム・ビルディングを行ったグループの多くは、初めのうちは、自分たちが何らかの問題を抱えているということ以外、意見が一致することはありませんが、企業風土については、その組織が主にオプション型なのかプロセス型なのか、内的基準型なのか外的基準型なのか、目的志向型なのか問題回避型なのか、あるいは、相違重視型なのか進展重視型なのかといったことが直感的にわかるようです。

ベルギーのラ・ユルプにあるIBM国際教育センターでは、各国の経営開発部門の責任者が集まり、LABプロファイルを使って、会社の現状と理想像について分析が行われました。その結果、以下のことがわかりました。会社は内的基準型であるが外的基準型へとシフトしようとしていること、プロセス型にオプション型を加えていこうとしていること、進展重視型に少し相違重視型を加えていこうとしているということです。この分析によって、彼らは自社のプログラムのあり方を正確に理解したのです。その後、私たちも彼らが目標を達成するために利用していた、あるいは利用が可能なストラテジーについて考察を重ねました。

分析を終えるにあたって、各パターンの特徴を簡単にまとめ、関係者にIBMがどこに位置していると思うか、それぞれの見解を尋ねました。作業に約三時間を費やしましたが、見解の一致を見ることができました。

風土を診断するプロセス

一　チームや組織を代表する人を数名集めます。
二　そこでの状況を確認するため、各パターンの行動を説明し、どのパターン描写がしっくりくるかを質問します（ヒント：疑問形で尋ねるのではなく、言い切る形で描写してください)。

三　参加者に、それぞれの行動の例を挙げてもらいます。

四　皆がその内容に同意できるかどうかを確認します。

自分たちの行動を言い表すような文章や単語を考えてもらってください。

以前、ミズーリ州のセントルイスで、ビジネスリーダー、政治家、活動団体のボランティアリーダーといった市を代表する人たちが集まったグループの風土診断を行ったことがあります。参加者はグループにわかれ、テーブルごとに話し合いながらこのワークを行いました。私がそのときに参考として提示した表現は次のようなものです。それぞれの文中にどのＬＡＢプロファイルパターンが反映されているかおわかりですね？

この街の人は、周囲の人に自分たちのことや、この街のことをどう思われても意に介しません。

あるいは、

この街の人は、この街の評判に敏感です。

この街の人は、可能性や代替案を探ることを好み、ルールを破りたがります。

あるいは、

この街の人は、規定のやり方に従って、物事を最後まで完遂しようとします。

この街の人は、変化や新しいことがあるとワクワクした気持ちになります。

あるいは、

この街の人は、堅実な進歩を好みます。

あるいは、

この街の人は、ここが気に入っています。なぜなら、いつも拠りどころになる変わらないものがあるからです。

LABプロファイルは、組織の変化が効率よく機能しているかを評価するのにも役立ちます。

まず、組織に属するグループを無作為に選んで、前もって企業風土の分析を行ってください。次に、適切なストラテジーを用いて理想的な改革を実行してください。その際、あなたの使う言葉が、組織で主流を占めている変化・相違対応のパターン（同一性重視型、相違重視型など）に即したものになっていることを確認しながら進めてください。改革を行ったのち六カ月～一年ほどしたら、前回とは異なる従業員のグループを選んで、彼らにＬＡＢの表現を用いて企業風土について説明してもらってください。効果があったかどうかは、ＬＡＢプロファイルのパターンの変化になって表れるはずです。

組織の変化を診断するプロセス

一　組織の望ましい状態を特定します。その組織は、どのような行動、価値観、信念、アイデンティティ、ビジョンを持つことを望んでいるのでしょうか？　望ましい状態についてＬＡＢプロファイルの用語を用いてプロファイリングを行います。

二　現在の状態を診断します。ＬＡＢプロファイルの用語で言えば、その組織と従業員の行動、価値観、信念、アイデンティティ、ビジョンはどのようなものでしょうか？

三　適切な影響言語を使い、適切なコミュニケーション／変化のための戦略を用いて、変化を促すメッセージを考えて伝えます。まずは、その組織の現状にしっくりくる言語で始めます。

四　変化を促すプロセスを完了してから数カ月後に、変化の測定を行います。ＬＡＢプロファイルの分析を行うためにチームや組織を代表する人をサンプル集団として招集し、変化のプロセスがどのような影響を与えたかを測定します。定着した変化はプロファイルに現れます。

第24章

有能な人材採用

ある機械製造会社が生産部長の求人を行ったところ、三〇〇人の応募があったものの候補者としてふさわしい人物はたったの一人でした。私は、そのポジションと、採用が決まった人が直属する上級管理職チームのプロファイリングを依頼されました。結果に基づき適切な影響言語を使って、仕事内容に向いている人を惹きつけ、向いていない人は興味を持たないような求人広告を作りました。すると、次回の応募者は一〇〇人となり、その中には八人も有力な候補者がいたのです。

このように、ＬＡＢプロファイルを活用すると、有望な人だけに応募してもらい、最終候補者リストを効率よく評価して最適な人物を採用することが可能になります。ただし、これは知識や技能を評価するものではありません。直感をあてにしたり、面接で「自己紹介をしてください」「なぜここで働きたいのですか？」といった従来型の質問をしたりすると、面接官は個人的な先入観を反映して間違った判断をしてしまいがちです。採用と面接のスペシャリストである産業心理学者のスコット・ハイハウス氏はインタビューで次のように語っています。「ベテランの面接官、経験豊富な採用担当面接官による面接は、実際のところ、仕事や行動特性に関連して系統立った質問をする素人の面接よりもひどいものである[1]」

資質のＬＡＢプロファイル

採用面接を行う際、候補者に求める資質を特定しておくことは非常に有益です。次の手順を踏めば、資質や言動にあるＬＡＢプロファイルのパターンの組み合わせを特定することが可能です。もちろん、ある資質や行動に不可欠な特定のＬＡＢプロファイルのパターンに特有なものもあれば、個人差によるものも存在するでしょう。その見分け方もご紹介しましょう。

手順（推量と検証）

一　その資質に伴う行動を明確に定義する。

二　その資質を持つために、あるいはその資質を反映する行動をとるために必要なパターンを特定する。

三　そのパターンで合っているかどうかを、例を挙げて検証する。

四　対のパターン（同じカテゴリーの別のパターン）でもその資質を表すことができるかどうかを確認する。別のパターンでも表すことができる場合はその資質に不可欠なものではなく、できない場合はその資質に不可欠なものだと考える。

たとえば、「人の扱いがうまい」人を採用したいと考えていたとします。ここで求めている素質は、ほかの人が喜んでいるか不機嫌なのか察知することができ、人間関係の問題を事前に防いで解決することができ、良好な人間関係を保つことができる資質です。どのＬＡＢプロファイルのパターンがピッタリでしょうか？

主体・行動型？　反映・分析型？

目的志向型？　問題回避型？

外的基準型？　内的基準型？
プロセス型？　オプション型？
同一性重視型？　進展重視型？　相違重視型？
詳細型？　全体型？
人間重視型？　物質・タスク重視型？
自分型？　寛容型？

私であれば、主体・行動型というよりも反映・分析型、主に問題回避型、内的基準型と外的基準型を半々、主に全体型、主に人間重視型、そして寛容型と自分型が半々だと推量するでしょう。

仕事のプロファイリング

ポジションのプロファイリングをする場合、選ばれた人が従事する業務内容、職場環境、企業風土についてある程度の情報が必要です。ポジションそのものについても、具体的な職責について、また、その人の職務管轄を理解しておかなければなりません。

仕事のプロファイリングを行う際に参考になるキーワードをあげておきます。
その職務に就く人に求められるものはどれですか？

- 行動する／考える／考えて行動する（主体・行動型／反映・分析型）
- 優先順位を決めて目標に到達する／問題を認知し解決する（目的志向型／問題回避型）
- 自分なりの基準を持ち、自分で判断する／フィードバックを受け入れる（内的基準型／外的基準型）
- 既存の手順に従う／新たに発案する（プロセス型／オプション型）
- 大きな変革、頻繁に起こる変化／変革に対応する／現状を維持する（相違重視型／進展重視型／同一性重視型）
- 全体像として把握する／詳細にこだわる（全体型／詳細型）
- 周りの人と人間関係を築く（外向型／チョイス型）
- 感情に敏感に反応する／普通に受け止める／感情をあまり受け止めない（感情型／チョイス型／冷静型）
- 一人で仕事をする／職務管轄を明確にしつつ周りの人と関わって仕事する／チームで仕事をする（個人型／近接型／チーム型）

- 人の感情を大切にする／達成すべき課題に集中する（人間重視型／物質・タスク重視型）
- ルールや行うべき仕事を躊躇なく伝える／与えられたルールを他人に伝える／自分のルールで自分が動く／両者の立場を理解する（自分型／迎合型／無関心型／寛容型）
- エラーがないかチェックする、品質を管理する（疑心型で問題回避型）

これからご覧いただくのは、件の生産部長についての職務内容の説明です。この会社では、さまざまなプラスチックフィルムの製造に必要な備品を設計し、組み立てを行っています。

生産部長の職務内容

■ 1　製造・生産管理

- 受注に見合う工場の生産水準を維持する
- 工場の従業員の監督・管理を行う
- 必要な労働力と原材料の量を決定する
- 人材の割り当て、生産高の分析、業績に関しての検討を行う
- 生産報告書管理、生産過程、船積み時、データ入力時に発生したエラーの原因を究明

する

・総合工程表に即して各部門に作業を指示する

・トライアル用と船積み用に詳細な生産計画を立案し、機械のセットアップについてのスケジュールを作成する

・基準となる原価計算システムを作成する

・船積みに関して以下のことが適切になされていることを確認する

①注文内容に間違いがないか

②移送中の損傷を防げるよう、製品が正確に詰められているか／パッケージされているか／保護されているか

③必要な組み立て部品／電気系統の取り付け図面が入っているか

④船積み費用管理

⑤品質管理

・技術者と連携して、業務に優先順位をつける

■2　原材料及び在庫の管理

・仕掛品や在庫の全管理を行う

・生産量に応じて業者に発注し、引き渡し時期の調整を図る
・最適な在庫量をキープする
・在庫監査に関するすべての業務を管理し、必要な指示を出す
・原材料についての請求書を監視し、生産基準と部品の数を決定する
・可能であれば原材料及び在庫管理システムのオートメーション化を行う
・購買部門と連携し、これを監督する
・主な仕入先との仕入れ値・支払条件について交渉をする
・新規仕入先を開拓する
・購買機能をより効率的にするための新たな手段・方法を取り入れ、それらが現場に即して変化していることを確認する

■ 3　法令の遵守

・左記を含む、工場に適用される法令を遵守するための全責任を負う
①労働安全衛生庁が定めた安全基準遵守と注意義務努力
②従業員の補償
③有害廃棄物の除去

④作業場危険有害性物質情報システムの活用
⑤評価
⑥識別

■ 4 **設備のメンテナンス**

- 消耗品、予備の部品、付属品について年間予算を立てる
- 備品の選定、生産過程、メンテナンス、交換について手順をまとめる

こうした職務内容を踏まえて、生産部長が直属する上級管理職チームをプロファイリングした結果、このポジションにふさわしいプロファイルができました。私が行ったジョブプロファイリングの結果をご紹介します。

生産部長の業務内容のプロファイル

職務内容や管理職との関係を踏まえると、次のような特徴が求められます。

動機づけの特徴

■主体性――主に主体・行動型＋少し反映・分析型

この職種には、率先して行動するやる気と能力が必要とされます。一方、分析したり熟考したりする必要はさほどありません。

■方向性――主に問題回避型＋わずかに目的志向型

問題解決、ミスがないかの検査、そして誤りが見つかれば直ちに修正を行うことができる能力が、優秀な生産部長の条件です。管理職であれば、優先順位をつけながらたえず目標に焦点をあてることが求められます。

■判断基準――内的基準型

生産部長には、一定の基準を設けて、その基準に照らし合わせて評価を行うことが求められます。仕事を完遂するためには、上司からの判断を仰ぐことなく、自分の信念や価値観に基づいて、製品の良し悪しを判断する能力が必要です。管理職とうまくやっていくには、まず生産部長と管理職が求める基準と評価方法を擦り合わせたうえで、実務は生産部長に任せるとよいでしょう。

■選択理由――主にプロセス型＋少しオプション型

手順に従うことでモチベーションが上がる人が望まれます。いったんやりかけた仕事は最後までやり遂げないと気がすまない人です。一方、新しいやり方を考えたりすることはさほど必要とはされません。

■変化・相違対応——進展・相違重視型

長期にわたって改良や進捗状況を管理するとともに、新しい手順やシステムを導入することができる能力が必要です。同時に多岐にわたる業務を取り扱う能力も求められています。

内的処理の特徴

■スコープ——主に全体型＋適度に詳細型

仕事を効率よく行うために、生産部長はつねに全体像を捉えることができなければなりません。そうすることで、必要に応じて部下に仕事を任すことができるのです。一方、限られた期間ではありますが、詳細な内容を取り扱わなければならないこともあります。一般的に、全体型と詳細型の割合が同等の場合は、仕事をなかなか部下に任せることができないため部下の仕事効率が落ち、また、そうした状態が長く続くと自分が燃え尽きてしまいます。

このようなことを踏まえると、主として全体型が望ましいでしょう。

■**関係性——外向型**

部下の管理、部下とのコミュニケーション、仕入先業者との交渉において、声のトーンやボディランゲージに注意を払うことが求められます。

■**ストレス反応——チョイス型**

生産部長は、周りの人が抱いている感情に共感しながらも、自分の内的状態はつねに安定していなければなりません。そうすることで、仕事がうまくいかないときでも燃え尽きることなく対処することができるのです。

■**連携——主に近接型＋少し個人型**

周りの人と関わって働きながらも、責任の所在を明確にしたい、あるいは明確にする必要性を感じる人材が望まれます。業務の中には、単独で遂行する必要があるものも含まれます。

■**システム——主に物質・タスク重視型＋少し人間重視型**

携わっている業務に焦点をあてつつも、周りの人の感情に敏感であることが求められます。大掛かりな生産業務の締め切りが迫っている場合には、周りの人の感情よりも業務への優先度を高める必要があります。

■ルール──自分型

部下に明確な指示を与えることが求められます。

■納得モード──疑心型

理想を言えば、「決して完全には納得しない」人が品質管理や検査を行う仕事には最適です。こういった人はつねにチェックすることを怠らないからです。先週問題がなかったから今週も問題がない、とは考えない人が適任なのです。

最適なパターン

職務内容を分析し、三人の管理職のプロファイルを考慮に入れた結果、次のパターンが新しく雇われる生産部長に最適とされます。

・問題回避型
・内的基準型
・主としてプロセス型

このポジションの「理想」像と照らし合わせるために、次の比較表を使って、最初の求

パターン比較表

カテゴリー	製造部門 マネジャー	ボブ	ジョン	ミカエル
主体性	主に 主体・行動型	主体・行動型と 反映・分析型が半々	主に 主体・行動型	主に 主体・行動型
方向性	主に 問題回避型	主に 目的志向型	問題回避型	主に 目的志向型
判断基準	内的基準型	主に 外的基準型	内的基準型	主に 内的基準型
選択理由	主に プロセス型	主に プロセス型	オプション型と プロセス型が半々	主に オプション型
変化・相違 対応	進展重視型、 少し相違重視型	同一性重視型 かつ相違重視型	進展重視型	相違重視型、 少し進展重視型
スコープ	主に全体型、 少し詳細型	主に全体型	主に全体型	主に全体型
関係性	外向型	外向型	外向型	内向型 かつ外向型
連携	主に近接型、 少し個人型	チーム型、 少し近接型	近接型	主に近接型、 少しチーム型
システム	主に 物質・タスク重視型、 少し 人間重視型	人間重視型と 物質・タスク重視型が 半々	主に 人間重視型、 少し 物質・タスク重視型	主に 物質・タスク重視型
ストレス反応	チョイス型	チョイス型	チョイス型	チョイス型
ルール	自分型	寛容型	寛容型、 少し自分型	自分型
納得モード	理想的には 疑心型	疑心型	期間重視型	強い回数重視型、 疑心型の可能性も

人広告（会社が制作）で最終まで残った各候補者を比較してみました。

適任者

この表を（技能や知識ベースではなく）各候補者の特性でみるとジョンが一番で、次にボブが適していると判断します。ジョンには、問題を認識し、予想し、未然に防ぎ、解決する能力に加えて、判断能力が備わっているからです。大きな責任を担っている管理職をも安心させることができるでしょう。

ボブは、目標に注意が行きすぎて問題を見過ごしてしまう可能性があります。また、外的基準が強いため、判断を下すにあたっては、いつも上司のフィードバックを必要とすることになるでしょう。

ふさわしい人材だけを惹きつける求人広告

どのような求人広告を作成したらよいかを理解していただくために、生産部長の募集に使われた次の二種類の求人広告を用意しました。上はプロファイリング前に会社側が独自に制作したもので、下がプロファイリング後に私が制作したものです。

会社制作の求人広告（プロファイリング前）

募集職種：生産部長

急成長を遂げている弊社は、世界中で使用されているハイテク素材の機械部品を製造しております。このたび、生産部門を統括する責任者を急募します。

年内に生産量を2倍にする計画に伴い、効率よく部門の拡大の調整を図る必要があります。

応募資格は、関連業種での最低10年間の実務経験。特に、組織編成、立案、購買における実績重視。人事管理及びリーダーとしての資質が求められます。

著者制作の求人広告（プロファイリング後）

募集職種：生産部長

行動力のある工場管理者を急募。世界中で使用されているハイテク素材の機械部品を製造する弊社とともに成長していける人材を求めています。

採用後は、既存のプロセス、または必要に応じて新しいプロセスを踏みながら生産部門を統括し、技術的、人的、法令遵守等の問題を解決していただくことになります。

大量の受注を管理する場合も、御自身で基準を設定して、常時品質管理を行っていただきます。プロジェクトおよび人事管理、購買の分野で経験と知識があり、能力を発揮していただける方。

まずはお電話ください。詳細についてご説明します。

適任者なら、きっと電話をしてくるでしょう。電話をかけてくるのは、主体・行動型を持っている人だけですから。プロファイリング後の求人広告に特定の影響言語が使われていることにお気づきになりましたか？

第25章

パフォーマンスの高いチームづくり

管理職はスタッフの長所を正確に把握して評価できなければなりません。彼らの知識やスキルを把握し、彼らのLABプロファイルも理解していれば、配置転換や業務の割り当てをより効率的に行うことができます。

まず、あなたのチームにとって重要度の高い業務と、望ましい結果をリストにして、各項目が本当に必要なものかどうかを精査してください。職務に必要とされる知識やスキルに加えて、「仕事のプロファイリング（第24章を参照）」の内容を活用して、各業務内容の隣に、関連するLABプロファイルのパターンを記載してください。その後、全体を俯瞰して、この職務に必要とされる理想的なパターンを確認してください。

それから、チームメンバー一人ひとりのプロファイリングを取り、重要度の高い業務を効率良くこなせそうかどうかを話し合います。業務内容とチームメンバーのプロファイルを参考にして、仕事の分担を調整してください。可能であればチームメンバーの長所を生かせるように、コンサルティング形式で行うことが望ましいでしょう。

次にチーム全体を見てみましょう。チームを特徴づける要素は、LABプロファイルで言えば、どのようなものになるでしょうか。チームに与えられた業務をこなすには、何が強みで何が弱みでしょうか。目標を達成するにあたって、どうすればチームの強みを最大限に引き出し、弱みさえも強みに変えて生かすことができるでしょうか。

魔法のような〝秘策〟があるわけではありませんが、まず、チームとしてのビジョン、使命、目標を定める必要があります（もちろん、組織全体と調和する形で）。このやり方については、多くの本にさまざまな方法が紹介されていますので、ぜひ参考にしてください。次に、あなたが持ち合わせているリソースを人的資源も含めて評価し、遂行すべき業務全体の中で現在どこに位置しているかを見極めます。そして、①あなたにとって望ましい状態とリソースを、②現状と比較したうえで、介入の仕方を決定します。

私は以前、LABプロファイルを使って最先端の大学病院にある薬剤部門の業績を伸ばす手伝いをしたことがあります。まず、チームメンバーに、チームとしての目標を全体と詳細にわたって明確にしてもらい、その後、チーム全体と業務のプロファイリングを行いました。

次のページにあげているのは、三種類の異なったコンテクスト（薬剤師としての業務全般、薬局での業務、病院での業務）と一七名からなるグループのプロファイルを比較したものです。

グループのプロファイルと業務のプロファイル・パターンが一致しているところは強みとなり、逆にプロファイル・パターンが合わないところで問題が発生する可能性があるのですが、ほかにも考慮すべき点があります。

このグループは頻繁にミーティングを行い、患者への接し方、新しい技術をいかに導入して現場に生かすか、また、質の向上を目指して、この部門をいかに目標達成に向けて動かしていくかなどについて話し合っていました。

また、メンバーは問題回避型が強く、約半数に内的基準型が強くみられ、主にオプション型の傾向があるというところから、ミーティングの様子はおおよそ見当がつくものでした。問題が提起され、解決策が提案された後、その分析方法や提案された解決案の問題点について意見の一致を見ないまま話し合いが延々と続きます。チームメンバーの多くは、この長時間にわたる、生産性のないミーティングが頻繁に行われることに、かなり不満を募らせていました。

薬剤師のLABプロファイル

全般業務	調剤室	病院臨床	17人の薬剤師
主体・行動型 かつ反映・分析型	主に 反映・分析型	主体・行動型 かつ反映・分析型	主体・行動型 かつ反映・分析型
主に問題回避型、 やや目的志向型	問題回避型	問題回避型	主に 問題回避型
主に 内的基準型	内的基準型	内的基準型 かつ外的基準型	内的基準型と 外的基準型が バランスよく
プロセス型と オプション型の 比率が2：1	主に プロセス型	オプション型 かつプロセス型	主に オプション型
進展重視型、 少し相違重視型	進展重視型	進展重視型	主に進展重視型、 少し進展・相違重視型
主に詳細型、 少し全体型	主に詳細型	主に詳細型	主に全体型
外向型	外向型	外向型	外向型
近接型	近接型	近接型	主に近接型
物質・タスク重視型、 少し 人間重視型	物質・タスク重視型	人間重視型 かつ 物質・タスク重視型	人間重視型と 物質・タスク重視型が バランスよく
チョイス型	チョイス型 または冷静型	チョイス型	主にチョイス型
自分型	自分型	主に自分型、 少し寛容型	自分型

私たちは、どうすればチームの強みを生かしつつ、ミーティングをもっと効果的なものにできるか話し合いました。まず、「いったい自分たちは何を望んでいるのか」という問いかけをすることで、価値基準(クライテリア)や判断基準（内的基準型）を割り出しました。また、「自分たちが求めているものが実現できたときには、どのようにしてわかるのか」と問うことで、基準が満たされていることが確認できるよう、その証拠を具体化しました。それから、そこにたどりつくための選択肢について検討しました。問題回避型を持ったメンバーには、問題を解決するために提案された手段を自由に検証して修正してもらったうえで、最後に、プロセス型が確実に与えられた業務が遂行できることを確認しました。

薬剤師は職業柄、プロセス型の割合が非常に高くなりますが、興味深いことにこのグループの場合、多くがオプション型にあてはまっています。これは、いかに組織の風土を考慮に入れる必要があるかを示す好例と言えるでしょう。この病院は、研究・教育を主体とした病院で、ヘルスケアにおける新機軸(イノベーション)を打ち出すことで有名です。おそらく、その評判の影響で、この機関自体はオプション型が働きたいと思うような魅力を持っているのでしょう。薬剤師たちに自分の仕事にどのような考えを持っているかを訊いてみました。彼らは毎日行われる業務を基本的には手順に従う業務だと認識しているのでしょうか。答えはおおよそ次のようなものでした。一人一人の患者は違うし、解決すべき問題も異なる、だから、医師・看護師らと連携して「新しい選択肢」を探求している、と。今後、ほかの研究機関の薬剤師もプロファイリングして、このグループが実際に特異であるのかどうかを確かめたいと考えています。

最近、チームのバランスを保つために、よりプロセス型傾向の強い管理職が採用されました。彼女は、臨床試験計画表を作成して全員がそのとおりに臨床試験を行うよう指導し、チームの業績に大いに貢献しました。新たにスタッフを雇用するときには、引き続き、サポートをしていくつもりです。

パフォーマンスの高いチームをいかにしてつくるか、ということを一般化するのは難しいですが、まず初めにするべきことは、チームのメンバーをよく知り、なすべき業務について徹底的に確認することです。メンバー一人一人の特性を、使命、業務、特定の目標に照らし合わせて確認することが必要です（今このように話している私は、自分型でしょうか？）。

ＬＡＢプロファイルを使って、スタッフやグループのプロファイリングを行い、与えられた課題と比較することで、改善すべき点や、チームの強みを最大限に引き出せる点を認識することができるはずです。もっとも、こうしたことを考えるにはオプション型の思考が必要です。すべてのケースにあてはまるプロセスなど存在しないのですから。

第26章

交渉と駆け引き

私の顧客である自動車部品業界のある企業は、迫りくるストライキに直面していました。全米自動車労働組合（ＵＡＷ）との関係が悪化しており、ストライキを避ける方法を模索していました。

交渉を担当するチームは労働組合の代表とは合意に至ることができると考えていましたが、問題は組合の代表と組合員との間に信頼関係が築かれていないことでした。文化や人種、社会的地位の違いが壁になっていたのです。交渉担当者が組合員に直接語りかけるための戦略を練るために私が招かれ、私は「交渉のためのＬＡＢプロファイル戦略」の内容を指南しました。

実際の労使交渉現場を想定してロールプレイを行いましたが、それは大変なもので、トレーニング中は全員がくたくたで汗だくになっていました。労組代表に向かって話す言葉の使い方だけではなく、間接的に組合員に届くメッセージを送る必要があったからです。

その後の展開は非常に興味深いものでした。予想どおり、労組代表とは合意に至ることができたものの、組合員からは否決されてしまったのです。ところが不思議なことに、その二日後、労組側の数人が話し合いの場から姿を消し、条件を再考し、提示された条件が実際には非常に良いものだという結論に至り、再投票を後押ししたのです。組合員たちは条件に合意しただけではなく、会社が設立されて初めて五年契約を交わしました。それまでの契約期間は一年から二年で、五年間の契約をとりつけたのはこの時がまさに初めてでした。組合員たちがこの条件が非常に良いものだと思ったからです。

会社の交渉担当チームは後日私にストライキを回避することができるとは思ってもみなかったと語ってくれました。戦略は成功し、皆がとても素晴らしい条件だと確信していました。組合員との関係も劇的に改善されたので、担当者はとても喜んでいました。

LABプロファイルは交渉するときのルールのようなものではありませんが、相手のニーズやコミュニケーションの取り方を理解するうえで大変役立ちます。交渉の席で、自分の提案したいことを相手に最も受け入れられやすい形でプレゼンテーションできるからです。

一般化しすぎだと言われるかもしれませんが、特定のグループや分野の人たちをプロファイリングすると、際だった特徴が明らかになります。たとえば、労働組合で労使交渉をする人たちには、反映・分析型、問題回避型、内的基準型、プロセス型、同一性重視型、疑心型の組み合わせ（コンビネーション）がよく見受けられます。この組み合わせを持ち合わせている場合、使用者側から出された提案の問題点を片っ端から指摘します。そして、労働者側の基準や価値観に照らし合わせて、覚え書きどおりの手順を踏むことを要求します。労働条件の変更やそれに伴う要求には声を大にして抵抗します。

彼らは、労働者全員が同じ待遇を受けること（同一性重視型）を求め、能力給のようなシステムの導入（相違重視型）には異議を唱えます。よく「公平さ」という言葉が飛び交いますが、これは、すべての人を平等に扱うことを意味する同一性重視型の言葉です。

したがって、このパターンの組み合わせを持っている相手に対しては、提示する内容によって、いかに将来の問題が回避・解決されるかという論理的根拠を提示することをお勧めします。おそらく先方は、内的基準型を持っていることが多いと考えられるので、今回の提案を受け入れなかった場合、いかに恐ろしいことが起こりうるかということについても検討する機会を持たせましょう。選択肢を提示するなどはもってのほかです。「不公平な扱いを受ける人が一人も出ないように、今すぐ取るべき方策とは……」というように話を進めるとよいでしょう。

疑心型を持つ相手と交渉をする場合には、直接会う場合であれ電話や文書の場合であれ、関わるたびに人間関係や信頼関係を一から作り直す必要があることを肝に銘じておいてください。ある会社で、疑心型のパターンを持っている人を総支配人として採用したときのことです。彼は、会社の労使関係が史上最悪な状態のときに赴任し、会社を大きく方向転換するという責務を担うことになりました。そのとき、彼に与えたアドバイスは次のようなものでした。

「あなたが会社と従業員の繁栄を願って力を注いでいるということをみんなにわかってもらうには、あなたの誠実さを繰り返しアピールして実証していかなければなりません。一度でも彼らが疑いの心を抱いたら、それまで培ってきた苦労は水の泡となって消えてしまうでしょう」(疑心型)

労働組合の代表として交渉に臨む場合には、交渉相手が問題回避型の強い人でなければ、会社にとっての具体的な利益を提示しつつ、提案の中に目的志向型及び内的基準型の用語を盛り込むとよいでしょう。前向きで目標を重視した提案をすると、経営側の同意を得やすいからです。また、経営側にはオプション型の傾向があるため、団体協約のような与えられた手順に従って拘束されることは好まないでしょう。

交渉前の準備がカギ

交渉に先立ち、目的や妥協できる条件を明確にしたり心の準備をしたりといった通常の準備に加えて、ＬＡＢプロファイルで相手を分析します。電話で事前にコンタクトをとることができない場合は、先方からのメール内容などから影響言語パターンに類似したフレーズを確認してください。

また、初会合のときにはＬＡＢプロファイルの質問をしてみるとよいでしょう。たとえば、「どうしてそれが大切なのですか」「この交渉がうまくいったとしたら、それはどのようにしてわかりますか」といった質問です。

私は、相手が明らかに外的基準型でなければ、通常、人は内的基準型を持ち合わせていると考えて交渉を始めます。こうすることで、相手に失礼な印象を与えることなく、双方の見解が尊重される関係を築くことができるからです。

交渉の場では内的基準型でありながら、自分が受け入れられていると思える環境では外的基準型にシフトする人もいます。この場合は、相手の状況を敏感に察知しながら、両方の影響言語を使う必要があります。たとえば、こういった具合です。

「これが受け入れられるかどうか、判断を下せるのはあなただけです」

「これだけ十分に検討を重ねて決断されるのですから、必ずみなさんはその思いをわかってくださるはずです」

「これがどのような影響を及ぼすとお考えですか」

オプション型からプロセス型への変化を察知することも大切です。商品を購入する決心がつくと、人はプロセス型の言語を使って「次のステップ」について話し始めます。ですから、次のステップへ進む準備ができたかどうかを打診すれば、相手が先に進む心づもりがあるかどうかを確認することが可能です。ただし、あまり頻繁に確認すると、相手はごり押しされたと感じ、あなたの提案を頑(かたく)なに否定することになりかねません。そうならないように留意しましょう。

交渉の場でＬＡＢプロファイルを有効活用するために大切なことは、交渉相手（あなたが担当するクライアント）の主なパターンを理解するのに、十分な準備時間をとることです。そうすることで、プレゼンテーションの仕方や折衝の仕方がおのずと明らかになってくることでしょう。

第27章

ターゲット市場の分析

LABプロファイルを使うと、低コストで簡単に市場調査を行うことができます。サンプル集団に電話をかけるだけでよいのです。その際、商品（歯磨き粉、鉄道サービスの利用、クルマの購入など）に応じて、質問の仕方を調整してください。プロファイリングしてみると、自社の製品やサービスに関係するパターンがごく少数である場合もあります。アピールしそうな影響言語を使って、広告や営業プロセス（セールス・プロセス）を作ってみましょう。

製品やサービスがニーズを満たしているにもかかわらず、売上が今一歩の場合には、広告の言葉や視覚的要素を変えてみる手もあります。

また、過去に行った調査を再度細かく分析する場合にも、LABプロファイルは大いに役立ちます。ソフトウェア会社の製品を例にあげると、いわゆるイノベーターやアーリーアドプターは、ほとんど相違重視型です。反対に、アーリーマジョリティやレイトマジョリティは、進展重視型が多いのです。

ＬＡＢプロファイルを使って市場調査を行えば、キャンペーンや広告でどのような影響言語が最も効果的であるかを正確に割り出すことが可能になります。

脳卒中患者に向けた新薬を開発したある製薬会社からの依頼で、過去に行ったものの納得できない結果となった市場調査を再調査したことがあります。会社の求めに応じて、調査会社が緊急救命室の医師と神経科医から聞き取り調査をした生の原稿をＬＡＢプロファイルを使って分析しました。製薬会社は、新薬の宣伝方法やラベルのつけ方、表示内容、そして使用方法の表示の仕方を把握するために、患者の診断方法を医師に尋ねていました。残念なことに、原稿の一部は使い物になりませんでした。聞き取り調査の担当者がみずからのＬＡＢプロファイルの傾向を認識していなかったため、調査で使った質問と回答に先入観が含まれた偏りが見られたからです。

かろうじて使用可能だった原稿から、医師と神経科医の間には診断方法に顕著な違いがあることがわかりました。医師はプロセス型の方法を用いており、神経科医はオプション型の取り組み方をする傾向がありました。医師と神経科医、それぞれのグループが異なる方法を用いていることが判明したので、私は製品に二種類の異なるラベルを付けることを提案しました。結局、その新薬は使用許可が下りませんでしたが。

理想的な顧客を求めて

マーケティング担当者はターゲットとする市場（物質・タスク重視型）と理想の顧客像（人間重視型）を理解する必要があります。両方のＬＡＢプロファイルパターンを把握できたら、検証してすぐに見込み客や顧客獲得率を改善することが可能です。

まず、理想とする顧客の人口統計、価値観、行動特性を定義してください（私の理想的な顧客像とは、製品やサービスの対価を支払うことができ、私に好意的で、私の商品を活用することで自分が潤っていることを十分に理解していて、ＳＮＳを通して多くの友人に喧伝してくれる人たちです）。次に、彼らの行動や価値基準（クライテリア）から、主要なＬＡＢプロファイルパターンを推測します。オンラインでどのような言葉を使って広告すると、最低限のコストで最大限の成果を出せるかを推量し、検証してみてください。

ブリティッシュコロンビアにある急流下りのレジャーを提供する会社で理想的な顧客を

割り出すお手伝いをした際、私は次のような価値基準（クライテリア）を使いました。

四〇歳以上、中間から上位の所得層、一〇歳以上の子供のいる世帯、自然や冒険、アウトドアを好む、ブリティッシュコロンビアをクルマで旅行する

彼らの主なLABプロファイルはおそらく、主に主体・行動型、主に目的志向型、主に内的基準型、相違重視型、主に人間重視型でしょう（目的志向型よりも問題回避型の傾向が強いかもしれません。日常から逃れ、危険を避け、冒険に向かうからです）。パターンがわかれば、広告やキャッチフレーズなどを作るときに役立ちます。「日常の喧騒を逃れて自然の中で冒険しよう」などはいかがでしょう（もちろんプロのキャッチコピーにはほど遠いですが）。

LABプロファイルを考案したロジャー・ベイリーとともに、ある大手ソフトウェア会社のコンサルティングを行ったときのことです。依頼内容は、紙媒体の広告（マスコミ向けとチラシの両方）をプロファイリングしてほしいというものでした。広告がどういった層の人たちを惹きつけているのかを確認し、ねらいと広告表現に一貫性を持たせることが目的でした。そこで、私たちは二つの要素に注目しました。全体的な見た目（視覚的に見た人の注

意を引くもの）と、広告内容そのもの（特に文章）です。

広告を吟味した結果、一四カテゴリーのうち次の九つが主だったものだとわかりました。

■**主体性（主体・行動型、反映・分析型）**

一般的労働者の平均的なパターンにマッチしています。

■**方向性（目的志向型、問題回避型）**

主に目的志向型。

■**判断基準（内的基準型、外的基準型）**

ほかのパターンほど明確ではありませんが、主に内的基準型を持つ人を惹きつける内容になっています。

■**選択理由（オプション型、プロセス型）**

オプション型とプロセス型の両方。

■**変化・相違対応（同一性重視型、進展重視型、相違重視型、進展・相違重視型）**

内容は、一般的なパターン（主に進展重視型）になっていますが、視覚的には相違重視型を持つ人を惹きつけるものになっていました。その結果、相違重視型の傾向の強い人が広告に惹きつけられるものの、内容を見たとき、求めているものが見つからないという状況が生じていました。

■スコープ（全体型、詳細型）

一般的には全体型の割合が多いのですが、広告には詳細型向けのデータがかなり多く含まれていました。しかし、それがかえって、企業の担当者のニーズにはうまくマッチしているという結論に至りました。

■連携（個人型、近接型、チーム型）

近接型と個人型にアピールする内容になっていました。そこで、市場が実際にこの型にマッチしているかどうかを確認してもらうよう、クライアントに提案しました。

■システム（人間重視型、物質・タスク重視型）

主に物質・タスク重視型にアピールする内容になっており、市場にマッチすると思われました。

■知覚チャンネル（視覚型、聴覚型、読解型、体感覚型）

ビジュアル面では、主に体感覚型が用いられていますが、内容面では主に視覚型と読解型の影響言語が用いられています。先ほども述べましたが、見た目から広告に惹きつけられた人が、期待していたものが広告内容には見つからないという状況が生じていました。

広告とターゲットとなる市場を分析することで、クライアントは、プロファイリングした二つの製品を宣伝するにあたって、広告やチラシが、ターゲット市場をうまく惹きつけることができているかを判断することができました。そのうえで、八〇〇ものデータを使って、特定のパターンを持つ人たちがこの広告に反応するかについても検証しました。

もう一つクライアントを驚かせたことがありました。広告の山を私が二つに分けて、一方の文章はある人が書き、もう一方の文章はそれとは別の人が書いたと特定したのです。これが正しいことは、広告制作会社からも確認がとれました。文章は、読み手を惹きつける能力よりも、書き手のプロファイルによって大きな影響を受けるということが明らかになったのです。プロファイリングされた市場分析を再度細かく解読して、製品の販売に最も効果的な影響言語を割り出したかったのですが、残念ながら担当者（仕事においてオプション型で相違重視型）は市場管理の部門を離れ、社内の別の部署に移ってしまっていました。現在は、別の都市にあるライバル会社で働いています。

オンラインマーケティング

ネット上での営業やマーケティングでは、状況が日々刻々と変化します。プラットフォームはコンテンツや広告を表示させるためのアルゴリズムを絶えず変更し、何年もうまくいってきた一連のプロセスが突然特定のターゲット市場から反感を買ったり、何の反応も返ってこなくなったりします。そんな時は専門知識のある人の力を借りて、継続的にコンバージョンレート（顧客転換率。サイト訪問者の中で何パーセントの人が実際に商品を購入したかを表す割合のこと）や売上を改善するために試行錯誤を繰り返さなければなりません。絶え間なく変化し続ける環境の中で、LABプロファイルは一体どのように役立つのでしょうか？

まず、ターゲットとする対象者を把握してください。対象者の背景、状況、ニーズや要望を理解するだけではなく、信頼関係を構築して彼らのニーズに対応することが求められます。現在あなたが使っているオンラインマーケティングの手法がどのようなものであっても、LABプロファイルを活用して彼らの背景や彼らを取り巻く状況、決断に至るプロセスを分析できれば、驚くほど有益な情報となります。

私が上級ビジネス影響力講座を開発したときには、新任マネジャーもそのターゲットでした。まず、彼らはプログラムを受講するかどうかは、主体・行動型かつ内的基準型で決定するだろうと推測しました。上司にお伺いをたてることなくプログラムを受講するかどうかを決定する力は持っているはずです。しかしながら、新任マネジャーとして仕事をするというコンテクストにおいては、人間重視型と外的基準型の組み合わせ（コンビネーション）を持っていると考えました。なぜなら彼らは、まだ熟練した管理職が持っている自信もスキルも持ち合わせておらず、他人の言動に敏感になっていたからです。上級マネジャーやディレクターもこのプログラムを購入してもらいたい二つ目のターゲットでした。仕事においてより内的基準型で少し物質・タスク重視型寄りのグループです。三つ目のターゲットは組織で、典型的な組織文化をＬＡＢプロファイルを活用してプロファイリングしました。この分析を活用して、教材やＥメール、広告、ウェブサイトのメインページや営業プロセスを効率よく構築することができました。

オンラインキャンペーンを成功させるには、見込み客が最後まで完了させたいと思うようなプロセス型の流れにみずから乗ってもらう必要もあります。たとえオプション型でクライアントを魅了したとしても、商品を購入してもらうには「次のステップに進んでもらう」必要があるからです。ここで、期間重視型と回数重視型が関係してきます。見込み客があなたの提供する商品やサービスの必要性を理解するためには、いったい何回（またはどれくらいの期間）あなたが示すアイデアに価値を見いだす必要があるのでしょう？　多くの人は「急速に拡散される」ことやたくさんの注目を集めることを願って動画やイベントをネットに投稿します。広く拡散された動画を分析すると、そこには通常、人にまつわる物語(ストーリー)が語られており、その物語にはプロセス型と人間重視型が取り入れられています。物語は起承転結で構成されたプロセス型の構造を持っており、加えて人に関心を持ってもらうためには、人間的な要素が不可欠だからです。

第28章

教育と学習

ここでは公立学校の教育について批判するつもりはありません。むしろ、それについて考える材料を提供したいと思います。

どうして教育プログラムは現在のような形になったのでしょうか。教科内容を学ぶのに一番適した方法だと考えられたからでしょう。実際、多くの生徒にとっては適切であったかもしれませんが、うまく適応できない少数派の生徒たちに対してはどうでしょうか。

まず、現在の教育モデルに適応できず、それが原因でドロップアウトしたり、オンラインプログラムを途中でやめたり、卒業まで頑張れなかったりする生徒についてコメントしたいと思います。中学・高校での中退者を減少させるというテーマで教育者と仕事をしたことがありますが、その際、日々の学校生活で、どのように子供たちの心を惹きつけることができるかについて討議しました。

小中学校と高校の先生に対しては、次のようにアドバイスをしました。はじめに、クラスの活動に参加しない生徒が誰であるかをはっきりさせること。次に、その生徒をプロファイリングして、やる気を起こさせるきっかけとなるものや、そのやる気を持続させるものは何かを見つけること。一人一人のやる気についてのパターンがわかれば、適切なリソースや手段を用いたり、必要に応じて新しい方法をつくり出したりすることで、彼らのニーズに合わせた活動をアレンジすることも可能になります。これまで問題を抱えていた生徒が活動に加わってきたり、行動が変化したりするのを目の当たりにすると、きっと驚かれることでしょう。

たとえば、オプション型の場合、決められた手順に従うことが苦手で、混乱したり、いらだったりすることがあります。こういう生徒たちは、新たに自分で手順を考え出すような選択肢や可能性が与えられると、もっとやる気を出して集中することができるでしょう。逆に、プロセス型の場合、新しい課題に取り組むのが苦手です。どのように取り掛かればよいか従うべき手順を示してもらいたいと思っています。いずれの場合にも、生徒のパターンに合った影響言語が使われているかを確かめてみましょう。「どうすればいいか、いろいろな可能性を考えてみよう」(オプション型)、「まず、ここから始めよう」(プロセス型)といった具合です。

柔軟性を広げてもらうために、LABプロファイルのカテゴリー(手順に従い完成する場合も、新しい選択肢をつくり出す場合も)を取り入れた活動を作って体験してみることもできます。

内的基準型を持っている生徒のモチベーションを保つには、彼ら自身で物事を決めていく必要があります。自分自身の活動を評価させてみてください。彼らに何かを提案するときには、「考えてみてもいいかもしれないね」や「この点について提案してもいいかな?」などのフレーズを使うとよいでしょう。外的基準型の場合は、自分がうまくできているかを理解するのに多くのフィードバックを必要とします。内的基準型と外的基準型、両方のパターンが必要な場合には、自分で評価すること(内的基準型)とフィードバックを受けること(外的基準型)のバランスに注意しましょう。生徒を観察しているだけで、誰がどのパターンに最もよく反応しているかを見聞きしてわかるようになります。

学んだことを生かす能力は、自信の度合いに左右されます。知覚的にしっくりした感覚が持てると、より自信を持って活動に取り組むことができます。

理解して納得するのに六、七回もの繰り返しを必要とする子供の場合、学校だけで十分な回数をこなすことは難しいでしょう。生徒が学習内容に不安感を覚えていると気づいたときには、知覚チャンネルと納得モードに関する質問をしてみることをお勧めします。たとえば、「ほかの誰かが足し算が得意だってどうやってわかる？」や「その子が足し算が得意なんだなって、どれくらい見る（聞く、一緒にやってみる）とわかる？」といった質問です。そして、必要な回数の反復や期間に合わせた宿題を出すとよいでしょう。疑心型（決して完全に納得しない）を持っている生徒の場合、あるとき理解していても次の日には自信がないというこどもあります。そんな生徒には理解できたと感じたときのことを思い出させる工夫をしてみてください。

学校というコンテクストでは、ＬＡＢプロファイルは、次の点で役に立つでしょう。まず、プログラムにうまくついていけない生徒について分析し、その生徒に合った計画を立てることができること、そして、教師が自分でも気づかないうちに、どんな投げかけをして、生徒を励ましたり自信を失わせたりしていたのか、無意識のうちに使っていたパターンを認識することができることです。

大人の学び

学習は環境や方法と密接な関係があります。何かを学ぶということは新しい事柄を自分自身で習得していくことで、学んだ事柄を実際に使う場合とは異なる方法が必要になります。

おわかりかと思いますが、学習のプロセスには一連の流れがあります。外的基準型で新しいことを取り入れ、それを内的基準型で評価し、内的基準型と外的基準型、そしてプロセス型も使いながら結果を判断します。

新しいことを学ぶには、外的基準型モードになる必要があります。もし内的基準型モードのままで新しいことを取り入れようとしたら、これまでの価値基準（クライテリア）が邪魔になって、新たな知識を正しく習得する機会が制限されてしまうからです。大人を対象にしたコースでは、受講生にすでに学んだことをしばらくのあいだ忘れてもらって、新しい考えを取り入れやすい状態をつくります。内容をきちんと理解してから、批評的な見方に戻るように促すのです。ところが、これまでの知識や経験をしばし脇に置いて忘れるようにしてください、と言われると、個人的には抵抗感を覚えてしまいます。非常に長い時間をかけて習得してきたものですから。

受講生の学習モードを簡単に外的基準型にシフトする方法がわかれば、と思ったことはありませんか？　答えは簡単です。信頼を勝ち得ることです。その瞬間、聞き手はあなたに対して外的基準型モードになるのです。企業研修のトレーナーも認めていますが、信頼を勝ち得ることは、受講生が大人の場合には特に大切です。

飽きっぽい人への対処法

人が集中力を持続できる時間はますます短くなり、反比例するように関心を集める競争は激化しています。生産性を上げろ、メールやアプリには速やかに反応しろと急き立てられ、皆プレッシャーに押しつぶされそうになっています。さらに、細切れの情報、短いツイート、左から右、上から下へと瞬時に画像をスワイプすることに慣れすぎてしまい、本書のような読みごたえのある長文を読むのは多くの人にとって一苦労です。そうした状況にあって、人が新しい技術や情報を学習し、習得し、応用して使いこなすことはますます難しくなりつつあります。

あまりに大儀で面倒なため手付かずで放置していることに人はどのように取り組むのでしょう。その解決法に、この状況を解決するヒントがあります。Eラーニングでは、多くの人が途中で脱落していきます。テーマを見てもやる気がおきなかったり、時間に余裕がなかったり、学習時間を自分の予定に組み込むことができなかったり、脱落してもとくに支障がなかったり、内容に興味が持てなかったりなど理由はさまざまです。

こうしたなか、マイクロラーニングのフォーマットや双方向性が高いゲーミフィケーション（訳注／ゲーム形式で学習する方法）が開発されました。この方法はＬＡＢプロファイルからみて必要だと思われるパターンも備えていますので、うまく応用できればある程度効果が期待できます。学習者を飽きさせないためには、一回の学習時間を短くしつつ、プロセス型へと引き込む必要があります。一旦プロセス型の流れに乗れば、学習者はそのプロセスを完了したいと思うからです。物語も、プロセス型へ導くのに良い方法ですし、加えて、物語に人間重視型が反映されているのも効果的です。物語でなくても、学習者に楽しんでもらい、プロセス型につなぎとめておけるのであれば、どんな方法でも構いません。

ほかに必要なのは、常に学習者にのめりこんでもらえるような新しい要素（相違重視型）です。静止（同一性重視型）していない動きがある画面も、相違重視型を作り出す工夫の一つです。スマートフォンなどを使って学習する際には、動きがあることは特に重要です。周囲の環境で動いているものと比べて画面サイズが極端に小さいからです。また、クリック数や「いいね！」の数でやる気が出るように、学習者の学びにフィードバック（外的基準型）があることも重要です。[1]

このような理由から、私はマイクロラーニングのフォーマットを使ったプログラムをいくつか開発しました。短時間で、面白くて、ゲーム性があり（もちろん真剣さも兼ね備えています！）、フィードバックや新しさもふんだんに盛り込みました。上級ビジネス影響力講座は、自身の影響力を高めたい女性のリーダーや管理職に向けたもので、受講するためにわざわざ仕事を休む必要はありません。営業のためのＬＡＢプロファイル（The LAB Profile for Sales）というデジタルトレーニングでは、営業職の人が実際の仕事に直結するＬＡＢプロファイルのスキルを学習することができます。学習者がすぐに実践できるスキルに重点を置いたこうしたプログラムは、双方向性をもちながら個別にも対応し、学習者を夢中にさせる実践的な内容を短時間のデジタル配信で提供します。テクノロジーの進化に合わせて、学習のフォーマットやメソッドはこれからも日々進化しなければなりません。

第29章

デフォルト・パターン

デフォルトとは、コンピュータなど電子機器では初期設定を意味します。事前に指示を与えないかぎり、コンピュータにあらかじめ設定されているモードです。同様にＬＡＢプロファイルを活用すれば、事前に情報が与えられていない人や状況についても、デフォルト・パターンをかなりの洞察力をもって推量できるようになります。特別な場合を除けば、どんなパターンを想定することができるでしょうか。

たとえば、これまで会ったことのない人たちに向かってプレゼンテーションをするときには、次のパターンを想定して始めるとよいでしょう。

■**内的基準型（話し手であるあなたに対して）**

聴衆は「この人はいったいどんな人物で、どれだけ価値のあることを私たちに伝えられると思っているのか」と考えている。

■**問題回避型（あなたのプレゼンテーションに対して）**

失敗、不適切な発言、自分たちに関係のない事柄に敏感に反応する。

■**疑心型**

自分たちが同意できることを話しているときは肯定的だが、期待にそぐわなくなると否定的な態度をとる。話の内容や文章を細かく吟味し、話が終わる前にスマートフォンなどで発言の真偽を調べたりする。

一見、悲観的な仮説と思われるかもしれませんが、実際、準備を始めてみると役立つことがわかります。聴衆が内的基準型であると想定したら（少なくとも初めのうちは）次の二つのことを行います。

①段階を追って信頼を確立していくこと

②影響言語を活用すること

「仕事の場面でご一考いただける話をこれからさせていただきます。みなさんの経験と照らし合わせたうえで、どう思われるかご判断いただけたらと思います」といった具合です。

問題回避型については、「職場環境については、みなさんのほうが私よりもよくご存じです。これからお伝えすることを、みなさんそれぞれの現場でアレンジしてご活用いただけたらと考えています。どこが適切でどこがそうでないかといったことにお気づきになるでしょう」。疑心型の場合には、不満、困惑、懸念といったサインを見逃さないように、たえず一人一人をモニターします。内的基準型に響く影響言語を使い、断定的な物言いを避けるように心がけます。不安な表情を浮かべている人には、どんな感じかを尋ねて、訴えに対して適切に回答するようにします。

LABプロファイルのパターンと行動の関係が理解できたら、事前に情報が与えられていなくても、さまざまな状況のデフォルト・パターンを推量し、使って「安全な」パターンを特定できるようになります。意図的に「安全な」という言葉を使ったのは、気づかずに、正反対のパターンを使ってしまったら、きっと悲惨なことになるからです。

たとえば、企業から仕事の依頼があった場合には、聴衆はあなたに対して外的基準型であるだろうと（無意識のうちに）あなたは考えてしまうかもしれません。プレゼンテーションを始めるときに、あなたは話すことをすべて信用してもらえると思い込んで、信頼を確立することなど忘れてしまっているかもしれません。しかし、こういうときに、肝心なところで否定的な反応が返ってくることがよくあるのです。

私のクライアントで学生のアルーナは、職場でプレゼンテーションをしなければなりませんでした。会場は聴衆でいっぱいの広い円形競技場でした。暗い会場の中、一人で舞台に立ち、スポットライトを浴びながら、幾重にも連なる座席にいる聴衆へ向けて話し始めたときです。会場の上にいるよく見えないところから、一人の男性がこう叫びました。「ヘイ、アルーナ！　君は二〇年前と変わらず綺麗だね！」

会場にいた全員が声を上げて笑いました。当然のことです。それればかりではありません。聴衆はみな、同じ会社で働いている人たちだったので、こう思ったに違いありません。「何てこと！　二人は二〇年前に付き合っていたのかな？　なんで、あんなヤジをとばしたのかな？　二人は親密な関係だったのかも？　二人は昔いったいどんな関係だったんだろう？」。こうなってしまうと、もはや聴衆の耳にアルーナのプレゼンテーションの内容は届きません。

陽気な感じでヤジをとばされると、多くの女性は面食らってどぎまぎします。皆が笑っているので、自分も笑って終わらせようとすることもあるでしょう。しかし、それは大きな間違いです！　会場にいた聴衆が別のことに気を取られている事態を収拾できなかったとして信頼が失墜するからです。まるで、ふざけた人間に突然足をすくわれて台無しにされたようなものです。聴衆の中には彼女のことを気の毒に思う人もいたはずです！　しかし、アルーナの対応は素晴らしいものでした。私のところで何年も学んだこともあり、相手の思うつぼにはまることはありませんでした。彼女には誰かが「バナナの皮」を投げつける、つまり「ほら、ここで転びな！」という風に罠をしかけてきた時にどうすべきかがしっかりわかっていたのです。

彼女は私が教えた「バナナの皮」の対処法を見事にやってのけました。投げつけてきた相手にバナナの皮をそっくりそのまま投げ返したのです。彼女は実に立派でした。こう言ってのけたのです。

「あら、ピーター、残念だわ。あなたはずいぶん変わってしまったわね」

聴衆は大爆笑でした。彼女は直ちに信頼を取り戻し、すばらしいプレゼンテーションを披露しました。後日、彼女は私に語ってくれました。「もしバナナの皮の対処法を知らなかったら、たぶん私は笑いものになって、きっと皆の信頼を失っていたわ」

メッセージをしっかり伝えるためには、スピーカーは信頼を確立し、自分が伝えたい論点をサポートする情報を提供しなければなりません。そうすれば、聴衆が持つ内的基準型と問題回避型のパターンにも首尾よく対応できます。

営業の場合も、見込み客や顧客のプロファイルを想定することができます。たとえば、あなたがコンピュータのコンサルタントであるとします。顧客の多くはあなたに対して外的基準型であると想定して問題ないでしょう。彼らはあなたの専門知識を求めています。ですから、もしあなたが「一番良い解決方法は何だと思います？」などと訊いたら、たちまち、クライアントはあなたから離れていくでしょう。

大手製薬会社のマーケティング戦略部では、三カ月ごとに営業担当者向けのセミナーを行っています。私たちは、営業担当者と顧客である内科医のプロファイルを想定してみました。すると、彼らが担当地区で働いているときのプロファイルは、次のようなものであることがわかりました。

主に主体・行動型、目的志向型（営業に焦点をあてている）、外的基準型（内科医に対して）、プロセス型、進展重視型また、彼らが本社と接するときのプロファイルは右記のものと異なり、次のようなものであることがわかりました。

主に主体・行動型、問題回避型（マーケティング戦略の欠点を補う）、内的基準型（本社の人間より現場を熟知している）、プロセス型、進展重視型（方針をころころ変えられては困る）

これを受けて、マーケティング戦略部は、プレゼンテーションで使うべき影響言語、避けるべき影響言語をリストアップしました。そして、営業担当者のプロファイル（二種類）と顧客（内科医）のプロファイルを考慮に入れて戦略を考え直したのです。

もしあなたがセラピストやカウンセラーであるなら、クライアントがあなたに助けを求めてきたとき、問題回避型であると想定することができます。宣伝広告を作ったり、クライアントに応対したりする場合には、問題回避型の影響言語を用いるとよいでしょう。「こんな問題にはうんざりだからもうこれっきりにしたい、そう決断されたのですね」というようにです。

ここでご覧いただいた例は、あくまでも一般的なものです。個々のケースに応じて、対象をよく観察しながら変化にうまく合わせていけば、有効に活用することができるでしょう。

おわりに

本書は、これまで私がＬＡＢプロファイルで実践してきた経験の集大成です。行動を起こすときにも、立ち止まって考えるときにも役立つことでしょう。コミュニケーション上の問題を未然に防いだり解決したりすることができるだけでなく、多くの目標を達成することも可能です。

ＬＡＢプロファイルを活用するうちに、日常生活や仕事で関わる人たちの変化にも気づくようになるはずです。このツールをいかにコミュニケーションに生かしていくか、その可能性は無限大です。あなたにとって大切な人との関係を変化させることも、改善していくことも、また維持していくことも容易にできるようになるのです。

本書で学んだ内容を細かい部分まで注意して使うにしても、全体像をざっくり把握して使うにしても、実際に活用していただきやすい形で説明してあります。やがてご自身の行動が変化していることに気づかれるでしょう。本書を読んで、情熱を持って物事に取り組んでいかれる方もいらっしゃるでしょうし、また一方で、合理的に物事を考える方法を身につけていただくことも可能です。一人でも、周りの人と関わりながらでも、グループで一緒にという場合でも、仕事を成し遂げる喜びを味わうことができるでしょう。

もし、私があなたの立場だとしたら、まずはこのツールを自分自身の手引書として使用して、周りの人と自分との違いを理解するのに活用するでしょう。その効果は使った瞬間に実感でき、その後も繰り返し、ずっと、あなたが望むかぎり、見ること、聞くこと、感じることを通じて実感していただくことができます。ＬＡＢプロファイルの使い方や応用の仕方について説明してきましたが、活用例はこれ以外にも限りなく存在します。そこで、みなさんに質問です。

「本書では、どのようにすれば人にやる気を起こさせ、それを維持することができるのか、人の行動を理解し、予想し、影響を与える方法を学んできました。さあ、これからどのように活用されますか？」

みなさんからのお便りを楽しみにしています。

シェリー・ローズ・シャーベイ

謝辞

私のビジネスパートナー、ステファン・イリミアに心からの感謝を。彼はいつも大局的に考え、何が大切かを念頭においてチームをまとめ、パフォーマーそして作家として成功するよう、最高の私を引き出してくれました。また、この本が世に出るよう尽力し、プロジェクト全体を成功に導くために数多くのエッセンスを提供してくれたイオアナ・アーデリーン。プロジェクトを推し進める原動力になり、一つずつ着実に完成してくれたテオ・カリン。ビデオ編集と最高のメイクをしてくれたシルビア・トルッタ。美しさを引き立たせてくれたエレナ・イオン。ビデオ作成やさまざまなプロジェクトについて示唆に富む指摘をしてくれたモニカ・イオン。今ここに、この本があるのはみなさんのおかげです。ありがとう。そして最後に、長年にわたって、私との刺激的な会話に参加してくれたすべての方々に、こころからの愛と感謝を捧げます。

訳者あとがき

この本を読み終えたあなたには、今どんな言葉や場面が印象に残っているでしょう。シェリーと、出会った方たちとの心の交流でしょうか。それともシェリーが編み出したさまざまなメソッド、あるいは、考え方や理論でしょうか。

同じ言葉を聞いても、読んでも、なぜ人によって心に残る言葉や文章、イメージはまったく異なるのか。なぜ「言った、言わない」の水掛け論が起こるのか。どうすれば相手に伝えたいメッセージを届けることができるのか。本書には、みなさんが日常生活で遭遇するコミュニケーション・ギャップを解決するためのヒント、マーケティングやプレゼンテーションでメッセージを効果的に伝えるためのエッセンスが散りばめられています。人生で迷ったときに活用できるコンパスとしてもお使いいただけます。

本書は二〇一〇年に刊行された『「影響言語」で人を動かす』の増補改訂版です。原著『*Words That Change Minds*』は、一五言語に翻訳され、世界的ベストセラーになりました。マーケティング分野の著作で知られるセス・ゴーディン、『こころのチキンスープ』共著者であるジャック・キャンフィールド、その他多くの作家や経営者が、本書の中で紹介されている新たなコミュニケーションのツールや手法、相手を理解して尊重しながら、自然にやる気にさせる方法を絶賛しています。初版から約二五年の時を経て出版された今回の第三版には、シェリーがコンサルタント、プレゼンター、スピーカーとして世界を舞台に活躍しながら体系化した内容がふんだんに盛り込まれ、刊行されるとすぐにＦｏｒｂｅｓ誌の「起業家とエグゼクティブのためのマネジメントの本」第一位に選ばれました。

シェリーの魅力は、難しいことをユーモアあふれる表現でわかりやすく伝える言葉の力と、誰よりも鋭い洞察力でしょう。二〇〇九年にはCanadian Association of Professional Speakersの会長を務めて素晴らしい業績を残すとともに、ＣＮＢＣ、ＣＢＣ、ＣＴＶなどお馴染みのテレビネットワークでも、コミュニケーションについてのインタビューに答えています。

どのように人との関係を構築し、信頼してもらったうえで、影響を与え、説得し、やる気にさせることができるのか。対立を回避し、営業や交渉を順調に進め、皆に満足してもらうための秘訣は何なのか。

人に動いてもらうためには、相手の立場から世界を見ることが何より大切だと、シェリーは折に触れて「影響と説得の原理」を強調します。

「相手に動いてもらうためには、まず自分がその人のいるところまで行くことが大切です。その人がいるバス停まで迎えに行って、バスに乗って、行ってほしい所に向かうよう誘(いざな)ってください」と。

本書に活用法が詳しく述べられているＬＡＢ(ラブ)プロファイル（言葉と行動のプロファイリング）は、相手が使う言葉から、その人のものの見方や考え方を理解し、状況に応じて適切な言語を効果的に使用するためのツールです。

長年、世界中の人に使われて効果が実証されている方法ですが、すべてを一気に使おうと頑張るよりも、まずはご自分が取り組みやすいカテゴリーから始めてみましょう。一つのカテゴリーを活用できるようになれば、使えるカテゴリーを増やしていくことが容易になります。また、いきなり初対面の人に使うよりも、身近な人や友人が使う言葉に意識を向けることから始めてみてください。これまで何気なく聞いていた言葉が、相手の気持ちや思いを理解するヒントになることがご理解いただけるでしょう。話し言葉で使うことが難しく感じられたら、まずはメールやチャットなどで使ってみて、反応をご覧いただくのもひとつかもしれません。

実生活で使いながら少しずつ慣れていただくのが一番です。三カ月ほど使い続ければ、周りの景色が違って見えてくる瞬間や、相手の言葉から考えていることが理解できるようになる瞬間がおとずれることでしょう。そのとき、シェリーの言葉は、まったく新しい響きと重みを持ってみなさんの心の琴線にふれるかもしれません。

会話の中で相手が望む変容をうながす「カンバセーショナル・コーチング」や、相手に聞き入れてもらいやすい「提案モデル」、マッチョな人の心に届くメッセージを伝える「マッチョテスト」なども、使いやすいものから使ってみてください。その効果には目を見張るものがあることでしょう。

今回の翻訳は、多くの方が未知の長い道のりを一緒に歩んでくださって初めて実現したものです。私がカナダでＬＡＢプロファイル日本人トレーナー第二号として認定を受けたのは二〇〇八年。そのきっかけを作ってくださったのは、日本人トレーナー第一号として二〇〇三年にイギリスで認定を受け、ＬＡＢプロファイルを日本に紹介し、初版の監訳をしてくださった上地明彦先生（Ph.D. in Linguistics）。そして上地先生の講座を主催して、出会いの場を作ってくださった金蔵院葉子氏でした。その後、ＬＡＢプロファイルは、ＮＬＰ－ＪＡＰＡＮラーニングセンターの芝健太氏、その他多くのＬＡＢプロファイル・トレーナーのおかげで日本中に広まりつつあります。今回の増補改訂版翻訳も、ときにはシェリーに励まされ、内海賢氏をはじめ多くの方々に助けられながら一年がかりで完成しました。編集を担当してくださった実務教育出版の岡本眞志氏には、内容の吟味から最後の校正までお手伝いいただきました。原著の内容を正確に反映しつつ、読者に読みやすい内容になるようご配慮いただきました。この場をお借りして、みなさまに心から御礼申し上げます。

世界中でCOVID-19の影響が長引き、多くの人が新しい生活様式、そしてこれまでとは異なる対話の方法を模索している中で、本書が出版されることに不思議な縁(えにし)を感じます。これまでの一方的な発信から、それぞれの人が自分の才能を最大限に生かしながら、双方向的にお互いの才能を引き出して総和を高めていく。出会う人を新たな、心躍る旅に誘(いざな)う。本書をそのための旅の道しるべとしてご活用いただければ幸いです。

二〇二一年三月

本山晶子

reminders-cut-binge-drinking-in-at-risk-recipients/

4 ニューヨーク・タイムズ紙で紹介された，ヘザー・ロイヤー氏らによる研究．Barro, J. (2015, January 10). How to Make Yourself Go to the Gym: https://www.nytimes.com/2015/01/11/upshot/how-to-make-yourself-go-to-the-gym.html

5 講演の概要は次のサイトを参照．https://www.successtrategies.com/sex-diets-and-success/

第19章　影響を与える戦略とテクニック

1 McCarthy, B. (1981). *The 4mat system: Teaching to learning styles with right/left mode techniques.* Illinois: Excel, Inc., 1981.

2 カスタマー哲学を発展させる方法の詳細については次の書籍を参照．*Words That Change Customers' Mind*

第21章　LABプロファイルを使ったカンバセーショナル・コーチング

1 「アンカー」とは，ある特定の内的反応を外部や内部のトリガーと結びつけることにより，その内的反応への速やかなアクセスを可能にするNLPのテクニック．著者は，左手人差し指を左手親指に触れることで「コーチング・シェリー」の状態を呼び出す．

第22章　キャリア・カウンセリングとプロファイリング

1 その他のOECD諸国については次のサイトを参照．https://data.oecd.org/emp/self-employment-rate.htm

2 Grekou, D., & Liu, H. (2018, July 9). The Entry into and Exit out of Self-employment and Business Ownership in Canada. https://www150.statcan.gc.ca/n1/pub/11f0019m/11f0019m2018407-eng.htm

3 次のサイトを参照．https://www.employment-studies.co.uk/report-summaries/report-summary-skills-self-employment

第24章　有能な人材採用

1 面接官の先入観に関するスコット・ハイハウス氏の談話．Highhouse, S. (Guest). (2018, December 15). We Thought of a Way to Manipulate Your Perception of Time. [Audio podcast] . In Freakonomics radio. Freakonomics. http://freakonomics.com/podcast/tmsidk-zomorodi-2018/

第28章　教育と学習

1 Soat, M. (2015, November 13). Social Media Triggers a Dopamine High: https://amalasvegas.com/social-media-triggers-a-dopamine-high/
Haynes, T. (2018, May 1). Dopamine, Smartphones & You: A battle for your time: https://sitn.hms.harvard.edu/flash/2018/dopamine-smartphones-battle-time/

7 Schmerler, J. (2016, January 1). You Don't Know as Much as You Think: https://www.scientificamerican.com/article/you-don-t-know-as-much-as-you-think-false-expertise/

8 次の記事を参照. https://www.scientificamerican.com/article/mass-shootings-are-contagious/?WT.mc_id=SA_MB_20160106

第7章　選択理由

1 講演の概要は次のサイトを参照. https://www.successtrategies.com/wp-content/uploads/2019/01/sex-diets-and-success-2019.pdf

2 Pernice, K. (2017, November 12). F-Shaped Pattern of Reading on the Web: Misunderstood, But Still Relevant (Even on Mobile).: https://www.nngroup.com/articles/f-shaped-pattern-reading-web-content/

3 次のサイトを参照. http://www.seinfeldscripts.com/TheFire.html

第8章　変化・相違対応

1 次のサイトからの引用. https://www.coca-colacompany.com/company/history/the-story-of-one-of-the-most-memorable-marketing-blunders-ever

第11章　ストレス反応

1 Wolf, C. (2018, October 3). Post-Traumatic Stress Disorder Can Be Contagious.: https://www.scientificamerican.com/article/post-traumatic-stress-disorder-can-be-contagious/

2 PTSDの治療法に関する研究は次のサイトを参照. http://www.researchandrecognition.org/research.html

第12章　連携

1 世界的健康サービス企業のシグナ社が2018年5月に発表した調査. https://www.multivu.com/players/English/8294451-cigna-us-loneliness-survey/

第14章　ルール

1 次のサイトを参照. https://slate.com/human-interest/2015/07/helicopter-parenting-is-increasingly-correlated-with-college-age-depression-and-anxiety.html

2 研究は次を参照. Dacey, J. S. (1989). Discriminating Characteristics of the Families of Highly Creative Adolescents, *The Journal of Creative Behavior*, 23 (4), 263–271. https://onlinelibrary.wiley.com/doi/abs/10.1002/j.2162-6057.1989.tb00700.x　また, 記事は次を参照. https://www.nytimes.com/2016/01/31/opinion/sunday/how-to-raise-a-creative-child-step-one-back-off.html

第18章　組み合わせパターン

1 Ewing, J. (2015, December 10). VW Says Emissions Cheating Was Not a One-Time Error: https://www.nytimes.com/2015/12/11/business/international/vw-emissions-scandal.html

2 Brooks, D. (2015, December 8). How ISIS Makes Radicals: https://www.nytimes.com/2015/12/08/opinion/how-isis-makes-radicals.html

3 ブライアン・サフォレット氏らによる研究. https://www.scientificamerican.com/podcast/episode/text-

原注

第4章　価値基準

1 Kaplan, J. T., Gimbel, S. I., & Harris, S. (2016). Neural correlates of maintaining one's political beliefs in the face of counterevidence, *Scientific Reports* 6, Article number: 39589.: https://www.nature.com/articles/srep39589

2 https://www.successtrategies.com/judge-kavanaugh-and-dr-blasey-ford/

3 ウィキペディア英語版での定義は次のとおり.「ゴドウィンの法則とは, インターネット上での議論が長くなるにつれ, ナチスやヒトラーを引き合いに出す確率が1に近づくとする説. 要するに, ネット上の議論が(内容や範囲を問わず)長引けば長引くほど誰かをヒトラーやナチス呼ばわりする者がやがて現れ, そこで議論やスレッドは実質的に終了する場合が多いことをさす」. Godwins Law (2019, January 30). In Wikipedia.: https://en.wikipedia.org/wiki/Godwin's_law

第5章　方向性

1 Perrigo, B. (2018, November 15). U.K.'s Minister for Brexit Quits as Lawmakers Begin to Desert Theresa May Over E.U. Deal: https://time.com/5455476/uk-cabinet-resign-raab-mcvey-brexit/

2 Huang, L. (2018, June 5). Why Female Entrepreneurs Have a Harder Time Raising Venture Capital: https://www.scientificamerican.com/article/why-female-entrepreneurs-have-a-harder-time-raising-venture-capital1/

3 Bargh, J. (2017, November 22). At Yale, we conducted an experiment to turn conservatives into liberals. The results say a lot about our political divisions.: https://www.washingtonpost.com/news/inspired-life/wp/2017/11/22/at-yale-we-conducted-an-experiment-to-turn-conservatives-into-liberals-the-results-say-a-lot-about-our-political-divisions/

第6章　判断基準

1 van Mulukom, V. (2018, May 16). Is it rational to trust your gut feelings? A neuroscientist explains: https://theconversation.com/is-it-rational-to-trust-your-gut-feelings-a-neuroscientist-explains-95086

2 Carpenter, C. J. (2012). A meta-analysis of the "but you are free" compliance-gaining technique, *Communication Studies*, 64 (1), 6-17.

3 Eurich, T. (2018, January 4). What Self-Awareness Really Is (and How to Cultivate It): https://hbr.org/2018/01/what-self-awareness-really-is-and-how-to-cultivate-it　この記事は, 経験と力が自己認識に悪影響を及ぼす可能性について意外な事実を明らかにしているため, 一読の価値がある.

4 「マッチョ・テスト」については次のサイトから引用. https://www.successtrategies.com/the-macho-test/　また,「マッチョ・ファクター・クイズ」で自分がどれだけマッチョであるかがわかる. bit.ly/MachoTest

5 顧客とLABプロファイルについては次の書籍を参照. *Words That Change Customers' Minds*

6 ゴットマン氏の研究については, エミリー・イスファハニ・スミス氏によるアトランティック誌の記事を参照. Smith, E. E. (2015, November 8). Science says lasting relationships come down to 2 basic traits: https://www.businessinsider.com/lasting-relationships-rely-on-traits-2015-11?IR=T

与えられた環境で適切なプロセスを見つけることができていたか、そしてもしそうであれば、職業を自分で選択し、その決断に満足しているグループに属す可能性が、どのくらい高くなるかということである。

ほかにも、影響言語を適切に用いることで、職業をなかなか決められない自分の優柔不断さに不満を感じている人が決断力を持てるようサポートできるか、ということも、非常に興味深い研究分野になるといえる。

参考文献

Godin, É., & Sirois, M. (1995). Inter-Judge Reliability in 83 LAB Profile Interviews. Unedited document, Université de Moncton, Moncton, N.B., Canada.

Jones, L.K.(1986). The Career Decision Profile. North Carolina: Lawrence K. Jones (instrument).

McCullagh, P.(1980). Regression Models for Ordinal Data. *J.R. Statist. Soc.B.* 42(2), pp.109-142.

Sirois, M. (1997). Comparative Study of the LAB Profile Patterns in Groups of Decided and Undecided Individuals With Regards to Career Decision-Making. Unpublished Master's Thesis, Unversité de Moncton, Moncton, N.B., Canada.

ここで、LABプロファイルの妥当性を示すことに大きく貢献してくださった、ミシュリーヌ、エティエンヌの両氏に心から感謝するとともに、このNLPの研究を指導してくださり激励してくださったロレーヌ・ボーク博士、ミシュリーヌ氏の論文を指導してくださり、洞察力に満ちた質問とコメントを数多く提供してくださったレアル・アラール博士に、心より感謝の意を述べたいと思います。

私たちは、キャリアの決断とLABプロファイルに関する理論的側面、示されたデータから読み取れる内容、決断力や優柔不断さを測るために用いられるツールの特色について、長期にわたってさまざまな議論を重ねてきました。どのようなパターンが組み合わさった場合に、より決断力が増すのか、あるいは優柔不断になるのかについても仮説を立てて検証してきました。何度も議論を重ね、統計を使った分析を繰り返したあと、(Jones' testを用いて) 決断力を測定することは可能であるが、それがどんなものであれ、その人のニーズの充足が深く関係しているということに気づきました。

しかし、このことを証明するのはまだこれからです。どなたかご興味のある方はいらっしゃいますか?

研究要旨2　LABプロファイルと職業選択

ミシュリーヌ・サロイス（モンクトン大学）

17歳から24歳の学生61名を対象に研究調査が行われた。研究の目的は、職業をみずから選択し、その決断に満足している学生（41名）と職業をなかなか決められず自分の優柔不断さに不満を感じている学生（20名）とのあいだで、LABプロファイル上明らかな相違点があるかどうかをみることだった。学生たちは、まず職業決定プロファイル（Jones, 1986）を受けたあと、LABプロファイルのインタビューを受けた。

その後、LABプロファイルのインタビューから得られたデータの評価者間信頼性（Godin & Sirois, 1995）が確認され、11のカテゴリーのうち9つについて統計的信頼性が認められた。

以下の8つのカテゴリーについては、頻度分布が異なった。McCullaghの「リグレッションモデル」を用いてデータ分析を行った結果、信頼度が95パーセントであった8つのカテゴリーとは、「主体性」「方向性」「選択理由」「変化・相違対応」「スコープ」「ストレス反応」「ルール」「知覚チャンネル」だった。「主体性」と「ストレス反応」のカテゴリーについては、完全な評価者間信頼性は示されず、「判断基準」「連携」「システム」の3つのカテゴリーについては、頻度分布に大きな相違は認められなかった。特定のパターンがどちらかのグループにのみ見られるということはなかったが、傾向の違いは明らかだった。たとえば、両グループともに「問題回避」傾向を示す被験者の数は高い割合になっていたが、職業を決めかねているグループの「問題回避型」の割合は、わずかながら高くなっていた。同様に、「同一性重視＆相違重視」傾向は両グループに見られたが、職業を自分で選択し、その決断に満足しているグループに比べて、職業をなかなか決められない自分の優柔不断さに不満を感じているグループでは、「同一性重視」傾向がわずかながら強く、「相違重視」傾向はわずかながらに弱いという結果が示された。また、「目的志向型」のパターンを持つ人はすべて、職業を自分で選択し、その決断に満足しているグループに属していた。

この結果は、LABプロファイルと職業をなかなか決めることができない優柔不断さとの相関関係について研究を進める際、さらなる要素を含める必要性を示唆している。たとえば、被験者をプロファイリングする以外に、被験者がみずからのニーズを満たす要素を、周りの環境で見つけることができていたかどうかなども、そのデータに含めるべきであるということである。また、たとえば、求職者がプロセスに従うことを求める場合、

研究要旨1 LABプロファイルの評価者間信頼性

エティエンヌ・ゴーディン（モンクトン大学）

LABプロファイルの評価者間信頼性は、カッパ係数*（Choen、1986年）を用いた2つの研究によって実証された。93年に行われた最初の研究では、34名分のインタビューが記録され、データが分析された。95年に行われた研究では、「職業を決定する」というコンテクストで84名がインタビューを受けた。

その結果、LABプロファイルで扱っている13カテゴリーのうち11について、統計的信頼性を示す数値が認められた。93年と95年のどちらの研究においても、「ストレス反応」のカテゴリーでは、統計的信頼性を示す結果は得られなかった。これはおそらく、インタビューが録音音声のみで、被験者の表情や身振りなどのノンバーバルなコミュニケーションが反映されていなかったことによるものと考えられる。また、93年の研究では「スコープ」のカテゴリーで、95年の研究では「主体性」のカテゴリーで、統計的信頼性を示す数値が認められなかった。この2つのカテゴリーについては、パターンを引き出す質問が存在しない。このような場合、評価者間信頼性は、判断する人の経験知によって大きく異なる。

両研究において統計的信頼性を示す数値が認められたのは、「方向性」「判断基準」「選択理由」「変化・相違対応」「関係性」「連携」「システム」「ルール」「知覚チャンネル」「納得モード」の10カテゴリーだった。

これにより、パターンを引き出すために特定の質問を用いるカテゴリーについては評価者間信頼性が認められることが明らかになり、LABプロファイルの回答から得られたデータから同じ結果を導き出せる人材を、訓練によって育成できるということも明らかになった。

参考文献

Cohen, J. (1960). “A coefficient of agreement for nominal scales.” *Educational and Psychological Measurement,* 20 (1), pp.37-46.

Godin, É. (1997). Inter-Judge Reliability of the LAB Profile. Manuscript, Université de Moncton, Moncton, N.B., Canada.

＊カッパ係数は、評価者間（観察者間）の所見の一致を検証するために導入された（*Psychological Bulletin,* 1971, Vol.76, No.5, p.378）。

ポートの4種類を作成できます。

日本語で無料診断テストを受けると、簡易版レポートをご覧いただけます。

https://www.iwampros.net/freetest/

■ Identity Compass

Identity Compass（アイデンティティ・コンパス）は「思考構造」を活用した画期的な個人診断ツールです。特定の仕事において、どのように考え、判断を下すか、その傾向を診断し、また、従業員のモチベーション、価値観、キャリアゴールを特定します。Identity Compassは、どの従業員がどの状況下で最高のパフォーマンスを発揮するか、どのようにすれば効率よく改善できるかといったことについて、明快な指針を提供してくれます。19言語に対応しています。

https://www.identitycompass.com/

（日本語版はありません）

■ MindSonar

MindSonar（マインドソナー）はウェブベースの心理学システムで、NLPのメタプログラム（思考スタイル）とクライテリアを測定します。メタプログラムは人の思考様式を形成する積み木のようなもので、特定の状況下における行動様式や感情的な反応に強い影響を与えます。

https://www.mindsonar.info/

（日本語版はありません）

LABプロファイル　関連ツール

LABプロファイルが開発されて以来、LABプロファイルをベースにした素晴らしいツール、アプリケーション、ソフトウェアが開発されました。

■ LABプロファイルをベースにした自動オンライン質問票

私が開発した最新版です。職場におけるLABプロファイルパターンを無料で確認できます。

https://thelabprofile.com

(日本語版はありません)

プロファイリングを取るために一人ひとりと面談する手間を省き、自動的に多人数のプロファイリングをしたい場合は、次の3つのLABプロファイル・オンラインテストが活用できます。

■ iWAM

iWAM(アイワム)とは、Inventory for Work Attitude and Motivation(職場における行動特性と動機づけに影響を与える要素)の略称です。LABプロファイルのテクノロジーをベースに、ベルギーjobEQ社のパトリック・メルレベーデ(Patrick Merlevede)氏が開発し、2001年に一般公開されました。現在20言語に対応し、35カ国以上で活用されています。日本では2010年に一般公開され、すでに多くの企業や病院、大学、コンサルティングファームや研修会社で採用されています。

iWAM診断テストは、効率的な人材採用、業績に直結するコーチング、効果的なコンサルティングや研修など、職場で活用するためのウェブテストで、受検者が職場で使う言葉を分析することで、職場でのモチベーションや考え方の特徴を、48種類の認識スタイル(パターン)で解説したレポートを作成します。

iWAM診断テストの所要時間は20〜40分です。個性を生かすために受検者自身の才能の特性と努力目標を数値化して明らかにしたパーソナルレポート、対立を協調に導くよう受検者2名の特性を比較したペアレポート、多様性を生かすために組織全体の特性を明かにしたチームレポートや、組織内の優秀者をモデル化するための卓越モデルレを周りの人にはっきりと伝えることができますね」（その人が自分のことも他人のこともみずからの判断で決めることを反映したフレーズ）

無関心型……（内的基準型の言葉を工夫して使うことをお勧めします）「あなたはそのことについてよくわかっておられますが、他人のことはあまり気にしておられませんね」「これがあなたにとって最善かもしれません」「彼らが何を考えているかは気にしないでください」

迎合型……「どうすればよいかわかったのだから、他人へも伝えていけますね」「上司の連絡を待って、みんなに知らせてください」「掲載されているガイドラインをあなたからグループのみんなに伝えてもらえますか？」「ジョージならどうするでしょう？」

寛容型……「自分がすべきことはわかっているけど、他人がどうするかについては、本人に任せたいんですね」「あなたにはあなた独自のやり方があるけれど、人はそれぞれ違うということも理解されていますね」「人それぞれですね」

■知覚チャンネル

視覚型……（情報を見て納得する）
聴覚型……（情報を聞いて納得する）
読解型……（情報を読んで納得する）
体感覚型……（実際にやってみて納得する）

■納得モード

回数重視型……（回数を示す）
直感重視型……すぐおわかりのように　直感的に
疑心型……試してみる　使ってみる　毎日　毎回　前回同様
期間重視型……（期間をマッチさせる）

内的処理の特徴

■スコープ

詳細型……厳密に　正確に　具体的に（詳細を与える）
全体型……全体像　不可欠なことは　ポイントは　一般的に　コンセプト

■関係性

内向型……内容に重点を置いて話す
外向型……相手との信頼関係の深さにより影響される

■ストレス反応

感情型……幸せ　すごい　ワクワクする　度肝を抜く　素晴らしい
チョイス型……共感　適切な　いい感じ　しっくりくる
冷静型……合理的に　論理的（ロジカル）に　客観的に　事態としては　現在の情勢は　統計的に

■連携

個人型……単独で　一人だけで　あなた一人で　誰にも邪魔されずに　責任と権限はすべてあなたに
近接型……担当者はあなた　ほかの人と関わりながら　あなたが指揮を取って　Xはあなたの責任で、Yは彼らの責任で
チーム型……私たち　一緒に　みんな　チーム　グループ　共同責任　一緒にする・やる　さあ一緒に　私たちならできる　一人じゃない（問題回避型も持ち合わせている場合）

■システム

人間重視型……人の名前や人称代名詞　気持ちや考えを表す言葉　気分いい　人々
物質・タスク重視型……非人称代名詞　物質やシステムを表す言葉　プロセス（過程）　タスク　仕事　目標　組織　会社　成果・業績

■ルール

自分型……「もしあなたが彼だったら、そうしますか?」「あなたは自分が必要としていることも、人がどうすればよいかもわかっていますね」「あなたは自分の考え

LABプロファイル　影響言語リスト

動機づけの特徴

■主体性

主体・行動型……やる　頑張る　飛び込む　今すぐ　やり遂げる　待たない

反映・分析型……理解する　検討する　待つ　分析する　考慮する　～かもしれない　～もありうる　～だろう　重要なことは～すること

■方向性

目的志向型……到達する　獲得する　所有する　手に入れる　受け取る　達成する

問題回避型……避ける　近づかない　～がない　除外する　除く　回避する

■判断基準

内的基準型……決められるのはあなただけです　あなた次第です　どのように思われますか　考えてみられてはいかがでしょうか

外的基準型……～氏によると　インパクトがあるでしょう　周りの方々からの評価　周囲の賛成　みんなに注目されますよ　参考資料によると　成果

■選択理由

オプション型……必要に応じてルールを変える　好機　チャンス　選択肢　広がる　オプション　代替案　可能性

プロセス型……正しい方法（やり方）　確実　順を追って話す（はじめに、それから、そのあとで、最後に）　使うための手順を説明する

■変化・相違対応

同一性重視型……～と同じように　共通の　あなたがいつもしているように　以前と同じように　変わらない　ご存じのように

進展重視型……もっと　より良く　より少なく　～を除いて同じ　進化　発展　ゆるやかな進歩

相違重視型……新しい　まったく違う　完全に変わった　切り替え　変更　ユニーク　画期的　真新しい比類ない

進展・相違重視型……より良く新しい　改善のためのまったく違うアプローチ　ゆるやかに変化する　よりリラックスした状態へ移行する　まったく新しくて以前よりもはるかに優れている

■関係性

内向型	外向型
7%	93%

■ストレス反応

感情型	チョイス型	冷静型
15%	70%	15%

■連携

個人型	近接型	チーム型
20%	60%	20%

■システム

主に人間重視型	人間重視型と物質・タスク重視型が半々	主に物質・タスク重視型
15%	30%	55%

■ルール

自分型	無関心型	迎合型	寛容型
75%	3%	7%	15%

■知覚チャンネル

視覚型	聴覚型	読解型	体感覚型
55%	30%	3%	12%

■納得モード

回数重視型	感重視型	疑心型	期間重視型
52%	8%	15%	25%

＊ロジャー・ベイリーの調査による（コンテクストは仕事）

LABプロファイル　パターン別分布

■主体性

主に主体・行動型	主体・行動型と反映・分析型が半々	主に反映・分析型
15～20%	60～65%	15～20%

■方向性

主に目的志向型	目的志向型と問題回避型が半々	主に問題回避型
40%	20%	40%

■判断基準

主に内的基準型	内的基準型と外的基準型が半々	主に外的基準型
40%	20%	40%

■選択理由

主にオプション型	オプション型とプロセス型が半々	主にプロセス型
40%	20%	40%

■変化・相違対応

同一性重視型	進展重視型	相違重視型	進展・相違重視型
5%	65%	20%	10%

■スコープ

主に詳細型	詳細型と全体型が半々	主に全体型
15%	25%	60%

■**システム**　仕事について考えたとき、気持ちや感情に関心が向くか、タスクやアイデア、システムやツールに関心が向くか。

人間重視型……感情や思いに焦点をおく。それが仕事となる。

物質・タスク重視型……タスクやアイデア、システムやツールに関心が向く。仕事を完了させることが重要だと考えている。

■**ルール**　自分や他人に適用する、行動上のルールは何か。

自分型……自分のルールが相手にも適用できると考える。期待することをほかの人に伝えることができる。

無関心型……自分には自分のルールがあるが、ほかの人には関心がない。

迎合型……自分の考えはないが、与えられると相手にそれを適用する。中間管理職に多いパターン。

寛容型……自分には自分の、相手には相手のルールが適用される。人に意見することに、ためらいを感じる。

■**知覚チャンネル**　物事を納得するとき、どの知覚チャンネルから情報を集めるか。

視覚型……証拠を見る。

聴覚型……何かを聞く。

読解型……書かれたものを読む。

体感覚型……作業をしてみる。

■**納得モード**　納得して決断するために、集められた情報や証拠をどのように処理するか。

回数重視型……納得するためには、一定の回数、データが示される必要がある。

直感重視型……情報量は少なくても直感的に決断でき、一度決めたことを変えることはめったにない。

疑心型……完全には納得しない。日が変わるたびに検証し納得し直す必要がある。

期間重視型……納得するまでに、一定の期間が必要。

進展重視型……時間をかけて、物事が徐々に進展していくことを好む。5〜7年に一度、大きな変化を求める。

相違重視型……つねに劇的な変化を求める。1〜2年に一度、変化を起こす。

進展・相違重視型……ゆるやかな変化と劇的な変化の両方を好む。大きな変化は平均で3〜4年に一度起こる。

内的処理の特徴

人はどのように情報を扱い、置かれたコンテクストの中で能力を出し切るにはどのような仕事や環境を必要とするのか。そして、物事をどのようにして納得するのか。

■**スコープ**　全体像を必要とするか、細かい情報を必要とするか。

詳細型……詳細な情報と物事の道筋を必要とする。全体像を見るのが苦手。

全体型……物事の全体像・輪郭を見る。詳細な情報を長く扱うのは苦手。

■**関係性**　他人の発するノンバーバルな反応に敏感か、自分の内側の世界にこもったままか。

内向型……自分の経験の範囲内にとどまる。ノンバーバルな動きや声のトーンには気づかない。

外向型……他人のノンバーバルな動きに自然と反応する。

■**ストレス反応**　働いているとき、ストレスに対してどのように反応を示すか。

感情型……日常のストレスに対して感情的に反応し、感情の中にとどまったままでいる。

チョイス型……一時感情的に反応するが、冷静さを取り戻すことができる。他人に共感することもできる。

冷静型……日常のストレスに対して感情的になることはない。他人に共感する能力が乏しい。ストレス度の高い仕事でも冷静さを保っていられる。

■**連携**　一人で働いているとき、周りに人がいるとき、みんなで一緒に働いているとき。どの環境にいるときが一番能率的に働けるか。

個人型……個人で全責任を持って単独で働くことを好む。

近接型……人と関わりながらも自分のテリトリーを求める。

チーム型……他人と責任を分かち合うことで効率よく働く。

LABプロファイル　カテゴリーとパターンのまとめ

動機づけの特徴

人が興味をそそられるには何が必要で、逆にどんなことでやる気が削がれてしまうのか。

■主体性　率先して物事を始めるか、ほかの人が行動を起こすのを待つか。

主体・行動型……あまり考えずに行動する。あるいは、まったく考えずに行動する。行動することでやる気が高まる。

反映・分析型……待つこと、分析すること、検討すること、周りに反応することで動機づけられる。

■価値基準　あるコンテクストにおいて、大切にしていたり正しくて適切だと考えていたりする自分自身の価値観。感覚や感情に肯定的な刺激を与える。

■方向性　目標を達成しようとするときと、問題を解決・回避しようとするときとでは、どちらのほうがやる気が高まるか。

目的志向型……目標を達成したりゴールに到達したりすることで、やる気が高まる。物事の優先順位をつけるのが得意。問題点を見つけるのは苦手。

問題回避型……物事の問題点に意識を向ける。問題を解決することでやる気が高まる。目標やゴールに意識を向けるのは苦手。

■判断基準　自分の内側にある基準によってやる気になるか、外側からの情報によってやる気になるか。

内的基準型……自分の内側にある基準に基づいて、みずから判断を下す。

外的基準型……うまくできたかどうかを判断するのに、周りからのフィードバックを必要とする。

■選択理由　つねに別の道を追求するほうがよいか、決められた手順に従うほうがよいか。

オプション型……仕組みや手順などを新たに考案し、開発してしまう。決められた手順に従うのが苦手。

プロセス型……確実な手順を踏襲したがる。従うべき手順が示されなければ先に進めない。

■変化・相違対応　どのように変化へ反応し、どれくらいの頻度で変化を必要とするか。

同一性重視型……物事が同じ状態であることを好む。15～25年に一度くらいは、変化を引き起こす。

著者紹介

シェリー・ローズ・シャーベイ Shelle Rose Charvet

影響力と説得術の国際的エキスパート。35カ国にクライアントを持つコンサルタント、トレーナー、講演家。動機のトリガーを解明してコミュニケーションに生かすためのソフトウェア、Librettaの開発者でもある。人がどのようにモチベーションを高め、やる気を出すかを解き明かすことで、職場や家庭、その他さまざまな場面でのコミュニケーションに活用できるメソッドや、企業や組織が顧客にメッセージを届けるコツ、顧客ニーズを満たす方法をわかりやすく紹介している。また、本書のテーマであるLABプロファイルは、日本を含む世界各国で認定コースが開催されている。

shelle@instituteforinfluence.com

訳者紹介

本山晶子 Seiko Motoyama

神戸市外国語大学卒業。桃山学院大学講師。大学を卒業後フランスに留学。帰国後、英語学校プロスランゲージセンターを設立し、今も幅広い年齢層を対象に個性を生かせる教育を実践中。通訳等で20カ国を訪れ、その後学生のキャリア指導をするなかでLABプロファイルに出会い、2008年シャーベイ氏に師事。LABプロファイルのPC版「iWAM診断テスト」を提供するiWAMプロフェッショナルズを創設。iWAMマスター認定セミナーを開催している。

「影響言語」で人を動かす［増補改訂版］

2010年8月20日　初版第1刷発行
2018年10月5日　初版第5刷発行
2021年5月5日　増補改訂版第1刷発行

著　者　シェリー・ローズ・シャーベイ
訳　者　本山晶子
発行人　小山隆之
発行所　株式会社実務教育出版
〒163-8671　東京都新宿区新宿1-1-12
電話　03-3355-1812（編集）
03-3355-1951（販売）
振替　00160-0-78270
印　刷　株式会社精興社
製　本　東京美術紙工協業組合

ISBN978-4-7889-1498-8　C0011

定価はカバーに表示してあります。
乱丁・落丁本は本社にておとりかえいたします。

○○（例：仕事）で
○○（価値基準にあたるもの）を
感じたときって、どんなときですか？
（回答を待つ）
そのとき、どんなところが
良かったのですか？

＿＿＿＿ 個人型
＿＿＿＿ 近接型
＿＿＿＿ チーム型

システム

＿＿＿＿ 人間重視型
＿＿＿＿ 物質・タスク重視型

あなたが○○（例：仕事）でもっと実績を
あげるのに良い方法って何ですか？
ほかの人が○○（例：仕事）でもっと実績を
あげるのに良い方法って何ですか？

ルール

＿＿＿＿ 自分型
＿＿＿＿ 無関心型
＿＿＿＿ 迎合型
＿＿＿＿ 寛容型

ある人が○○（例：仕事）ですごいって、
どのようにしてわかりますか？
その人がすごいって、どのくらい
（見ると・聞くと・読むと・一緒に働くと）
納得しますか？

知覚チャンネル

＿＿＿＿ 視覚型
＿＿＿＿ 聴覚型
＿＿＿＿ 読解型
＿＿＿＿ 体感覚型

納得モード

＿＿＿＿ 回数重視型
＿＿＿＿ 直感重視型
＿＿＿＿ 疑心型
＿＿＿＿ 期間重視型